세계어로서의 영어교육

- 한국 영어교육사적 관점에서 -

장복명 지음

TEACHING ENGLISH
AS A GLOBAL LANGUAGE

신아사

머리말

21세기 사회의 다양한 현상은 두 가지 개념으로 특징지을 수 있다: 그 한 가지는 고도로 발달된 정보통신 기술력이고, 다른 하나는 세계화(globalization)이다. 세계화로 명명되는 과정은 현재까지 30년 이상 발전을 거듭해왔고, 앞으로 그 발전 속도는 더욱 가속화될 것으로 전망된다. 지금은 어떤 특정한 지역이나 한 국가의 사회질서 안에서만 거주하고 활동하는 사람들이 점점 더 적어지고 있는 것이 분명한 사실이다. 역사적으로 이전의 그 어떤 시기보다 오늘날의 세계는 상호 관계적, 상호 의존적으로 지구촌공동체라는 특징을 보여 주고 있다. 자본, 노동, 사람들 그리고 각종 정보가 국경을 가로질러 끊임없이 이동하는 것은 매우 일상적인 일이 되었다. 또한 이민으로 인한 국내 다양성의 증가와 출산 유형의 변화로 세계 인구의 대부분은 서로 상이한 문화 간 의사소통 활동에 일상적으로 참여하고 있다. 이러한 사회적 변화 양상은 앞으로 문화 간 의사소통(Intercultural Communication)의 기술과 능숙한 이용의 필요성을 증대시킬 것이다.

고도로 발달된 정보통신 기술력은 사이버공간을 창출하고, 국가 간의 물리적인 거리감을 축소시켰다. 이런 21세기의 사회적인 현상으로 인하여, 언어와 문화, 가치관이 서로 다른 사람들과 의사소통을 할 수 있는 기회가 더 많아지게 되었다. 또한 세계화가 이루어지면서 서로 다른 국가뿐만 아니라 개인과 기업들도 공동의 이해를 달성하기 위해서 해외의 사업 파트너와 서로 협력하는 기회가 많아지게 되고 이러한 사회의 변화 양상이 서로 다른 모국어를 사용하는 사람들 사이에서 의사소통을 위해서 공통의 언어를 사용해야 하는 필요성을 가중시키고 있다.

영어가 행정부, 법률, 교육 분야에서 외국어(foreign language)나 공식적인 언어(official language)로 사용되는 지역은 전 세계에서 75개 지역에 이르고 있다. 관련 자료에 따르면, 이제 영어는 미국이나 영국의 문화적인 가치와 전통을 전달하는 매개체로서의 역할 뿐만 아니라, 일상적인 의사소통의 도구로서의 역할도 수행하는 비중이 높아지고 있다(Crystal, 1997: 61).

이러한 시대적인 배경을 고려해볼 때 영어 사용자도 사회의 여러 측면에서 다양한 문제에 직면하고 있으며, 또한 영어교육이 감당해야 하는 시대적인 사명도 변화되고 있다. 전통적으로 영국영어나 미국영어를 영어의 기본적인 모형으로 설정해서 학습하던 시대에서, 이제는 영어는 전 세계인의 의사소통 도구로 사용됨으로써, 국제어로서의 영어(EIL: English as an International Language), 세계공용어로서의 영어(ELF: English as a Lingua Franca), 세계영어(WE: World Englishes) 등 다양한 용어로 정의되어서 사용되고 있다.

본서에서는 21세기 세계화 시대에서 의사소통의 공용어로 사용되고 있는 영어에 대한 개념을 "세계영어"로 정의하고, 이에 대한 정의와 역사적 발전과정을 조망해보고자 한다. 또한 한국에서 영어교육이 시작되고 현재에 이르기까지 발전된 역사적 변천과정을 이해하고 아울러 현재 한국의 영어교육 상황이 세계화 추세 속에서 어떠한 목표를 설정하고 구체적인 실행 방법을 모색해야 하는지 그 해결 방안을 논의하고자 한다.

본서는 제3부로 구성되어 있다. 제1부는 세계영어의 이해에 대한 전반적인 내용을 소개한다. 제1장에서는 영어의 발전과정을 고찰하는데, 1) 영어의 발전과정에서 녹아있는 영어의 우월한 잠재력을 고찰하고, 2) 영어의 경이로운 확산과정을 이해하고, 3) 영어의 무한한 표현능력을 설명한다. 제2장에서는 영어의 확산과정과 확산모형을 논의한다. 1) 영어가 미국, 호주 등 신대륙으로 이주하여 모국어로서의 영어를 사용하는 새로운 영어사용국들을 창조해낸 제1차 확산과정, 2) 영국과 미국의 식민지 건설의 결과 아시아와 아프리카로 영어가 이송되는 과정인 제2차 확산과정을 논의한다. 아울러 영어의 확산모형에 대한 이론으로 1) Kachru 모형, 2) Strevens 영어지도, 3) McArthur모형, 4) Modiano 모형을 소개하고 그 특징들을 이해한다. 제3장에서는 세계영어를 둘러싼 주요한 논쟁을 소개하고 그 해결방법을 공유하고자 한다. 1) 원어민을 어떻게 정의할 것인가?, 2) 훌륭한 영어교사의 요건은 무엇인가? 3) 영어 확산의 결과가 집중 현상인가 혹은 분산 현상인가?, 4) 세계공용어로서의 영어, 5) 바람직한 영어구사 모델로서 이중언어주의를 설명한다. 세계영어의 이해를 통해서 세계화 시대에서 영어가 지니는 위상과 수행해야 하는 역할을 조망해보는 것이 제1부의 주요 내용이다.

제2부에서는 한국의 영어교육정책의 흐름을 고찰하고 미래의 교육과정이 지향해야 하는 방향을 모색해보고자 한다. 제1장에서는 조선의 근대화과정과 영어교육의 도입기에 대한 설명으로, 1883년 조선의 역관과 외교관을 양성하기 위해서 설립된 근대식 교육기관인 동문학이 설립되면서 우리나라에서 최초로 영어교육이 실시된 구한말 시기를 고찰한다. 제2장에서는 일제강점 시기와 영어교육의 침체기를 설명하고, 제3장에서는 우리나라에서 최초의 교육과정이 제정되어서 시행된 제1차 교육과정 시기부터 제5차 교육과정 시기까지 영어교육의 발전기를 논의한다. 제4장에서는 1990년대 이후 경제발전과 해외여행 자유화 등으로 의사소통 중심의 영어교육을 목표로 설정하는 등 영어교육의 다양한 측면에서 질적인 전환이 이루어지는 개혁의 시기를 이해한다. 제6차 교육과정 시기부터 2015년 개정 교육과정이 탄생하기까지를 영어교육의 개혁기라고 정의하고, 이 시기의 사회적 배경과 더불어 영어교육 분야에서의 강조점을 조망하고자 한다. 아울러 제5장에서는 미래의 사회에 적합한 인재를 양성하기 위해서는 한국의 영어교육이 어떠한 목표를 설정해야 하는지에 대해서 논의하고자 한다.

제3부에서는 세계어로서의 영어교육을 실제적인 교육현장에서 실천할 수 있는 현실적인 방안을 제안한다. 제1장에서는 그 첫 번째 주제로 21세기의 사회에서 중요한 능력 중의 하나라고 판단되는 문화 간 의사소통 능력을 배양할 수 있는 수업 모형을 제시해보고자 한다. 본서에서 논의되는 수업 모형은 한국과 일본의 대학생들 간에 진행된 원거리화상수업을 토대로 이러한 수업 모형의 장점을 피력하고 활용 방안을 논의한다. 제2장에서는 세계화 시대에서 글로벌 의식과 타인에 대한 배려심을 배양하기 위해서 문화교육을 중요시해야 한다는 주장이 강조되고 있는데, 이러한 논점에서 문화교육의 중요성과 한국에서 현재 사용되고 있는 영어교과서가 학습자들의 문화적 능력을 배양할 수 있도록 효과적으로 구성되어 있는지를 교과서 분석의 결과로 논의하고자 한다. 제3장에서는 현재 대학교 수업에 영어의 외적 범주, 확장 범주 국가들의 영어와 문화를 통합적으로 지도할 수 있는 방법을 소개하여, 세계화 시대에 미래 사회의 주역으로 활동해야 하는 한국의 젊은 영어학습자들을 위한 구체적인 교육방법을 소개하고자 한다.

2022년

저자 장복명

목차

제1부 세계영어의 이해

제1장 영어의 발전 모습 / 16

제2장 영어의 확산과정과 확산모형 / 54

제3장 세계영어를 둘러싼 주요 논쟁 / 76

제2부 한국 영어교육정책의 흐름과 전망

제1장 조선의 근대화 과정과 영어교육의 도입기 / 109

제1부
세계영어의 이해

지구상에서 사용되는 언어의 수는 3,000~10,000개로 추정된다(Crystal, 1997: 85). 이렇게 많은 언어 중에서 전 세계인의 공통의 의사소통 수단으로 영어가 선택되어서 널리 활용되는 이유는 영어 사용자들의 우월한 능력(정치력, 군사력, 실용성, 지식과 학문 등 사회의 전반적인 영역에서)에서 찾을 수 있다(Crystal, 1997; Jenkins, 2009). 그러나 현재의 영어의 위상을 이해하기 위해서는 영어의 발전과정에 대한 역사를 정확하게 인식하는 것이 선행되어야 한다. 이러한 측면에서 제1부에서는 현재 세계공용어로서의 영어의 위상을 반영하는 세계영어란 용어가 탄생한 역사적 배경을 이해하고, 세계영어란 개념을 둘러싼 주요 논쟁점을 제시하고자 한다. 제1장에서는 영어의 변천과정을 소개하는데, 1) 영어의 발전과정에서 녹아있는 영어의 우월한 잠재력을 고찰하고, 2) 영어의 경이로운 확산과정을 이해하고, 3) 영어의 무한한 표현능력을 소개한다. 제2장에서는 영어의 확산과정과 확산모형을 논의한다. 1) 영어가 미국, 호주 등 신대륙으로 이주하여 모국어로서의 영어를 사용하는 새로운 영어사용국들을 창조해낸 제1차 확산과정, 2) 영국과 미국의 식민지 건설의 결과 아시아와 아프리카로 영어가 이송되는 과정인 제2차 확산과정을 논의한다. 아울러 영어의 확산모형에 대한 이론으로 1) Kachru 모형, 2) Strevens 영어지도, 3) McArthur 모형, 4) Modiano 모형을 소개하고 그 특징들을 이해한다. 제3장에서는 세계영어를 둘러싼 주요한 논쟁을 소개하고 그 해결방법을 공유하고자 한다. 1) 원어민을 어떻게 정의할 것인가?, 2) 훌륭한 영어교사의 요건은 무엇인가? 3) 영어 확산의 결과가 집중 현상인가 혹은 분산 현상인가?, 4) 세계공용어로서의 영어의 정의, 5) 바람직한 영어구사 모델로서 이중언어주의를 논의한다. 세계영어의 이해를 통해서 세계화 시대에서 영어가 지니는 위상과 수행해야 하는 역할을 조망해보고, 아울러 한국의 영어교육이 앞으로 지향해야 하는 영어교육의 목표를 논의하고자 한다.

제1장 영어의 변천 모습

2019년 기준으로 영어 모국어화자는 약 3억7천 명, 제2언어 화자는 약 9억 명으로 추정되며(https:// en.wikipedia.org/wiki/List_of_languages_by_total_number_of_speakers), 외국어로서 영어(EFL: English as a foreign language)를 학습하는 영어 학습자까지 포함하면 영어의 비모국어화자는 훨씬 더 많아진다고 볼 수 있다. British Council(2013)은 당시 영어의 비모국어화자를 17억5천만 명으로 추산했는데 2020년까지 약 20억 명에 이를 것이라 예상하였다(심영숙, 2020). 이렇듯 전 세계의 많은 사람에 의해서 활용되는 영어가 어떻게 지금과 같은 위상을 지니게 되었는지는 역사적인 변천과정을 통해서 조망해볼 수 있을 것이다. 이번 장에서는 영어의 변천모습을 고찰하고, 그 과정 속에서 영어만이 지니는 잠재적인 우월성, 경이로운 확산과정 및 그 결과 영어만이 지니게 된 무한한 표현 능력을 설명하고자 한다.

1.1 영어의 우월한 잠재력

현재 전 세계인들에게 영어가 제시해주는 위상은 절대적이며, 이러한 절대적인 위상을 획득하게 되는 역사적 과정을 고찰해보면, 영어의 발전과정 속에 우월한 잠재력이 녹아있다는 사실을 발견하게 된다. 이번 절에서는 본 저서 내용을 이해하는데 필요한 세계영어에 관련된 기초 용어를 정의하고, 영어를 학습해야만 하는 이유를 통해서 영어의 위상을 재조명하며, 이를 토대로 영어의 발전과정 전반에 녹아있는 우월한 잠재력을 이해해보고자 한다.

1.1.1 세계영어의 용어

본 저서의 내용을 이해하기 위해서 세계영어의 기본 개념에 대해서 반드시 알고 넘어가야 할 용어들이 있다. 우선 이러한 용어들에 대한 정의를 소개하고자 한다.

- 모국어로서의 영어(English as a Native Language; 이하 ENL로 표기함): 모국어로서의 영어는 영어가 역사적으로 제1언어(모국어, first language, native language, mother tongue, primary language, stronger language, L1 등으로 정의됨)의 역할을 담당한 나라들 중에서 태어나고 자란 이들의 언어이다. Kachru(1992c: 356)는 이런 나라들(주로 영국, 미국, 캐나다, 오스트레일리아와 뉴질랜드)을 "영어의 전통적인 문화기지 및 언어기지들"이라 정의한다. 이러한 국가들의 영어화자는 약 3억5천만 명 정도로 추산된다.

- 제2언어로서의 영어(English as a Second Language; 이하 ESL로 표기함): 제2언어(외국어, second language, non-native language, secondary language, weaker language, L2 등으로 정의됨)로서의 영어란 인도, 방글라데시, 나이지리아와 싱가포르처럼 한때 영국 혹은 미국의 식민지였던 나라에서 사용되는 영어를 말한다. 이들 영어화자들 역시 3억 5천만 명 정도라고 추산된다(Kachru, 1992c).
- 외국어로서의 영어(English as a Foreign Language; 이하 EFL로 표

기함): 영어가 국내에서 공식 기능을 하는 나라에서 제2언어로서의 영어(ESL)를 사용하는 화자들과 구분하기 위하여, 외국어로서의 영어(EFL) 화자라고 부르고 있다. 영어가 어떤 목적으로도 공식적으로 기능하지 못하지만 특정한 직업군에서 영어구사 능력이 필수적으로 요구되고, 국내 활용 영역 중에서는 중요한 교과목으로 널리 인정되는 나라에서 사는 사람들이 사용하는 영어를 의미한다. 오늘날에 와서 보면 외국어로서의 영어를 말하는 사람들은 다른 영어의 비모국어화자들과 의사소통하기 위하여 영어를 사용하는 듯 보이지만, 역사적으로 볼 때, 그들은 미국과 영국의 모국어화자들과 의사소통하려고 영어를 배웠었다. 지금은 외국어로서의 영어를 말하는 사람들의 수를 가늠하기가 더 어려운 실정이다. 게다가 어떤 사람을 외국어로서의 영어화자로 규정하기 위해 적용되는 능숙한 정도의 기준이 어떠냐에 따라 그 수가 큰 폭으로 변할 수도 있다. 그렇다고 해도, 만일 적정한 능숙도를 기준으로 하여 추산한다면, 비록 이 숫자에 논쟁의 여지가 있다는 점은 밝혀두지만, 그 수는 약 10억에 달하는 것으로 추산된다 (Jenkins, 2009).

- 국제어로서 영어(English as an International Language; 이하 EIL로 표기함): 외국어로서의 영어를 사용하는 화자들이 상호 의사소통하는 경우가 영어의 모국어화자들보다 더 빈번하게 발생한다는 점이 인식되어서 1990년대 중반부터 EFL 화자들을 EIL 화자들로 포괄적으로 지칭하게 되었다.

- 세계공용어/혼성국제어로서의 영어(ELF: English as a Lingua Franca;

이하 ELF로 표기함): 서로 상이한 모국어를 가진 사람들이 상호 의사 소통을 위해서 선택된 언어 혹은 접촉어로서의 영어를 뜻한다(Jenkins, 2009; Seidlhofer, 2001). ELF라는 용어는 2000년대에 들어 Jennifer Jenkins, Babara Seidlhofer 등 유럽학자들을 중심으로 사용되기 시작하였다. ELF는 다양한 영어사용자들이 소통하는 접촉어로서의 영어와 그 상황을 강조하는 개념이라면 WE는 다양한 영어의 변이형을 가리킨다는 차이점이 있다.

- 세계영어(World Englishes; 이하 WE로 표기함): Kachru(1976)가 처음으로 World Englishes란 용어를 제안하였는데, 그의 초기 연구 단계에서는 WE가 주로 식민주의 역사로 인해 영어가 토착화되어서 그 사회 내에서 독자적인 기능과 위상을 가지고 있는 아시아나 아프리카 등의 외적 범주(outer circle, 제2장 영어의 확산과정과 확산모형 참조) 국가들이 사용하는 언어를 가리키는 용어로 사용되었다. 그러나 세계화가 진행되면서 영어를 사용하는 사람들이 많아지고, 이들의 다양한 사회문화적인 배경이 반영된 영어 변이형들이 등장하면서, 세계 각국에서 사용되는 다양한 영어 변이형과 이러한 변이형들을 기술하고 분석하는 접근법들을 지칭하는 용어로 WE가 사용되고 있다.

WE와 ELF의 개념이 서로 상이한 점도 있으나 공통된 부분은 영어의 복수 표준을 인정하는 다중심(pluricentric) 개념을 수용한다는 점이다. 또한 서로 다른 언어들의 접촉이 영어에 미치는 영향력, 영어의 비모국어화자의 영어 사용에 초점을 맞추고 영어에 대한 세계인의 소유권에 관심을 표방하는 등, 이 두 가지 용어가 영어교육에 많은 시사점을 제공하여 왔다(심영숙, 2020).

WE 연구와 ELF 연구는 영어가 전 세계적으로 널리 활용되는 세계화의 사회문화적 현상에 따라서 영어의 위상과 활용법의 변화에 초점을 맞추어 탄생된 개념이다. 이 두 가지 용어는 서로 개념상의 차이점도 존재하지만 공유하는 부분도 많기 때문에 두 가지 개념을 명확하게 구분하는 것은 어려운 일이라고 판단된다. 따라서 본서에서는 두 가지 개념을 세부적으로 구분해야 할 경우에만 WE, ELF 용어를 각각 사용할 것이며, 그 외의 경우에는 한국어 용어로 "세계영어"로 일반적으로 사용할 것임을 밝혀둔다.

● 세계화/글로벌화(Globalization): 교통수단과 정보통신기술의 발달로 국제 사회에서 국가 간 상호의존성이 증가함에 따라서 인류 문명이 단일화 체제로 수렴하고 있는 현상을 지칭한다. 경제적이거나, 과학기술적, 사회문화적 또는 정치권력적으로도 상호 의존성이 심화되어서 민족, 국가의 경계가 약화되고 세계 사회가 경제를 중심으로 통합되어가는 양상을 띤다. 이러한 시대적 요구 때문에 경제적인 이익을 얻기 위해서 영어능력이 더욱 요구되고 이에 부응하는 영어교육의 수요가 확산되고 기술력의 발달이 영어의 접촉을 더욱 용이하게 한다(Tollefson, 2013). 본서에서는 Globalization에 대한 용어는 "세계화"로 통일해서 사용함을 밝혀둔다.

1.1.2 영어의 위상

현재 세계 곳곳에서 의사소통의 도구로 영어를 학습해야만 하는 이유에 대해서 Crystal(1997)은 다음과 같이 증거를 제시하고 있다.

1. 역사적 이유

영국 또는 미국의 역사적인 지배 유산 때문에 그 나라의 주요 기관들이 그들의 업무를 영어로 수행해야 하는 경우들이 있다. 이 기관들에는 의사결정 기구(예, 의회), 정부 기관들, 공무원 조직(고위급 이상), 법원, 국가의 종교 기관, 각급 학교들, 상위의 교육 기관들, 각 기관들과 관련 출판물 등이 함께 포함된다. 최소한의 어느 정도까지는 모든 외적 범주의 국가들이 이에 해당된다.

2. 내부 정치적 이유

영국 또는 미국으로부터 식민 통치를 받은 경험이 있는 나라에서나 또는 없는 나라에서나 영어는 인도의 경우에서처럼 서로 다른 민족들 간의 의사소통에 있어서 중립적인 수단을 제공하는 구실을 한다. 또 독특한 지방의 영어 품종은 국가 통일의 상징이 되거나 신생 독립국의 상징이 되기도 한다. 신문, 라디오 또는 텔레비전에서의 영어 사용은 그 이상의 너른 차원에서의 영어의 위상을 설명해준다.

3. 대외 경제적 이유

미국의 막강한 경제적 위상은 국제적 사업과 무역 분야에서 모든 사람들의 관심을 끄는 존재로 작용하고, 국제적인 시장개발을 원하는 기업들은 영어로 일을 해야 하는 상황에 직면하고 있다. 관광산업은 특히 영어 의존적인데, 다국적 기업들의 대부분은 주요 영어사용국들에 사무실을 설립하는 것을 희망한다는 예를 들더라도 영어의 대외적인 의존도를 예측할 수 있다.

4. 실용적 이유

영어는 국제 항공 교통관제 업무에서 쓰이는 언어이고, 현재는 국제 해상경찰 및 긴급구조대의 업무에서 그 역할을 확대해 나가고 있다. 영어는 국제적 사업경영이나 학술회의에서 주요한 언어이고 국제 관광 분야의 주요 언어이다.

5. 과학기술적 이유

이 세계의 거의 모든 과학, 기술 및 학술정보는 영어로 표현되며 전자정보검색시스템에 저장된 모든 정보의 80% 이상이 영어로 구성되어 있다. 직접적으로나 영어번역이라는 매체를 통해서 서유럽의 철학, 문화, 종교사 및 문학사에 접근하고자 하는 학문적 호기심도 영어와 밀접한 관련이 있다. 전 세계 모든 국가에서 대다수의 국민이 괴테나 단테 같은 서구의 문학, 역사적 작가들이나 정보를 접할 수 있는 방법은 영어를 통해서이다.

6. 오락적 이유

영어는 대중음악에서 가장 중요한 언어이며 대중문화와 그 관련 광고에 스며들어 있다. 또한 영어는 위성방송, 가정용 컴퓨터와 비디오 게임에서도 주된 언어이며 외설물, 마약 같은 국제적 불법행위에서도 자주 사용되는 언어이기도 하다. 많은 나라에서 영어를 능숙하게 구사하는 사람에게는 더 높은 사회적 위상을 부여해 주는 것이 일반적인 현상이기 때문에, Crystal이 열거한 주요 요인들에다가 개인적으로 유리하게 작용하는 점, 개인적 위신, 명망을 획득하는 것이 영어를 배워야 하는 요인으로 덧붙여질 수 있다.

사람들이 영어를 배우고자 하는 이유는 순전히 원어민과 대화를 나누기 위한 것만은 아니다. 거의 모든 사람들은 원어민들과 대화를 나누어보고자 영어를 배우는 것이 아니라는 것은 명확한 사실이다. 반면에 사람들은 지금의 내가 그러한 것처럼 어떤 이유(업무 또는 취미활동) 때문에 히스패닉 문화에 관심을 가지게 되는 바람에 스페인어를 배우고, 그래서 이러한 목표에 더 다가가기 위해 말하기와 쓰기의 모델을 소유하고 싶어한다. 정말, 영어와 현존하는 다른 모든 언어들 사이에는 많은 차이점이 있다(Prodromou, 1997: 19).

이상의 Prodromou의 설명은 현재의 영어의 확산 현상을 증명해주지만 동시에 영어와 개별 화자들의 모국어의 특징은 매우 상이하다는 점을 나타내주고 있다. 현대 사회는 다양한 이유로 영어를 사용해야 하는 상황이 자주 발생하며, 그런 면에서 영어의 높은 위상이 입증된다.

1.1.3 영어의 우월한 잠재력

영어에 관한 19세기의 글들은, 한편으로는, 그 누구도 부정할 수 없이 우수한 영국의 제도, 사상, 문화가 영어에 반영되어 있음이 분명하며, 다른 한편으로는 우수한 자질의 영국 국민과 영국의 우월한 문화가 영어에 반영되어 있기 때문에 영어는 확실히 우수성을 지니고 있다는 것을 시사하는 등 언어적인 측면의 예찬이 많았다. 그 한 예로서, 영국은 "*가장 풍요로운 과학 및 문학상의 업적들을 나타내는 고귀한 언어를 가르쳐주도록 위임받아 왔음*"을 주장하는 James George 목사의 경우, "*생각이 발달함에 따라 언어도 발전하여 사람들의 생각*

에 스스로를 적응시킨다. 그렇기 때문에 높은 수준의 문명을 이룩한 민족은 고도로 세련된 언어를 가지게 되는 법이다. 영어는 아주 고귀한 언어이다. 고귀하다는 용어는 정말로 적확한 표현이라고 생각한다."라고 분명하게 주장하였다(George, 1867: 4).

영어가 매우 우수한 언어임을 보여주는 중요한 논거 중의 하나는 그 어휘의 폭이 넓다는 데에 있는데, 이것은, 나중에 다시 언급되겠지만, 오늘날에도 널리 사용되고 있는 논거이다. "영어: 세계정복의 길에 오르다('English: out to conquer the world' in US News and World Report(18 February, 1985))"란 제목의 기사는 영어가 다른 언어들과 어떤 차이가 있는지를 설명해주고 있다. 첫째, 영어는 다른 언어들보다 어휘 면에서 규모가 크다는 점이다. 영어는 최소한 75만 개에 이르는 단어들을 전체 영어 규모의 어휘로 삼는다. 크기 면에서 그 뒤를 잇는다는 프랑스어는 그 규모가 영어 어휘의 2/3밖에 되지 않는다… 영어는 여러 다른 나라의 말들로부터 단어들을 광범위하게 차용해 들이면서 1000년 동안 빠른 성장을 지속해오고 있다(1985: 53). Bryson(1990)의 추정에 의하면, Webster 새 국제사전(3판)(450,000개 어휘)과 Oxford 영어사전(615,000 어휘)에 수록된 단어들은 전체 영어 어휘의 일부분에 지나지 않는 바, 이것은 기술 용어와 과학 용어들의 어휘가 수백만 개에 충분히 도달되기 때문이다. 실제로 어느 정도의 단어들이 일상적으로 쓰이는가 하는 면에서 판단해 볼 때, Bryson은 약 "200,000개의 영어 단어들이 통상적으로 쓰이는데, 이것은 독일어(184,000단어)의 경우보다 많은 것이며, 프랑스어(단지100,000단어)보다는 훨씬 더 많은 것임"을 시사한다(p. 3).

Claiborne(1983)는 수 세기 동안 군사적, 산업적 제국의 건설자들이 유형의 재화(財貨)를 취하려고 세계를 약탈하는 동안에도 영어화자들은 전 세계에서 어휘들을 매우 많이 수용해왔다고 주장하였다. 이러한 과정을 통하여, 영어는 세계에서 어휘 수가 가장 많고 다채로우며 가장 표현력이 뛰어난 언어가 되었다고 주장하였다.

영어단어의 수적 총계는 400,000개 (큰 영어 사전들에 통상적으로 수록되어 있는 단어들의 숫자임)보다는 크고, 600,000개 (사서계의 모든 전문가들이 목표로 삼고 있는 제일 큰 수) 보다는 작을 것으로 보인다. 다른 언어들의 경우를 비교해 보면, 가장 크다고 하는 프랑스어 사전들은 약 150,000개 정도의 단어를 수록하고 있고, 최대 규모의 러시아어 사전들은 단지 130,000개를 수록하고 있다.

The total number of English words lies somewhere between 400,000- the number of current entries in the largest English dictionaries - and 600,000 - the largest figure that any expert is willing to be quoted on. By comparison, the biggest French dictionaries have only about 150,000 entries, the biggest Russian ones a mere 130,000(Claiborne, 1983: 3; Jenkins, 2009: 171).

Simon Jenkins(1995)는 영어의 우월성에 대해서 다음과 같은 설명을 제시하고 있다.

영어는 제국의 막강한 힘을 휘둘러 세계의 언어로 등극하는 영광을 쟁취한 것이 아니다. 미국의 언어학자 Braj Kachru가 지적하듯이, 영

어 안에 내재된 특성들, 새로운 정체성들을 취득하려는 영어의 경향 … 영어가 가진 다양한 종류들을 통해서, 그리고 무엇보다도 문학 및 다른 창작 유형들을 위한 탄력적인 표현수단으로서의 적합성을 입증받아서 영어는 주도권을 장악해 온 것이다.

English has not won the battle to be the world's language through a trial of imperial strength. As the American linguist Braj Kachru points out, English has achieved its hegemony through its inherent qualities, by its propensity for acquiring new identities.... its range of varieties and above all its suitability as a flexible medium for literacy and other types of creativity(Simon Jenkins, 1995; Jenkins, 2009: 172).

Jenkins(1990)의 논설("The triumph of English 영어의 승리")의 부제는 "무한대의 적응 능력을 가진 우리의 모국어는 지금 세계의 공용어 - 이전에는 없던 일!"라고 서술되어서 영어가 전 세계적으로 활용되면서 파급되는 영향력을 강조하고 있다.

영어가 어휘 측면에서 풍요로움을 가지고 있다는 견해는 영어가 우월하다는 주장을 지원하고 있는 것은 분명한 사실이지만, 이와는 별도로 중요한 몇 개의 다른 이미지들이 영어와 연상된다. 즉, 영어를 순수한 앵글로 색슨 언어로 구분할 수 있다는 관념, 영어와 영어화자는 늘 개방적이었고 융통성이 있었으며, 그리고 영어의 방대한 어휘 때문에 영어화자들을 가장 유능한 사고방식의 소유자들이라고 평가할 수 있다는 믿음들이 그러한 이미지와 관계가 있다. 그들 중 첫 번째의 이미지가 드러나는 것은 "영어: 세계정복의 길에 오르다(English: out to conquer the world' in US News and World Report(18 February 1985))" 라는 제목의 논설이 "영어 어휘 총계의 80%가 외국어에서 차용된 것이다"라고 주장하는 것이다. 이 주장은 "영어"가 순수한 앵글로-색슨족의 언어임을, 즉 차용해온 많은 단어들로 어휘가 풍성해졌음에도 불구하고 사실은 "영어"가 앵글로-색슨 족의 언어임을 강조하고 있다. 영어가 수많은 외국어 차용어를 통해서 어휘가 풍부해졌음에도, 분명한 앵글로-색슨 혈통이라는 주장을 강조하려는 노력은 그 역사가 유구하다.

이러한 사회적 경향은 Earle(1901)의 논문 중 다음의 내용을 통해서도 잘 나타나 있다.

영국의 고전시대와 영국이 프랑스의 영향 하에 있던 시대로부터 계승되어온 풍부한 내용의 단어들을 폐기하기를 바라는 것이 아니고, 영어가 가진 힘과 생명력이 그 근본인 제국 언어의 경계를 성장시키고 또 확장하기 위하여 그런 단어들을 전리품으로서 또 위대한 성공의 역사적 과시로서 오히려 용인해 주기를 원하는 것이다.

We do not want to discard the rich furniture of words which we have inherited from our French and classic eras; but we wish to wear them as trophies, as the historic blazon of a great career, for the demarcation and amplification of an imperial language whose thews and sinew and vital energies are essentially English(Crowley, 1989: 74; Jenkins, 2009: 172).

앵글로 색슨 언어의 핵심부에다가 전 세계의 여러 언어들로부터 차용해온 단어들이 더해져 왔다는 것이 여기서 논하고 있는 중요한 이미지의 두 번째 것인데, 이러한 이미지가 시사하는 바는 영어와 영국인들은 늘 융통성을 견지해 왔으며, 표현의 풍요로움을 창출하고자 다른 언어들로부터 단어를 차용해 오는 데에 비상한 관심을 보였다는 것이다.

그리하여, 영어의 다양한 어휘는 영국인들의 민주적이고 개방적인 천성이 반영된 것이요, 영어를 배격하는 반응은 그런 반응을 보이는 사람들이 덜 개방적이고 덜 민주적이라는 증거일 뿐이라는 단서를 제공해주며, 영어의 확산에 반대하는 모든 시도를 저지하는 데에 영어는 차용을 잘 하는 훌륭한 언어라는 이미지가 이용된다. "*영어는 프랑스 학술원, 캐나다 헌법이나 플라망어(語) 폭도들의 방식에 의해 보호받을 필요가 없다. 세계는 호흡을 가다듬고 마침내 전 세계 공용의 언어를 갖게 되었음을 인정해야 한다*"고 Simon Jenkins(1995)는 주장하였다. 그런데, "*만일 영어가 수 세기 동안 각 개인의 자유를 훌륭하게 존중해 오지 않았다면, 그리고 영어를 쓰는 모든 개인이 스스로 각자의 새로운 길을 만들어 나갈 만큼 자유롭지 못했다면 지금과 같은 모습의 영어는 전해져 오지 않았을 것*"이라고 언어학자 Jespersen은 영어에 대해서 만족스러운 자부심을 표현하였다(Jespersen, 1938; 1982).

영어는 프랑스 학술원이나 이태리 학술원 같은 학술원이 영국에도 설립되어야 한다고 고집한 적이 없다. 영국에서 모든 작가는 일상적으로 쓰이는 상용어들이거나 토속 방언이거나 옛날 작가들의 글이거나, 지금 있기도 하고 혹은 없어져 버리기도 한 다른 나라의 말들이거나 간에 그가 원하는 곳 어디에서나 그가 쓸 말을 자유로이 선택할

수 있고 또 계속 그렇게 해왔다.

the English have never suffered an Academy to be instituted among them like the French or Italian Academies.... In England every writer is, and has always been, free to take his words where he chooses, whether from the ordinary stock of everyday words, from native dialects, from old authors, or from other language, dead or living(Jespersen, 1938; 1982:15; Jenkins, 2009: 173).

영어는 차용을 잘하는 훌륭한 언어라는 주장이 의미하는 바는 영국인들은 현지인들과의 교류를 통하여 영어를 풍성하게 가꾸면서, 식민지 국가들의 국민들과 잘 어울리는 관계의 식민통치를 유지했을 것이라는 점이다. 만일 식민지인들이나 다른 나라 사람들과 잘 어울리고자 하는 영국인들의 성향이 다른 유럽인들보다 훨씬 더 약했더라면, 정말로 영어는 그렇게 개방적이고 차용성이 강한 언어로 성장할 수 없었을 것이다. 사실상, Bailey(1991)는 영국인들이 느끼는 민족적 우월감으로 인하여 영국의 여행자들은 다른 유럽인 여행자들이 이미 부분적으로 인증한 말들만 차용하고 그렇지 않은 말들의 차용에는 인색했다고 주장한다. 계속되는 Bailey의 주장을 아래에 소개한다.

외국으로의 진출을 감행했던 영어사용자들은 그들 문화의 우월성을 전적으로 확신했고, 그들이 현지에 적응해야 하는 의무를 수긍하는 일은 통상적으로 없었지만 그들의 적응능력에 대한 확신에 가득차서 외국으로 진출했다. 다중언어적 상황에서 대규모의 언어차용과 언어혼합은 언어 간(또는 그 사용자들 간)에 어느 정도의 동등성이 있

을 때에만 발생하는 것인데, 영어가 해외에서 이런 동등성을 가진 다른 언어와 만날 수 있는 일은 좀처럼 일어나지 않았다.

Anglophones who have ventured abroad have done so confident of the superiority of their culture and persuaded of their capacity for adaptation, usually without accepting the obligation of adapting. Extensive linguistic borrowing and language mixing arise only when there is some degree of equality between or among language (and their speakers) in a multilingual setting. For the English abroad, this sense of equality was rare(Bailey, 1991: 91; Jenkins, 2009: 174).

영어가 가진 어휘는 독일어나 불어의 어휘보다 훨씬 더 풍부하다고 언명한 바 있는 Bryson(1990)은 영어 어휘의 다양성에 대해서 다음과 같이 주장하였다.

영어의 어휘가 풍부하고 영어에는 사용 가능한 동의어가 많다는 사실이 의미하는 바는 영어화자가 아닌 사람들에게는 느껴지지 않는 구분 상의 미묘한 차이까지도 영어화자는 파악하여 묘사할 수 있다는 것이다. 예를 들어 말하자면, 프랑스 사람들은 "house와 home"의 차이, "mind와 brain"의 차이, "man과 gentleman"의 차이 그리고 "I wrote"와 "I have written"의 차이를 분간하지 못한다. 스페인 사람들은 "chairman과 president"를 구별 짓지 못하며 이태리 사람들은 "wishful thinking(희망사항)"에 해당되는 표현을 모른다. "efficiency, challenge, engagement ring, have fun 또는 take care"와 같은 뜻을 나타내는 자국어의 단어가 러시아 언어에는 없다.

The richness of the English vocabulary, and the wealth of available synonyms, means that English speakers can often draw shades of distinction unavailable to non-English speakers. The French, for example, cannot distinguish between "house and home", between "mind and brain", between "man and gentleman", between "I wrote" and "I have written." The Spanish cannot differentiate "a chairman" from "a president", and the Italians have no equivalent of "wishful thinking". In Russia there are no native words for "efficiency, challenge, engagement, ring, have fun, or take care" (Bryson, 1990: 3-4; Jenkins, 2009: 174).

우리가 지금 여기에서 주목해야 할 중요한 점은 Bryson이 단순히 다른 언어들이 세상을 그려내는 방식이 영어와 다르다고 주장하는 것이 아니라, 영어는 더 많은 어휘로 세상을 한층 다양하게 묘사한다고 주장한다는 점이다. 영어는 다른 언어들보다 더 많은 어휘를 갖고 있다고 주장했던 사람들 중의 하나인 Claiborne(1983)은 영어는 나타내고자 하는 것이 무엇이든 간에 거기에 적합한 단어를 가지고 있다고 주장하였다.

우리의 모국어에 대해 우리를 진정으로 경탄하게 만드는 이유는, 즉 영어가 과거에나 현재에나, 제각각 다른 여러 생각과 감정을 정확하고 생생하게 또 예리하게 나타내는 표현 수단으로 인정받는 이유는 단순히 영어화자의 수가 많거나 영어가 지역적으로 널리 퍼져 있기 때문이라고 보기보다 영어의 어휘가 엄청나게 많고 그 종류가 다양하기 때문이라고 보는 것이 훨씬 더 타당하다.

It is the enormous and variegated lexicon of English, far more than the mere numbers and geographical spread of its speakers, that truly makes our native tongue marvellous-makes it, in fact, a medium for the precise, vital and subtle expression of thought and emotion that has no equal, past or present(Claiborne, 1983: 4; Jenkins, 2009: 175).

위의 주장이 의미하는 바를 다시 한 번 강조하기 위해서 Claiborne은 더 나아가 영어는 정말 그저 위대한 언어가 아니라 가장 위대한 언어이며 우리들 거의 모두는 어휘들에 의지해서 생각을 하고 그 어휘들은 사물과 사건들(실제이건 상상적이건 모두)을 상징한다고 주장한다. 그렇다면 그의 견해로는 영어화자들은 다른 언어의 사용자들보다 더 훌륭한 도구를 통해서 세상을 이해한다고 평가할 수 있다. 이 견해를 따르면 영어는 세상을 향한 창(窓)이 된다. Burnett(1962)에 의하면, 아시아와 아프리카에서 뿐만 아니라 언어적 경계 지역들이 서로 교차되고 뿌리 깊은 문화적 충성심으로 나뉘어 있는 유럽에서 조차, 전 계층의 사람들이 지금은 영어를, 말하기를 좋아하는 사람들의 모든 시계(視界)를 보여주는 창문, 마술적인 여닫이창으로 간주하고 있다(pp. 20-21).

1.2 영어의 경이로운 확산

영어가 현재의 모습으로 발전하기까지 다양한 확산과정을 거치게 되는데, 이번 장에서는 역사적인 영어의 확산과정에 관한 다양한 이론을 소개하고자 한다. 19세기는 영국이 그들 자신의 위대성에 대하여 무한한 자신감을 가졌던 시대이고, 영어에 관한 저술은 영어와 그 전 세계적 확산에 대한 찬양으로 가득 찬 시대였다. 대영제국과 영어의 확산에 대한 예전의 기술(記述)들에서 분명하게 드러나던 강렬한 우월주의는, 영어확산에 관하여 제시된 최근의 이론들과 비교해 볼 때에 동조할 수 없는 측면도 많이 포함하고 있지만, 영어에 관해 최근에 발표되고 있는 이론들에서는 영어의 우월성에 동의하는 경향이 있다. 그런 점에서, Rolleston(1911)의 영어확산에 관한 설명과 Crystal(1997)이 Cambridge 언어백과사전에서 주장했던 바를 비교하는 것은 흥미로운 일이라 하겠다.

인간이 거주하는 세계 지역 중 1/5 이상의 지역에서 영국 국기가 펄럭이고 있고, 세계 인구의 1/4이 영국 군주의 군림을 인정하며, 100명 이상의 왕자들이 그에게 충성을 다하고 있다. 영어는 다른 어느 종족의 말보다 더 많은 사용자를 가지고 있고 조만간 지구의 대표적인 언어가 되는 것은 당연시 되는 바이며 아직도 세계 5대양 해운업의 절반 정도를 영국인들이 장악하고 있다.

The British flag waves over more than one-fifth of the habitable globe, one-fourth of the human race acknowledge the sway of the British Manarch, more than one-hundred princes render him allegiance. The English language is spoken by more people than that of any other race, it bids fair to become at some time the speech of the globe, and about one-half of the world's ocean shipping trade is yet in British hands(Rolleston, 1911: 75; Jenkins, 2009: 169).

영어는 60여 개국에서 공용어 또는 준공용어로 사용되며, 그 외 20개 정도의 나라에서 공용어나 준공용어는 아니더라도 중요한 위치를 차지하고 있다. 영어는 세계의 6대 주 전체에서 지배적이거나 공고한 지위를 점하고 있다. 영어는 서적, 신문, 공항 및 항공 교통관제, 국제무역 및 학술회의, 과학 기술, 의약, 외교, 스포츠, 여러 국제대회, 대중음악, 광고 등 거의 전 분야에서 그 중심적인 역할을 수행하는 언어이다. 전 세계 과학자들의 2/3 이상이 영어로 저술을 하며 세계전자검색시스템에 있는 모든 정보의 80%는 영어로 저장되어 있다. 영어 라디오 프로그램은 120개국의 1억5천만 명에 의해 청취되고 있다.

English is used as an official or semi-official language in over 60 countries, and has a prominent place in a further 20. It is either dominant or well established in all six continents. It is the main language of books, newspapers, airports and air-traffic control, international business and academic conferences, science, technology, medicine, diplomacy, sports, international competitions, pop music, and advertising. Over two-thirds of the world's scientists write in English. Of all the information in the word's electronic retrieval systems, 80 percent is stored in English. English radio program are received by over 150 million in 120 countries(Crystal, 1997: 358; Jenkins, 2009: 169).

위에서 언급된 영어에 대한 우월적인 평가는 영어에 관한 다른 책들과 논문들을 살펴볼 때 더욱 뚜렷해진다. Bryson(1990)의 저서, "영어: 우리들의 모국어(Mother Tongue: The English Language)"는 "전 세계에서 3억 명이 넘는 사람들이 영어를 모국어로 사용하고 있고, 영어가 모국어가 아닌 사람들도 종종 영어를 사용해 보려고 노력하는 것으로 보인다(p. 1)"라는 말로 그 첫머리를 시작한다. Caliborne(1983)은 그의 책, "영어의 생명과 시대: 우리들의 훌륭한 말의 역사(The Life and Times of the English Language: The History of our Marvellous Tongue)"의 첫머리에서 아래와 같이 기술하고 있다.

어떤 기준으로 보더라도 영어는 뛰어난 언어이다. 우선 그것은 3억 명이나 되는 사람들의 모국어이며, 표준 중국어를 제외하면, 전 세계에서 가장 큰 언어공동체를 형성하고 있다. 영어가 가진 더욱 더 두드러진 점은 지리적으로 제일 넓은 지역에서 영어가 사용된다는 사실이다: 알래스카의 배로(Barrow)곶에서부터 남미의 포클랜드 제도에 이르는, 또 홍콩에서 호주의 타즈마니아 섬에 이르기까지의 넓은 지역에 영어화자들이 퍼져있다…단연코 영어는 세계에서 가장 중요한 "제2언어"이기도 하다. 수천만 명의 학식 있는 유럽인 및 일본인들이 영어를 구사하고 소련과 중국 모두에서 가장 널리 학습되는 외국어는 영어이며, 그 인구를 다 합하면 10억이 넘을 10여개도 더 되는 나라들에서 영어를 공용어로 사용한다. 영어는 과학자들, 세계 전역의 항공기 조종사와 항공 관제사들, 유럽 도처에서 히치하이킹 하는 학생들, 그리고 인도와 네팔에서 명상 수련을 하는 은둔자들의 국제(공용)어이다.

By any standard, English is a remarkable language. It is, to begin with, the native tongue of some 300,000,000 people-the largest speech community in the world except for Mandarin Chinese. Even more remarkable is its geographical spread, in which it is second to none; its speakers range from Point Barrow, Alaska, to the Falkland Islands; from

Hong Kong to Tasmania... English is also by far the most important "second language" in the world. It is spoken by tens of millions of educated Europeans and Japanese, is the most widely studied foreign tongue in both the USSR and China, and serves as an "official" language in more than a dozen other countries whose populations total more than a thousand million.... English is the lingua franca of scientists, of air pilots and traffic controllers around the world, of students hitch-hiking around Europe, and of dropouts meditating in India and Nepal(Caliborne, 1983: 1-2; Jenkins, 2009: 169).

Simon Jenkins(1995)에 의하면 인공적인 국제어들을 도입해 사용하려는 시도들은 "영어의 우월성으로 인하여" 좌절되었다고 한다. 영어를 구사하지 못하는 사람들은 영어를 구사할 줄 아는 사람들에 비해 사회적으로 불리한 위치에 처할 수가 있다. 나중에 알게 될 테지만, 영어를 구사하지 못하는 사람들이 느끼며 심지어 영어가 모국어가 아닌 사람들까지도 느끼는 언어적 박탈감이라는 이 관념은 사회의 여러 가지 측면에서 아주 특별한 의의를 가지기 시작한다. 영국의 Sunday Times지의 한 사설(1994년 7월 10일자)은 여러 공공분야에서 영어 사용을 제한하려는 프랑스 정부의 시도에 대처하면서, "영어가 유럽의 공용어가 되어야 하는 필연적 추세"에 반대하는 프랑스의 태도를 규탄한다. "영어는 그 자신의 운명, 처칠이 말한 '정복을 계속해 나가는 언어로서의 운명'을 실현할 것"이기 때문에 영어에 반대하는 것은 무의미한 일이라고 그 사설은 경고한다. 그 사설은 또한 "국제정치의 모든 변화, 세계경제의 모든 전환점, 모든 매체의 개발 그리고 모든 기술적 혁신에 있어서 영어의 행진은 계속된다"고 주장한다.

다른 유럽 국가들 중 그 어느 나라도, 영어가 여러 국가 간의 토의를 용이하게 진행해 주는 역량 있고 편리한 언어로서의 기능을 발전시켜 나간다고 해서 분노의 상태에 빠지지는 않는다. 독일 사람들, 스페인 사람들 그리고 이태리 사람들은 그것을 거스를 수 없는 사실로 받아들였다. 영역을 넓혀서 볼 때 러시아인, 중국인과 일본인들도 마찬가지였다. 시대를 앞서 가고 싶으면 영어를 구사할 수 있어야 하는 것이다. 세계 곳곳의 20억 인구가 영어를 제2언어로 쓰고 있다고 평가된다. 미국, 영국 그리고 영연방의 3억 5천만 원어민 화자에 이 20억의 인구를 더하면 그것은 무엇으로도 제지할 수 없는 힘이 된다.

No other country in Europe works itself into such a frenzy about the way English eases the paths of multi-national discussion and assumes an ever-growing role as the language of power and convenience. The Germans, Spanish and Italians have accepted the inevitable. So, further afield, have the Russians, Chinese and Japanese. If you want to get ahead, you have to speak English. Two billion people around the world are believed to have made it their second language. Add that to 350 million native English speakers in the United States, Britain and the Commonwealth, and you have an unstoppable force(Sunday Times, 1994; Jenkins, 2009: 170).

이 사설은 영어의 전 세계적 확산과 필연적인 영어 우세 판도에 관해 이렇듯 주목할 만한 주장을 펼치고 난 후, 계속해서, 프랑스는 "영미 영어가 좁아지는 세상에서 전 세계인의 언어가 되기에 가장 적합하다"는 점을 인정해야 하며 보호주의적 정착과 보조금 따위를 아무리 많이 투여해도 발상 표현의 자유로운 시장을 봉쇄할 수 없음을 인정해야 한다는 것을 분명히 하고 있다. 이 사설에서는 또 영국은, 영어가 발전해 나가는 데에 도움을 주는 영국문화원(한때는 근시안적 식견을 가진 이들의 비난의 대상이었으나 지금은 교육을 그 핵심 활동으로 펼치면서 108개 국가에서 성공적으로 세계적 네트워크를 운영하고 있다고 평가하면서)과 BBC(영국공영방송: 그 명성과 상품들을 해외에서 이용해야 한다는 말을 그 어느 때 보다도 많이 듣고 있다고 평가되는)와 함께 "영국에게 힘을 불어넣어 주는 영어와 영국적 가치에 관한 선전에 매진해야 한다"는 주장을 제기한다.

"영어: 세계정복의 길에 오르다('English: out to conquer the world' in US News and World Report(18 February, 1985)"라는 제목의 한 기사는 영어의 확산으로 일어나는 통상적인 일들에 대한 나열로서 그 첫머리를 시작한다:

아르헨티나 출신의 한 항공기 조종사가 터키에 착륙할 때, 그는 지상의 항공관제사와 영어로 교신한다. 독일의 물리학자들이 그들의 새로운 발견에 대해 국제 과학계가 주목해 주기를 원할 때 영어 잡지에 그 발견을 게재한다. 일본기업의 중역들이 스칸디나비아의 사업가들과 방콕에서 만나 거래할 때에 그들 간의 의사소통은 영어로 이루어진다.

When an Argentine pilot lands his airliner in Turkey, he and the ground controller talk in English. When German physicists want to alert the international scientific community to a new discovery, they publish their findings in English-language journals. When Japanese executives cut deals with Scandinavian entrepreneurs in Bangkok, they communicate in English("English: out to conquer the world" in US News and World Report(18 February, 1985: 49; Jenkins, 2009: 170).

영어의 경이로운 확산과정은 계속적으로 진행될 것이다. James Alatis는 "이 시대의 세계공용어인 영어는 그 확산을 계속할 것이다. 그것의 성장은 피할 수도 없고 멈출 수도 없으며 또 필연적이다"라고 주장한다. 분명히 말하건대, 영어의 세계적 확산에 관한 글에서는 확산과정의 연속성을 강조한다. Bailey(1991)는 "제3세계 국가들에 대한 직접적이고 정치적인 지배는 끝났어도 경제제국주의가 그 자리를 대신하고 있기 때문에 영국과 미국의 주도하에 제국주의가 가장 강성할 때 생성된 언어학적 개념들은 변화가 없다(p. 121)"라고 주장한다. 이렇듯 역사적으로 경이로운 확산과정을 거친 영어는 지금도 당연한 세계의 공용어로 간주되고 활용되고 있다.

1.3 영어의 무한한 표현 능력

영어가 가지고 있는 우월한 잠재 능력 가운데 가장 중요한 요소로 꼽히는 것은 무한한 표현 능력이다. 이번 절에서는 영어의 무한한 표현 능력을 뒷받침해주고 있는 실용적인 현대영어의 장점과 변화에 대한 영어의 적응력에 대해서 논의해보고자 한다.

1.3.1 현대영어의 실용적인 장점

449년 쥬트족(Jutes)이 영국에 제일 먼저 도착함으로써 영어의 출발이 이루어졌다고 생각한다면, 그 후 약 1500여년을 경과하는 동안 우리들이 현재 사용하고 있는 영어의 현재 모습이 형성되었다고 볼 수 있겠다. 이렇게 오랜 시간 동안의 변화과정을 통해서 형성된 영어의 특징을 통해서 영어가 세계공용어로서 우위성을 점하게 된 장점이 무엇인지를 살펴보고자 한다.

영어의 특징을 논할 때 가장 먼저 꼽을 수 있는 특징은 정력적인 끈질김과 적응력을 들 수 있다. 중세영어 시대에 영국이 노만디(Normandy)에 정복되자, 노만 공국의 통치를 받게 되었다. 프랑스어가 영국의 공용어(official language)로 등장함에 따라서 프랑스어의 힘에 압도되어서, 영어는 한낱 서민층의 언어로 전락하게 되었다. 그러나 이러한 역사적인 과정 속에서 영어는 군센 인내력과 과감한 적응력을 유감없이 발휘하여 마침내 프랑스어를 물리치고 영국 국민의 국어로 재등장하게 되었다. 오히려 중세영어 시대에 방대한 프랑스 어휘를 수용하여 영어의 어휘력이 무한히 확장되는 결과를 얻게 되었다. 영어는 여러 가지 외래어를 수없이 받아들이면서도 이에 동화되지 않고, 외래적인 요소를 오히려 자신의 것으로 소화하여 영어의 밑거름이 되게 하였다는 사실은 영어가 가지고 있는 과감한 적응력을 방증하는 것이라고 생각한다.

다음에서는 현대영어의 실용적인 장점을 간단하게 정리하고자 한다.

1) 영어의 방대한 어휘력이다. 영어는 발전과정에서 외국어로부터

수많은 어휘를 도입하여 방대한 어휘를 지니게 되고 아울러 그 표현력이 무한하게 확대되었다는 점을 첫 번째 장점으로 들 수 있다. 이처럼 외국에서 도입한 여러 어휘는 영국에 들어온 지가 대단히 오래되었고 또 일상생활의 용어로 자주 사용되고 있기 때문에, 전문가가 아니면 이들이 외국어에서 도입되었다는 사실을 의식하지 못하는 경우가 많다. 무수한 사례를 모두 예로 들 수는 없지만 영어에서 자주 사용되는 어휘 가운데 대표적인 차용어를 들자면 다음과 같다.

① 라틴어(Latin)에서 온 어휘: street, castle, stimulus, memorandum, cheese, pepper, camp, wall, butter, plant, apple, plum, pear 등
② 희랍어(Greek)에서 온 어휘: church, angel, devil, bishop, monk, minister, paralysis, pyramid, banjo, criterion, phenomenon, stigma 등
③ 켈트어(Celtic)에서 온 어휘: comb(작은 계곡), down(언덕), bog, galore, beak, cargo, carry, mutton, truant(게으름장이), vassal 등
④ 네델란드어(Dutch)에서 온 어휘: bowsprit(범선의 마스트), skipper, keel, leak, marline, buoy, reef, dock, aloof, yacht, commodore, yawl, cruise, bow, freight 등
⑤ 스칸디나비아어(Scandinavian)에서 온 어휘: sky, skin, call, fellow, leg, root, want, wrong, die, billow, clumsy, they, their, them, beck, nag, doze 등
⑥ 이태리어(Italian)에서 온 어휘: balcony, colonnade, corridor, parapet, pilaster, miniature, opera, sonnet, risk, magazine, volcano, spaghetti, Madonna, prima, donna, studio, gondola, inferno 등
⑦ 스페인어(Spanish)에서 온 어휘: armada, escapade, embargo, padre,

anchovy, renegade, spade(at cards), potato, mosquito, desperado, canyon 등

⑧ 아라비아어(Arabic)에서 온 어휘: zero, algebra, cipher, azimuth(방위각), zenith, alembic(증류기), alkali, alcohol. amber, alchemy 등

⑨ 포르투갈어(Portuguese)에서 온 어휘: marmalade, buffalo, mandarin, caste, pagoda 등

⑩ 페르시아어(Persian)에서 온 어휘: caravan, divan, khaki, shawl, paradise, chess, lemon, lilac, turban, spinach 등

⑪ 슬라브어(Slavic)에서 온 어휘: sable, intelligentsia, Bolshevik, steppe, drosky(지붕이 없는 4륜 마차), ruble 등

⑫ 프랑스어(French)에서 온 어휘: 중세영어 기간 동안에 프랑스어에서 차용된 어휘는 실로 방대하기 때문에 각 분야별로 나누어서 차용어를 소개하고자 한다.

• 종교에 관한 어휘: mercy, religion, sermon, sacrament. baptism, prior, prayer, paradise, theology, miracle, charity, confession, passion, grace, archangel, clergy, pastor, dell, vicar, devotion, pity, crucifix, image, comfort, salvation, purity 등

• 법률에 관한 어휘: judgement, crime, prison, accuse, acquit, summons, proof, gail, imprison, pardon, plea, estate, justice, suit, jury, evidence, verdict, sentence, fraud, heir, petition, punishment, bill, fine, arrest, trespass, plea, defendant, bail, felon 등

• 행정기관에 관한 어휘: parliament, court, crown, empress, state, reign, council, royal, sovereign, assembly, tax, office, government, majesty, mayor, prince, authority, tyrant, statute, treaty, rebel, exile, liberty, minister, lady, lord, noble 등

• 군사용어: army, navy, enemy, peace, defense, soldier, sergeant, captain, dart, guard, spy, troops, vessel, march, force, company, aid, rank, challenge, combat, ambush, retreat, garrison, officer, admiral, array, conquer, ambush, standard 등

• 유행, 의복에 관한 어휘: gown, dress, apparel, robe, coat, costume, garment, collar, boots, fur, jewel, curtain, chair, screen, habit, cloak, towel, basin, parlor, lace, embroidery, button, luxury, sable, ornament, ivory, pearl, diamond, ruby 등

• 음식에 관한 용어: cuisine, dinner, supper, feasts, sauce, boil, fry, salmon, oyster, roast, pastry, soup, jelly, sausage, pottage, biscuit, toast, cream, sugar, olives, salad, lettuce, almonds, raisin, orange, lemon, cherry, mustard, stew 등

• 오락에 관한 용어: amusement, leisure, dancing, chase, music, falcon, sport, recreation, juggler, checkers, conversation, cards, dice, partner, trump, ace, stallion, stable, stallion, trot, stable, spaniel, kennel, scent, heron, forest 등

• 학문 · 예술 · 문학에 관한 용어: art, painting, sculpture, poetry, prose, study, title, volume, paper, copy, beauty, color, figure, arch, towel, cathedral, palace, castle, chamber, chimney, pillar, porch, column, aisle, choir, chapel, manor, story, poet 등

• 일상생활에 관한 용어: travel, coat, suppose, fault, satisfy, remember, piece, obey, air, advance, age, affection, cheer, coast, aim, apply, approach, arrive, carry, change, defy, form, furnish, grant, observe, surprise, pursue, relieve, tremble 등 (조성식, 1975: 195-208).

이상과 같이 방대한 프랑스어의 어휘가 영어에 도입됨으로써 영어는 어휘 면에서 표현력이 대폭 향상되었을 뿐만 아니라, 고대영어 시대의 게르만어의 특성을 강하게 풍기던 영어가 로맨스어 적인 성격을 띠게 되었다. 또한 수많은 동의어와 이중어를 탄생시켰다. 이러한 사실은 영어가 외부의 요소를 배척하지 않고 동화시켜서 내 품안에 포섭함으로써 영어의 강인한 생명력을 입증한 것이라고 평가된다.

2) 문법형태가 간단하게 되었다. 현대영어의 중요한 특징 중의 하나는 굴절 어미를 비롯해서 문법형태가 대단히 간단해졌다는 점이다. 문법 관계를 나타내는 데 굴절 어미보다 더 편리하고 표현능력이 강인한 여러 문법적인 방법을 강구함에 따라서 복잡한 굴절 어미가 상실되었다. 굴절형에 의해서 표현되던 낱말의 관계를 개별적인 낱말로 나타내게 되어 있는데 동사의 경우에는 조동사로, 명사의 경우에는 전치사를 활용하여 단어 관계를 표현하게 되었다.

3) 어순이 고정되었다. 영어는 희랍어, 라틴어, 러시아어처럼 굴절형을 많이 보유하고 있는 굴절 언어에 비해서, 굴절 어미가 많이 상실되었기 때문에 의미관계를 나타내는데 어순이 중요한 문법적인 방편이 되었다. 어순이 고정되어 있다는 사실은 한 언어가 고도로 발전된 상태에 있다는 증명하는 것이다. 왜냐하면 언어는 그 시발점에서는 언제나 복잡한 굴절체계를 가지고 있게 마련인데 시간이 경과함에 따라서 그 체계를 간소화하고 결국에는 어순을 고정시켜서 의미관계를 분명하게 표현하게 된다.

4) 문법성이 상실되었다. 영어는 유럽 언어에서 볼 수 있는 문법성을 상실했다는 것이 언어 사용의 실용적인 측면에서 큰 장점으로 꼽을 수 있다. 예를 들어서 프랑스어에는 남성과 여성이 있고, 독일어에는 남성, 여성, 중성이 존재한다. 그런데 이러한 문법적인 성은 자연적인 성과는 연관이 없는 임의적으로 부여된 성이기 때문에 언어를 사용하는데 필요 이상으로 기억력에 부담을 주게 된다. 따라서 영어에서 문법성이 사라졌다는 것은 현대영어의 문법체계를 간소화하는 데 지대한 공헌을 하게 되어, 영어가 널리 활용될 수 있는 발판을 마련하였다.

5) 조동사의 사용이 확대되었다. 영어는 조동사 특히 "do"를 활용하여 단어의 여러 가지 의미의 차이를 표현하고 있다.

6) 제2차 음소가 중요하게 활용되었다. 현대영어에서는 제2차 음소인 강세(stress)와 억양(intonation)이 중요한 문법사항이 되었다. 굴절형이 없어지고 어순도 고정되어서 의미의 미묘한 차이를 효과적으로 나타낼 수 없게 된 현대영어에서는 뜻의 차이를 나타내기 위해서 제2차 음소인 강세와 억양이 의미의 차이를 나타내는데 중요한 역할을 담당하게 되었고 이것이 현대영어의 또 하나의 특징으로 간주된다.

7) 철자법이 고정되었다. 영어가 현재와 같은 철자법으로 고정된 것은 비교적 최근의 일이다. 중세영어 시기나 셰익스피어 시대만 해도 철자법이 완전히 고정되어 있지 않았다. 15세기에 캑스튼(William Caxton)이 영국에서 처음으로 인쇄기를 활용하여 출판을 시작함으로써 철자법이 점차로 고정되기 시작하였다. 또한 18세기에 존슨(Samuel

Johnson)이 영어사전을 출판함으로써 영어의 철자법은 완전히 고정되게 되었다.

이상에서 살펴본 바와 같이 영어는 장대한 발전과정을 거치면서 실용적인 언어의 특징을 갖추게 되어서 오늘날 현대영어가 전 세계에서 널리 쓰이는 세계공영어로 자리 잡게 되었다.

1.3.2 변화에 대한 영어의 적응력

이번 절에서는 영어가 다양한 상황에 따라서 변화하고 적응하여 표현 능력을 무한히 향상시키는 증거를 주로, 영국, 미국, 호주의 3곳에서 쓰이는 영어의 어휘와 문법적인 차이점을 통해서 살펴보고자 한다.

표준 원어민 영어들 간의 차이라는 것은 그들 간의 유사성에 비하면 전혀 필적되지 않으리만큼 미미하지만 이 세 개의 표준영어는 특별히 영국적, 미국적 또는 오스트레일리아 적이라고 특징지어지는 확실한 특성들을 가지고 있다. 그 중 가장 두드러진 차이는 어휘 분야에서 나타나는데, 영국식 영어와 미국식 영어 간에 존재하는 어휘상의 차이가 영국식 영어와 호주식 영어 간에 존재하는 차이보다 훨씬 더 크게 나타난다. 영국 영어와 미국 영어의 경우를 보면 수천 개에 달하는 단어들이 어느 한 편에는 있는데 다른 편에는 없다든가 그 뜻이 완전히 또는 부분적으로 다르다든가 한다. 이런 현상이 발생하게 된 주요 원인을 우리는 어느 정도 쉽게 규명할 수 있다.

첫째, 초기의 이주자들은 그들의 신대륙에 와서 처음 접한 사물들에 대하여 그 이름을 새로 지어줄 필요가 생기다 보니 기존 단어의 의미를 확장하여 이름을 짓거나 새로운 단어들을 만들어 내거나 지역 토착민, 즉, 아메리카 원주민들의 단어를 빌려서 쓰게 되었다. 기존 단어의 의미를 확장한 예로는 "corn"(영국에서 corn은 곡물을 의미하는데 미국에서는 옥수수를 의미)과 "robin"(영국에서는 붉은 색 가슴의 물새를 말하나 미국에서는 좀 더 큰 덩치의 붉은 색 가슴을 가진 개똥지빠귀를 뜻함)을 들 수 있다. 그리고 "butte"(뷰뜨 : 정상부분이 평평한 개체의 높지 않은 산)는 새로이 만들어 낸 단어의 단적인 예이다. 원주민의 어휘에서 온 예로 "moccasin"(부드러운 가죽 단화), "squash"와 "toboggan"(썰매의 일종) 등을 들 수 있다(McCrum외, 1992).

둘째, 미국 영어가 영국 영어로부터 분리된 이후에 이루어진 눈에 띄는 문명의 발달이 두 영어 간의 차이를 더 심화시켰다. 자동차와 관련된 단어들처럼 기술 혁신의 산물로 생겨난 어휘의 경우에는 특히 그 차이가 더 현격하다. 영국 영어에서는 "windscreen", "bonnet", 그리고 "boot"로 표기되는 물품들이 미국 영어에서는 각기 "wind shield", "hood" 그리고 "trunk"로 달리 불리고 있는 현상이 그 예이다.

Trudgill and Hannah(2008)는 영국 영어(영국인들은 잉글랜드 지역의 표준 영국 영어라고 부르기를 선호함)와 미국 영어의 차이점들을 네 개의 큰 범주로 분류한다.

1. 같은 모양의 단어이나 뜻이 다른 경우
2. 같은 단어인데 어느 한 쪽 단어에는 추가적 의미가 있는 경우
3. 단어의 모양은 같지만 표현법, 함의, 사용빈도 상의 차이가 있는 경우
4. 어떤 개념이나 품목을 나타내는 데에 있어 서로 다른 단어를 사용하는 경우

아래의 단어들은 Trudgill and Hannah의 단어 목록에서 발췌된 것이다. 여러분들은 이 단어들이 각각 네 가지 범주 중 어느 범주에 해당되는 지 알 수 있으며 또 이들의 사용법 상에 어떤 차이가 있는지 설명할 수 있는가?

이러한 차이들의 결과로 야기될 수 있는 의사소통 상의 문제에는 어떤 것들이 있을지 생각해 보자. 여러분들은 위 네 범주에서 어느 것이 영국 영어화자와 미국 영어화자 간에 오해를 불러일으킬 가능성이 가장 클 것이라고 생각하는가?

faucet	smart	autumn	regular
bathroom	pants	sophomore	to fancy
a queue	pavement	homely	school

아마 범주1이 오해를 불러일으킬 소지가 가장 클 것으로 보인다. 왜냐하면 의미상의 차이는 절대 제대로 인식될 수도 없거니와 규명될 수도 없기에 이 때의 오해는 풀리지 않은 채 남을 가능성이 아주 크기 때문이다.

호주 영어와 영국 영어 간의 어휘 차이는 관용어나 속어를 제외하면 그 수가 비교적 극히 적다. 호주 영어의 어휘상의 다변화가 초래된 근원은 호주 원주민 언어에서 차용된 단어들에 있었다. “캉가루”, “부메랑” 등 호주 외부에 널리 알려져 있는 단어와 “gibber”(바위), “corroboree”(큰 집회), “jumbuck”(양)처럼 외부에 덜 알려져 있는 단어들이 바로 그런 단어들이다. 많은 차용된 단어들이 “calomDo” 같은 식물들, “mallee” 같은 나무들 “KooKaburra” 같은 새들에서처럼 토착의 동 · 식물 상을 나타내는 단어들이다. 이상하게도 그리 많지 않은 수의 원주민 단어가 호주 영어식으로 변화되었음에도 불구하고 이런 단어들이 지금은 “철저한 호주 적”인 것으로 간주되고 있다(Elmes 2001: 66). 호주 영어 어휘 변천의 다른 예들을 알아보면 그것들은 이미 영국 영어에 있던 말들의 형태나 의미의 범위를 바꿈으로써 생겨난 것으로 그 기원을 영어 내부에 두고 있다.

호주 영어와 영국 영어의 어휘상의 차이점을 몇 가지 예로 들자면 다음과 같다.

호주 영어	영국 영어
barrack for (응원, 지지하다)	support (응원, 지지하다)
footpath (인도, 보도)	pavement
parka (방한복의 일종)	anorak
Sedan (승용차의 일종)	estate car (스테이션 왜건)
station (목축장)	stock farm
stroller	push chair (유모차)
bludger	loafer, sponger (백수 건달)
singlet (러닝 셔츠)	vest
station wagon	saloon car (세단형 자동차)
paddock (울타리 친 들판)	field (들판)

(출처: Jenkins, 2009: 79)

또한 영국 영어에서는 쓰이지 않는 호주 식 속어의 예들을 정리해 보면 다음과 같다(Elmes, 2001; Trudgill and Hannah, 2002).

a dag (별나거나 기이한 사람을 다정한 어감으로 지칭하는 용어)

a drongo (a fool 바보)

a dalah (a fool: 바보, 얼간이)

a chine (a mate 친구)

a offsider (a partner or companion: 협력자, 동료)

a sort (매력적인 사람)

tucker (food)

sploshiboodle (money 돈)

spiflicated (알맞게 술에 취함)

rotten (drunk 술 취한)

crook (ill, angry 아픈, 화난)

to spit the dummy (to lose your temper 성질을 부리다)

to bot (to cadge 조르다, borrow 빌리다)

to gammon (to fool someone into thinking something 사실이 아닌 것을 믿도록 속이다)

to front up (to arrive 도달하다, present oneself someone 등장하다)

to fine up (to improve-used of weather 날씨가 좋아지다)

to retrench (해고하다, to sack, make reduntant)

to shout (모두에게 음료수를 한 잔씩 대접하다)

shooting a fairy (farting 방귀뀌기)

She'll be apples (만사 잘 풀릴거야)

호주 어휘의 또 다른 특징은 약자로 줄여 쓰기를 좋아한다는 데에 있다. "pants"는 "pantaloons"의 단축어이고 "bus"는 "ommibus"의 단축어라는 사실에서 보듯이, 화자들 대부분이 원래의 단어가 무엇인지 모를 정도로 모든 영어화자들은 단어의 길이를 줄이는 것을 선호

하는 경향이 있다. 그러나 호주 사람들은 다른 영어화자들 보다 더 많은 수의 단어들을 단축해서 사용하는 것으로 나타난다. 호주 영어에는 다른 품종의 영어들에서 보이는 것보다 더 특징적인 경향이 또 있는데 그것은 단어를 단축하고 나서 접미사(接尾辭) 특히 "-ie"나 "-y" 그리고 "-o"를 붙인다는 것이다. barbecue가 "barbie"로, "Australia"이 "Aussy"로 그리고 "afternoon"이 "arvo"로 변한 호주 단어들이 바로 이런 사례들이다.

다음은 문법 분야를 살펴보자면, 교양 있는 사람들의 말이나 글을 놓고 볼 때, 영국 영어와 호주 영어 간의 문법적 차이는 거의 없다고 할 수 있을 정도이고, Trudgill and Hannah(2002: 18)도 지적한 바 있지만, 독특한 어휘의 사용이 없다면, 호주인이 쓴 글인지 영국인이 쓴 글인지 분간해 내기가 불가능하다. 그러나 영국 영어와 미국 영어 간의 문법적 차이는 여러 방면에 걸쳐 존재하는데, 다음에는 단지 두 영어 간 차이가 제일 심한 것들을 제시하고자 한다(Trudgill and Hannah, 2002: 55-79).

〈동사〉

● 형태론: 과거형 어미와 과거 분사형 어미에서 두 품종 간 차이가 있다. 예) 영국 영어의 단어 "dived, sneaked, got"이 미국 영어에서는 "dove, sunk, gotten"으로 쓰임.

조동사: "must"의 부정사용: 예를 들면 미국 영어에서는 must를 부정할 때, "must not"을 줄이지 않은 형태로 쓰는 반면에 영국 영어에서는 "can't"를 사용한다. 예) "He can't be in - his car has gone" "그는 안에 없음이 틀림없다. - 그의 차가 가고 없잖아."

〈명사〉

● 미국식 영어에는 일부 명사 어미, 예컨대, "-ee"("retire", "draftee"), "-ster"(teamster, gamester) 같은 어미들이 자주 사용된다.

● 파생어를 만들 때 뒤에 붙는 어미가 서로 다르다. 예) 영국 영어의 "candidature"(입후보, 출마), "centenary"(100주년)가 미국 영어에서는 각각 "candidacy"와 "centennial"로 나타난다.

● 미국 영어에서는 동사를 명사로 전용(轉用)해서 쓰는 경향이 더 농후하다. 예) 동사 "to run down", "to be shut in", "to try-out"이 "rundown", "a shut-in(병약자)", "try-out"(청취 테스트-audition) 등의 명사로 전성(轉成)된다.

〈형용사 및 부사〉

● 비교 형용사 "different"의 다음에 미국에서는 전치사 "than"을 사용하지만 영국에서는 "from"을 (더 최근의 경향은 to) 쓴다. "This one is different than/from (to)the last one"의 문장이 그 예이다.

● 미국식 영어에서는 단순 과거 시제에서 부사 "yet"과 "already"를 사용할 수 있는 반면, 영국 영어에서는 단순 과거 시제에서 "yet"과 "already"를 사용하지 못 한다. 영국 영어에서는 "yet"와 "already"는 현재완료형의 시제에서만 사용된다. 즉, 미국 영어에서 "I didn't buy one yet.", "Did you read it already?"라고 표현되는 것도 영국 영어에서는 "I haven't bought one yet.", "Have you read it already?"라고 표현된다.

〈전치사〉

● 약간의 전치사들이 두 품종 간에 그 형태를 달리한다. 예를 들면,

영국 영어의 "behind"가 미국 영어에서는 "in back of"로 대체된다. 예를 들면 "I put it behind/in back of the shed".

- 특정한 맥락에서, 특히 시간에 관한 표현법과 관련될 때, 사용하는 전치사가 다르다. 예) 영국 영어에서는 "I haven't seem him in ages/weeks."라고 말한다.
- 시간을 나타낼 때 영국 영어는 "twenty to three", "five past eight"라고 표현하는 것을 미국 영어는 "twenty of/till three", "five after eight"이라고 표현한다.
- "in"과 "on"의 용법이 서로 다르다. 영국식 영어에서는 "to live in a street", "to be in a sale(할인세일)"라고 표현하는데 미국식에서는 "to be on a street", "to be on sale"(한편 영국 영어에서 on sale의 의미는 판매용이라는 뜻)라고 표현한다.

제2장 영어의 확산과정과 확산모형

엘리자베스 1세 여왕의 통치가 끝나던 해인 1603년에는 단지 500만 내지 700만에 불과하던 영어 사용 인구는 21세기 초엽의 엘리자베스 2세 여왕 통치의 후반부에 이르러서는 15억에서 20억 사이의 숫자로 크게 증가하였다. 16세기 중반에는 영어가 브리튼 제도의 지역 내에서 태어나고 성장한 소수 그룹의 영어의 모국어화자들 사이에서만 사용되었던 반면, 지금은 전 세계의 거의 모든 나라에서 사용되고 있으며 영어 사용자의 대다수는 영어를 모국어로 하지 않는 사람들이다.

Crystal(1997)이 정리한 바에 따르면 현재 행정, 법률, 교육 등의 제 분야에서 영어를 모국어(L1)나 공식적인(즉 제도화된) 제2언어(L2)로 사용하는 나라들은 대략 75개가 된다. 그의 자료에 따르면 영어의 모국어화자와 제2언어 영어화자의 합계는 각각 337,407,300과 235,351,300인 바, 이 두 영어화자의 수를 합하면 위 국가들의 총인구수(총합계 : 2,024,614,000)의 거의 1/3에 육박하는 수가 된다. 그러나 Crystal(1997: 61)이 지적하고 있듯이 제2언어 영어화자의 총계는 실제보다 적게 추산된 것으로 보인다. 합계 2억 3천 5백만……이란 수는 전체적인 숫자를 통합하지 못하는 수치이다. 우선 추정 수치를 제시해주지 못하는 나라들이 많았다. 그리고 다른 나라들(특히, 1995년의 인구통계상 그들의 인구를 모두 합하면 13억이 넘는 인도, 파키스탄, 나이지리아, 가나, 말레이시아, 필리핀, 그리고 탄자니아)에서 유창한 수준은 못 되지만 어느 정도 적당히 영어를 구사할 수 있다고 여겨지는 사람들 중 극히 일부라도 제2언어 화자에 포함시키면 그 총계는 상당히 늘어날 수 있다. 그는 결론적으로 제2언어 화자의 숫자로서 널리 인정받고 있는 3억 5천만이 정확한 수로 보인다고 주장한다.

여기에서 말하는 제2언어로서 영어를 사용하는 화자들의 수에는 또 하나의 중요한 집단이 배제되고 있다. 즉 영어가 공식어로서의 기능을 하지 못하는 나라에 살지만 영어를 구사할 수 있는 사람들이다. 최근에, 그 수가 전체적으로 약 10억 정도로 추산되며 그 숙달도가 적당함에서부터 이중언어 사용자의 수준까지 폭넓게 나타나는 영어 사용자들을, ESL영어화자들과 구분하기 위하여 EFL화자들이라고 정의한다. 이러한 영어 사용자들 중 유럽과 아시아의 예를 들어 보면 그들은 그들 사이의 의사소통 과정에서 영어를 모국어로 사용하는 화자들보다도 더 빈번하게 영어로 소통한다는 점이 발견되었다. 이러한 사회적인 현상의 결과 1990년대 이후에는 EIL, WE, ELF의 개념이 등장하고 활발한 연구가 진행되고 있는 상황이다(1.1.1 세계영어의 용어 참조).

2.1 영어의 확산과정

2.1.1 제1차 확산과정 : 영어 신세계로 이동되다.

제1차 확산과정(디아스포라)은 잉글랜드, 스코틀랜드 그리고 아일랜드 지방 출신의 영어의 모국어화자들이 비교적 큰 규모로 주로 북미, 오스트레일리아와 뉴질랜드 지역으로 이주한 사실과 연관된다. 그 이주민들과 함께 신세계에 상륙한 영어 방언들이 점차 발전하여 각각 오늘날의 미국식 및 오스트레일리아식의 영어가 되었다. 오늘날 북미와 오스트레일리아에서 쓰이는 영어는 그 옛날 식민지 개척자들

〈표 1〉 영어의 제1차 확산과정 요약

국가 / 연도	미국	캐나다	호주	뉴질랜드
1500		—1487. 영국인이 캐나다 발견		
1600	—1584. 월터 롤리의	—1553. 프랑스인이 상륙		
1700	미국탐험대가 미국 원정 —1607. 영국 이주자들이 버지니아 주 제임스타운에 정착 —1620. 메이플라워호가 신대륙 상륙		—1616. 네델란드인들이 호주에 도착 —1688. 영국인들이 최초로 도착	
1800	—1776. 미국 독립 선언	—1756-1763. 영국-프랑스와의 7년 전쟁 영국이 승리하여 영국의 식민지가 됨 —1776. 미국 독립 선언 귀속됨 미국 독립 이후 영국 정부를 지지했던 많은 이주자들이 캐나다로 건너감	—1770. 제임스 국이 퀸즈랜드 상륙 —1788. 제1 함대가 뉴사우스웨일즈 상륙	—1790. 유럽의 무역업자들이 뉴질랜드에 정착
1900		—1867. 영국은 캐나다 자치령 인정	—1820. 자유이주민들이 도착 시작 —1852. 죄수 호송이 끝날 때까지 약 160,000명이 수송됨 —1859. 호주의 모든 주들이 식민지역으로 통합됨	—1840. 영국·마오리족 와이탕기 조약 체결 —1840-1850. 브리튼으로부터 이주민 정착 —1850-1860. 호주와 아일랜드에서 이주민 정착 —1870-1885. 영국 전역에서 이주민 정착. 스코틀랜드인이 상당수 차지
		—1931. 영연방의 일원으로 통합 —1951. "캐나다"로 정식 국명 선언 —1965. 국가· 국기를 제정 —1969. 영어 · 프랑스어를 공용어로 제정하는 공용어법 발표 —1982. 캐나다 헌법이 선포됨으로써 영연방의 일원이지만 주권국가로 독립		—1907. 뉴질랜드 자치령

이 쓰던 영어와는 다른 것으로서 그 언어들은 이주자들의 변화된 사회언어학적 상황에 적응하면서 바뀌어 왔다. 그들이 식민지로 만든 지역의 원주민들, 즉 북미 인디안, 호주 원주민 또는 뉴질랜드의 마오리족들과의 접촉을 통하여 그들의 어휘가 확대된 점과 아메리카 원주민들의 어휘인, papoose, moccasin과 igloo 등이 북미 영어에 편입된 사실 등이 그 예이다.

1584년에 있었던 월터 롤리의 미국 탐험대는 비록 영구적인 식민지를 건설하는 데는 실패했지만, 브리튼 제도로부터 신대륙에 상륙한 최초의 원정대였다. 이 항해 탐험대는 로아노크 섬 부근의 노스캐롤라이나의 해안에 상륙했지만 인디안 원주민과 전쟁을 치르게 되고 후에 이곳에서는 기이하게도 목책 울타리와 나무에 새겨진 CRO라는 글씨만 남겨놓은 채 모든 사람들이 사라져 버린 사건이 발생했다. 1607년에 최초로 영구적인 식민지 건설을 이룬 이주자들이 버지니아 주 제임스타운에 정착했고(각각 잉글랜드 왕 제임스1세와 처녀 여왕 엘리자베스1세의 이름을 따서 지은 것임), 그 뒤를 이어 1620년 메이플라워호를 타고 청교도들이 신대륙에 상륙했다. 나중에 들어온 이 청교도들의 무리는 더 북쪽에 상륙해서는 뉴잉글랜드 지역에 있는 지금의 매사추세츠 주의 플리머스 시에 정착했다. 두 곳 정착지에서 이주민들이 급속히 확산되었고 그 뒤 수년간 더 많은 이주자들을 끌어들였다. 두 무리 간의 서로 다른 언어적 배경 때문에 두 이주민들 그룹 간의 말투는 확연하게 분명한 차이를 드러냈다. 버지니아로 이주해 온 사람들은 주로 잉글랜드 지방의 서부 지역에서 왔는데, 그들은 자음 앞에 있는 /r/을 발음하고, /s/음을 유성음으로 발음하는 언어적 특징을 가지고 들어왔다. 반면에 뉴잉글랜드 지역 정착민들은 주로 잉글랜드 지방의 동부 지역에서 왔는데 그들의 말투에서는 이런 특징들이 없었다.

17세기 동안 노예무역의 영향으로 인하여 영어 사용은 미국의 남부와 카리브 제도까지 확산되었다. 노예들이 서부 아프리카로부터 실려와서 미국과 카리브 제도의 해안에서 설탕과 럼주와 교환되었다. 노예들끼리의 사이에서 그리고 노예들과 노예 포획자들 사이에서 사용된 영어는 원래 접촉 피진(pidgin) 언어였지만 그들의 다음 세대가 출생하면서 피진 언어가 다음 세대의 모국어로 사용됨에 따라 피진어 크리올(creole)로 발전되었다. 그 후 18세기에 북 아일랜드로부터 대규모 이민이 있게 되는데, 처음에는 필라델피아 주변의 해안가에 정착하던 것이 곧 남쪽과 서쪽으로 옮겨갔다. 1776년의 미국 독립선언 후에 많은 국왕파(영국 정부를 지지했던 영국 이주자들)들은 캐나다로 건너갔다.

한편, 이에 견줄만한 사건들이 머지않아 오스트레일리아, 뉴질랜드 그리고 남아프리카에서 벌어지게 되었다. 제임스 쿡이 1770년에 오늘날의 퀸스랜드에 상륙하면서 오스트레일리아를 발견하고 1788년에는 제1함대(1,500명을 싣고 온 최초의 이주함대로서 그 중 절반은 죄수들이었다고 함)가 뉴사우스웨일즈에 상륙했다. 그때부터 1852년 죄수 호송이 끝날 때까지 약 160,000명의 죄수들이 브리튼과 아일랜드로부터 오스트레일리아로 수송되었고 1820년대부터는 상당수의 자유 이주민들이 도착하기 시작했다. 가장 많은 이주자들이 런던과 브리튼의 남동부 지역에서 왔으나 이들 가운데 포함된 죄수들까지 딱히 이 지역 출신이라고 볼 수는 없었다. 이 가장 큰 그룹을 제외한 나머지 사람들은 서남 잉글랜드, 잉글랜드 북서부의 랭카스터, 스코틀랜드 그리고 아일랜드와 같이 넓게 분산된 여러 지역들로부터 이주하여 왔다. 그 결과 여러 가지 방언들이 서로 섞이는 상황이 전개되었고 이들은 다시 토착 원주민들의 언어들에 의해 영향을 받았다.

1840년 와이탕기 영국-마오리 조약이 체결될 때까지 뉴질랜드에 정식 식민지는 없었지만, 1790년대부터 유럽의 무역업자들이 이곳 뉴질랜드에 정착하고 있었다. 이후 이곳에 이주자들이 3단계로 나뉘어 도착했는데, 1840년대 및 1850년대에는 브리튼으로부터, 1860년대에는 오스트레일리아와 아일랜드로부터 왔다. 그리고 1870년부터 1885년까지는 영국 전역에서 왔는데 이때 스코틀랜드인들이 그중 상당 부분을 차지하고 있었다. 오스트레일리아의 경우처럼 방언들의 뒤섞임 현상이 있었는데 이때 특히 어휘 측면에서 마오리 족의 영향이 아주 강하게 남아 있다.

2.1.2 제 2차 확산과정 : 영어 아시아와 아프리카로 이송되다.

제2차 확산과정(디아스포라)은 18세기와 19세기 동안 여러 지점에서 제1차 디아스포라 때와는 상당히 다른 방식으로 진행되었고 그 결과도 많은 부분에서 차이가 난다.

〈표 2〉 영어의 제2차 확산과정 요약 Ⅰ

아프리카 지역	아시아 지역
● 남아프리카 공화국: 1795년부터 영국민들 정착, 1820년 영국인들이 대규모 이주, 1860년 영어가 제2언어로 학습됨 ● 서 아프리카: 시에라리온, 가나, 잠비아, 나이지리아, 카메룬, 리베리아 이 지역에서는 영어 사용자의 영구적인 정착은 없고 혼용어가 발달됨 ● 동 아프리카: 케냐, 탄자니아, 우간다, 말라위, 잠비아, 짐바브웨 등에 영어가 확산되고 제2언어로 사용됨	● 남아시아 지역: 1600년대부터 인도(1765~1947 : 영국이 인도를 지배함), 방글라데시, 파키스탄, 스리랑카, 네팔, 부탄 등지에 영어가 확산됨 ● 동남아시아 지역: 18세기 후반부터 싱가포르, 말레이시아, 홍콩, 필리핀에 영어가 확산되고 제2언어로 사용됨

1650년대부터 남아프리카는 네덜란드인들에 의해 식민지화되었으나 영국인들은 1795년 케이프타운을 점령할 때까지 남아프리카에 도착하지 않았고 1820년이 되어서야 대규모로 이주하기 시작했다. 아일랜드와 스코틀랜드 지방으로부터 제법 많은 수의 이주민들이 오기는 했지만, 케이프타운 정착민들의 대다수는 잉글랜드의 남부 지역으로부터 온 사람들이었다. 1850년대에는 남아프리카의 Natal 지역으로 이주민들이 들어왔는데 이 당시에는 잉글랜드 중부의 자치주들, 요크셔 주와 잉글랜드 북서부의 랭카셔 주로부터 이주해왔다. 1822년에는 영어가 이 지역의 공식 언어로 선언되었는데 이때부터 영어가 흑인들과 아프리카어 화자들(이들 중 다수는 혼혈임)에 의해 제2언어로서 학습되었다. 그리고 1860년대부터는 이 지역으로 이주해 온 인도인들에 의해서도 제2언어로 학습되었다.

아프리카 식민지에서의 영어의 역사는 그것이 서아프리카냐 동아프리카냐에 따라 두 개의 유형으로 확연히 구분된다. 서부 아프리카의 영어는 노예무역과 연계되어 있으며 또 피진어와 크리올어의 발달과도 관계가 있다. 15세기 후반부터 지속적으로 영국의 무역상들은 수시로 서부 아프리카의 여러 해안지역, 주로 잠비아, 시에라리온, 가나, 나이지리아와 카메룬 등지에 드나들어 왔다. 하지만 이 지역에는 어느 곳에도 영국식민지가 건설되지 않았고 그 대신 영어가 토착 원주민들(수백 개의 현지 언어들을 가지고 있음)사이 또는 원주민과 영국 무역업자 간의 국제어로서 채택되었다. 그 결과 영어는 이 다섯 나라들에서 공식적 위상을 얻게 되었고, 지금 Krio(크리오)어(시에라리온), 카메룬 피진어 등처럼 영어 접촉으로부터 발전한 피진어 및 크리올어들이 많은 사람들 사이에서, 특히 제2언어로서 사용되고 있다.

동아프리카와 영국 간의 관계는 서아프리카와는 다른 경로를 따라

정립되었다. 데이빗 리빙스턴을 위시한 수많은 탐험가들의 아프리카 탐험이 있은 뒤, 1850년대부터 케냐, 우간다, 탄자니아, 말라위, 잠비아 그리고 짐바브웨 등의 국가들이 영국의 식민지 개척자들에 의해 광범위하게 식민지로 정착되었다. 이들 6개국은 19세기 후반부터 20세기 초반에 걸친 기간에 걸쳐서 영국의 보호령이나 식민지가 되었는데, 영어가 이 나라들의 행정, 교육, 법률 같은 주요 제도 내에서 중요한 역할을 수행하였고 이들은 1960년대 초반부터 하나씩 독립을 쟁취하였다. 영어는 우간다, 잠비아, 짐바브웨와 말라위(Chewa(체와)어 병용)에서 지금도 공용어로 쓰이며, 비록 스와힐리어가 우간다, 케냐 그리고 탄자니아에서는 영어보다 더 많이 국제어 역할을 한다지만, 상당히 많은 사람들이 이 6개국 내에서 영어를 제2언어로 사용하고 있다.

비록 McCrum et al. (1992: 356)이 새로이 창설된 동인도회사가 인도의 마드라스, 캘커타, 그리고 잠시 후에 봄베이에 진출하였던 1600년대부터 영국은 인도 아시아 대륙에서 발판을 굳혀 왔다고 지적하지만, 영어가 남아시아(인도, 방글라데시, 파키스탄, 스리랑카, 네팔 및 부탄)의 인도 아시아 대륙에 도입된 것은 18세기 후반의 일이다. 18세기 동안 동인도회사의 영향력은 점점 신장되어, 결국은 1765년부터 1947년까지의 영국통치시대(Raj로 알려져 있음)를 불러왔다. 이 시대에 매콜리 각서라는 특기할만한 사항이 있었는데, 이 각서에서 매콜리는 영어교육시스템을 인도에 도입할 것을 제안했고 그때부터 영어는 인도의 교육시스템의 중심 언어가 되었다. 힌디어가 인도의 공용어로 채택된 오늘날에도, 영어는 중립적 공통어로서 힌디어와 나란히 준 공용어로 사용되고 있는데, 인도 특징화 과정을 거쳐 미국 영어와 오스트레일리아 영어의 특색과 비견할 만한 인도의 독특한 특징을 가진 영어로 발달했다.

〈표 3〉 영어의 제2차 확산과정 요약 II

연도 \ 국가	인도	홍콩	싱가포르	필리핀
1800	1765. 영국 지배 시작			1565.
1850		1842. 영국 지배 시작	1819. 동인도회사의 할양	스페인 통치 기간
1900		영국 통치 기간	1867. 영국 지배 시작	
1910	영국 통치 기간			
1920		1911. 홍콩 대학 설립 1914.		미국 통치 기간 강력한 영어 교육
1930		제1차·2차 세계대전 이 기간 서양에서 공부한 지식인, 법관에 전면적 진출		(영어만 쓰기 정책)
1940				1931. 토속어 사용 정책
1950	1947. 영국에서 독립	1945. 제2차 세계대전 종료	1942~1945. 일본 지배	1941~1945. 일본 지배 1946. 독립
1960	1950. 힌두어 : 국어 영어 : 공용어 지정			1957. 언어교육 정책 수정
1970	1967. 힌두어-영어 병용정책	1960. 폭넓은 의사소통 영어 사용	1963. 말레이연방 편입 1965. 말레이연방 독립	
1980		1970. 부유층은 외국유학 평민층은 Anglo-Chinese 학교에서 이중언어교육	독립 이후 이중언어정책 채택	1974. 이중언어 정책 -필리핀어: 의사소통기초 사회 · 역사과목 -영어: 영어의사소통기술 수학 · 과학 과목
1990			영어 사용의 비중이 확대되는 상황	
2000		1997. 홍콩 반환		

동남아시아 및 남태평양에서의 영국의 영향력 행사는 제임스 쿡을 위시한 많은 탐험가들의 항해 탐험에 힘입어 18세기 후반부터 시작되었다. 여기에 관련된 지역들은 싱가포르, 말레이시아, 홍콩과 필리핀이었다. 파푸아뉴기니도 짧은 기간 동안 영국의 보호령이었는데(1884년~1920년) 세계에서 가장 뛰어난 영어 기반 피진어 중 하나인, 톡피진(Tok Pisin)을 보여준다.

"스탬포드 래플즈"라는 이름의 인사는 동남아 지역에서의 영국 식민 정책과 가장 밀접히 관련되었던 사람이다. 그는 영국 동인도회사의 관리자로서 1819년 영국 식민지 왕국의 일부가 되는 싱가포르를 건설하는 데에 중요한 역할을 수행했다. 또 다른 영국의 식민 거점들이 이와 거의 비슷한 시기에 말레이시아(예컨대 페낭과 말라카)에 건립되었다. 그리고 1842년에는 홍콩에도 영국의 식민지가 건설되었다. 19세기의 끝자락에 벌어진 미국-스페인 전쟁의 결과로 미국의 필리핀에 관한 통치권이 인정되어, 비록 1946년에 필리핀은 독립을 얻었지만, 미국식 영어의 영향이 필리핀에 강하게 남아있게 되었다.

싱가포르에서는 최근 수년 전부터 영어의 사용이 증가하고 이 지방 특유의 변종 영어가 나타나기 시작한 반면, 말레이시아에서는 영어의 사용이 감소하였는데 이는 말레이시아가 1957년에 독립하면서 지역 언어인 Bahasa Malaysia를 말레이시아의 국어와 교육의 매체로 채택했던 결과였다. 그 후로도 영어는 학교에서 필수 교과목으로 인정되었지만 이제는 국제적 의사소통에서만 이용 가치가 높은 것으로 여겨지게 되었다. 그렇다고는 해도 2003년부터 영어를 매체로 하는 교육이 재도입되는 등 일련의 정책 변화가 최근 일어나고 있고, 이런 사태 진전이 있기 전에도 말레이시아인 청취자들을 위한 라디오 방송에서 영어와 바하사 말레이시아를 같이 쓰는 등 주목할 만한 상황이 발생해 왔다. 오늘날에는 말레이시아와 이웃하고 있는 다른 아시아 국가들에서도 영어를 배우고 있는데 그 중 타이완, 일본, 한국 등이 주목되며, 그중에서도 한국과 일본은 최근에 들어서 영어를 제2공용어로 지정하는 일에 대한 가능성을 검토하기 시작했다.

〈표 4〉 아시아권 영어 사용의 분류

외적 범주의 제도화된 종류 (Institutionalised varieties: Outer Circle)	확장 범주의 제도화되지 않은 종류 (Non-institutioanlised varieties: Expanding Circle)
방글라데시(Bangladesh) 부탄 (Bhutan) 부르나이 (Brunei) 피지 (Fiji) 홍콩 (Hong Kong) 인도 (India) 말레이시아 (Malaysia) 네팔 (Nepal) 파키스탄 (Pakistan) 필리핀 (Philippines) 싱가포르 (Singapore) 스리랑카 (Sri Lanka)	캄보디아 (Cambodia) 중국 (China) 인도네시아 (Indonesia) 일본 (Japan) 대한민국 (Korea) 라오스 (Laos) 몰디브 (Maldives) 미얀마 (Myanmar) 대만 (Taiwan) 타이랜드 (Thailand) 베트남 (Vietnam)

(출처: Jenkins, 2009: 45)

1750년부터 1900년 사이의 기간 동안 제2차 디아스포라와 관련된 영어를 사용하는 식민지들은 모두 3가지의 주요 변화를 겪었다. 1750년까지는, Strevens(1992: 29)가 지적한 바대로, 영국 이주자들은 그들 자신을 "국외에서 생활하게 된 영어 사용자들"이라고 생각했다. Strevens는 1750년 이후 다음의 변화가 있었다고 주장하였다.

첫째, 해외에서 새로운 양식의 영어를 쓰는 이주자들의 인구수는 규모가 상당히 커져서, 정부(비록 식민지 정부이기는 하지만)를 구성한 국가들이 되었다. 그리고 그에 따라 이들의 독립적 주체성이 신장되었고 이것은 그들 나름의 독특한 영어 출현으로 이어졌다. 둘째, 우선 미국에서부터 나중에는 오스트레일리아와 다른 나라들에서도 식민지들이 영국으로부터 독립을 얻기 시작했고 언어적 차이의 정도가 아주 커졌다. 셋째로, 국가가 부를 축적하고 번영함에 따라 꽤 많은 영어의 비모국어화자들은 생존의 차원에서 또는 지배 계층의 위상을 차지하기 위해서 영어 사용법을 배워야만 했다.

이러한 영어들이 공유하는 역사와 이들이 가지는 영국식 또는 미국식 영어와의 밀접한 관계 때문에 이런 영어들 사이에는 공통점이 많다. 그러나 또한 각 품종마다 독특함도 많이 있는데 특히 어조를 놓고 볼 때 더욱 그렇다. 어조 측면에서 이들 각 종류의 영어가 저마다의 독특함을 많이 가진 것이 사실이지만 어휘의 관용적 용법이나 문법의 적용 그리고 담화 전략 등에서도 저마다의 독특함을 지닌다. 1945년 이후 남아있던 거의 모든 식민지들은 독립국이 되었는데, 내부적으로 다양한 기능을 수행하기 위하여 또는 중립적 공통어로서의 역할을 담당하기 위하여 영어는 이들 국가들 내부에서 계속 사용되었다.

또한 영어가 확장 범주 국가들 내부에서도 널리 사용되는 과정에 대해서는 많은 연구결과가 있었다. 그 중에서 우리나라와 역사적으로나 지리적으로 밀접한 관계에 있는 일본, 중국에서의 영어의 확산과정에 대해서도 차후 많은 연구가 진행되어야 할 것이다. 다음에는 한국, 일본, 중국의 근대화 과정에서 영어과 도입되고 발전되는 과정을 간단한 도표로 제시한다.

〈표 5〉 확장 범주 국가(한국, 일본, 중국)들의 영어 확산과정 요약[1]

연도 \ 국가	한국	일본	중국
1850			1637. 마카오지역 중심으로 영어 소개
60		1854. 미·일 통상협정 체결	영어의 공식적인 지위는 없고 무역 용도로만 활용
70		1868. 메이지유신 시작	1861.
80	1876. 강화도조약 체결	(메이지유신 시기) - 1871. 근대 관료제 실시 문교성 창설	영어로 서양문물 소개하는 도구로 인정
90	1883. 동문학 설립 1885. 이화학당/배재학당 1886. 육영공원 설립	- 1885. 영어 공용화를 주장 (모리 아리노리)	공식적인 지위가 인정
1900	1893. 관립외국어학교 설립 1894. 동학농민운동 1894~1895. 갑오개혁	- 1891. 양원제 실시	
10			1911.
20	1910. 한·일 합방 (일본지배시기)	1913.	
30		1924. Palmer 「A Grammar of Spoken English」 출판	국민정부 시절 서양과 대화를 위한 매개체로 영어를 성장시킴
40			
1950	1945. 독립	1948. Hornby 「A Learners Dictionary of Current English」 출판	1949.
60	1954. 1차 교육과정 시기		중화인민공화국 시절 러시아어 강조
70	1963. 2차 교육과정 시기		1966. 문화대혁명 시기 영어과 교육과정 폐지
80	1973. 3차 교육과정 시기	1978. TOEIC 문제 개발	1976.
90	1981. 4차 교육과정 시기 1987. 5차 교육과정 시기		영어 교육의 중요성 인식
2000	1992. 6차 교육과정 시기 1996.		
10	7차 교육과정 시기 2006.		2001. 초등학교 5학년부터 외국어로서의 영어교육 실시
20	개정 교육과정 시기		

1) 한국의 영어 확산과정은 본서 “제2부 한국 영어교육정책의 흐름과 전망” 참조, 일본의 영어 확산과정은 장복명 외(2016; 136-145), 중국의 영어 확산과정은 장복명 외(2016: 119-135) 참조.

2.2 영어의 확산모형

이번 절에서는 영어의 확산과정을 설명해 주는 다양한 모형들에 대해서 Kachru 모형을 필두로, Strevens 영어지도, McArthur 모형 그리고 Modiano 모형을 간단히 소개한다.

2.2.1 Kachru 모형

영어확산에 대한 설명 중 가장 영향력 있는 모델은 〈그림 1〉에 제시되어 있는 Kachru(1992: 356)의 모형이다. Kachru는 세계영어를 중심이 같은 3개의 동심원, 즉 중심적 원, 외부의 원 그리고 확장된 원의 세 범주로 나누었다.

영어가 제1차 확산 과정 때 영국으로부터 영어를 모국어로 사용하는 다른 국가들(Inner Circle: 내적 범주)로 전해지고 제2차 확산 과정 때에는 제2언어로서 영어를 사용하는 국가들(Outer Circle: 외적 범주)로 전해지고 더욱 최근에는 외국어로서 영어를 사용하는 국가들(Expanding Circle: 확장 범주)로 전해짐에 따라, 그 세 개의 원들은 언어 확산의 유형, 언어 습득의 틀 그리고 다양한 문화적 배경에서의 영어의 기능 배분을 나타내고 있다. 내적 범주에서 사용되는 영어는 규범을 제시하는 영어로 평가되고, 외적 범주에서 사용되는 영어는 규범을 발전시키는 영어로 평가되고 확장 범주에서 사용되는 영어는 규범에 의존적인 영어라 평가된다. 즉, 영어의 규범은 ENL 화자들에 의하여 결정되며, 영어의 ESL 품종은 제도화되어 그들 나름의 규범을 발달시키는 반면, EFL 품종은, 이 모델에서는, 아무런 공식적인 지위가 없이 운용되는 품종으로 간주되고 그래서 내적 범주의 모국어화자들에 의해 정해진 규범에 의존하는 것으로 구분된다.

Kachru는 이전에는 세계적인 영어 사용이라는 사회언어학적 현실의 영향은 인식되지 않았고 그 대신 그러한 태도와 힘과 경제가 영어 정책에 영향을 주도록 허용되어 왔다고 주장한다. 그의 주장에 의하면, 전 세계의 다양한 문화 속의 영어 사용자와 영어 사용에 대한 여러 가지 인식 오류들이 이 같은 상황을 조장하였다는 것이다.

Kachru 자신을 포함한 많은 학자들이 아직도 21세기 초의 세계영어에 대한 표준 모형이라 일컬을 만큼 막강한 영향력을 가졌지만, Kachru의 모형에도 문제점으로 지적되는 사항들이 있다. 그들 중 일부는 영어 사용과 사용자들을 3가지 범주화하려는 의도와 관련되는 반면 또 어떤 것들은 최근의 영어 사용상의 변화와 관련된다. 그중에서 비교적 심각한 문제점들을 꼽아 본다면 다음과 같다(Jenkins, 2009).

- 이 모형은 화자들의 영어를 사용하는 방법에 근거하지 않고 지리학과 유전학에 근거한다. 어떤 외적 범주의 영어 사용자들은, 예를 들어 싱가포르의 영어 사용자 중 일부는 영어를 모국어로(가끔은 그들의 유일한 언어로) 사용한다. 한편으로는, 확장 범주의 화자들 중 많은 사람들이, 영어의 모국어화자는 물론, 영어의 비모국어화자를 포함한 다른 언어 사용자들을 상대로, 자신의 국가 안이거나 해외이거나를 가리지 않고, 사회적 목적을 위시한 아주 다양한 목적으로 영어를 사용한다.
- 내적 범주와 외적 범주 사이에 가끔 애매한 영역이 존재한다. 즉, 외적 범주의 나라들 중 어떤 나라에서는 영어가 많은 사람들의 모국어로

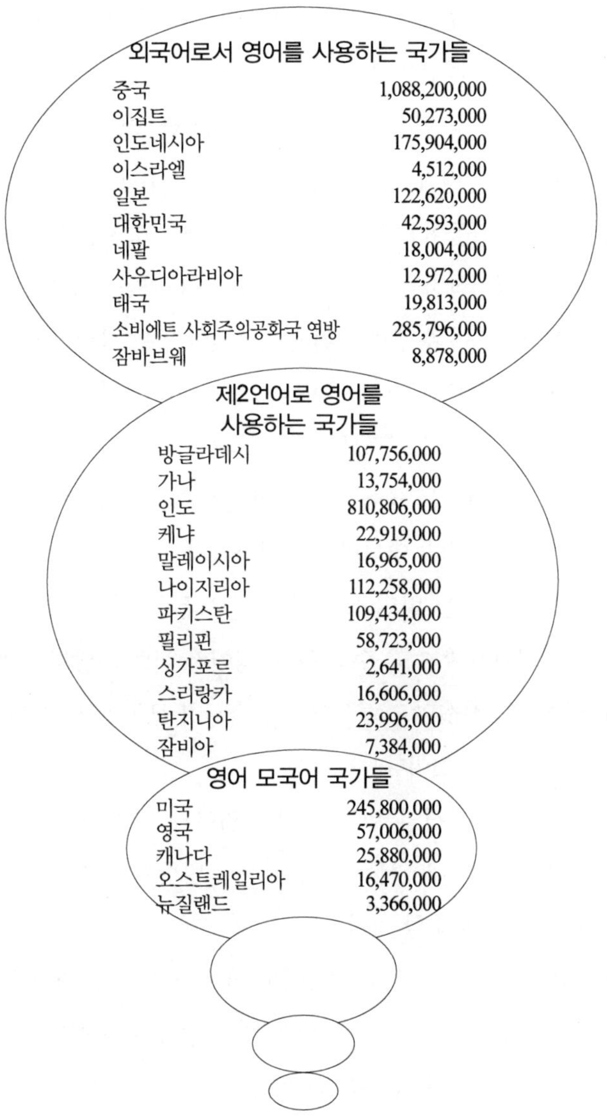

〈그림 1〉 Kachru의 세계영어의 모형
(출처: Kachru, 1992c:356; Jenkins, 2009: 16; 박경자 외, 2013: 213)

가르쳐지고 교육, 법률 및 행정 영역의 공식적 목적이 아니라 가정 내의 언어로 영어가 사용되기도 한다.

- 외적 범주와 확장 범주의 사이에서도 애매한 영역이 확장되어 가고 있다. 아르헨티나, 벨기에, 코스타리카, 덴마크, 수단, 스위스 등을 포함한 약 20개의 국가들이 EFL국가에서 ESL국가로 그 지위가 바뀌고 있다.
- 많은 세계 영어화자들이 일상생활에서의 다양한 기능들을 여러 가지 언어를 이용하여 수행하기 위해 이중언어 또는 다중언어를 사용한다. 이들에게는 어떤 하나의 언어를 그들의 언어 목록에서 모국어, 제2언어, 제3언어 등으로 규정하기가 어렵다.
- 이 모형을 가지고는 영어 숙달도의 면에서 화자들 사이의 분명한 경계를 짓기가 어렵다. 영어의 모국어화자가 어휘력이 빈약하고 문법 실력도 약할 수 있는 반면에, 영어의 비모국어화자가 어휘력이 풍부하고 문법 실력이 우수할 수도 있다. 영어가 어떤 사람의 제2언어 또는 제3언어라는 사실만으로 그들의 능숙도가 모국어화자보다 부족하다고 할 수는 없는 것이다.
- 이 모형은 특수목적의 영어(예; 과학 영어와 공학 영어)에는 적합하지 않다. 이런 영역 내에서는 화자가 어느 범주에 속하는가에 상관없이 영어숙달도가 비슷할 것이다.
- 이 모형은 사실이 그렇지 않음에도 불구하고, 특정 범주에 속하는 모든 국가가 한결같은 상황에 처해있는 것처럼 시사한다. 내적 범주에 속한 국가들조차도 언어의 다양함을 가진 정도가 나라마다 다르다(예컨대, 영국보다 미국에 다양성이 훨씬 더 많다). 외부 범주에 속하는 국가들의 경우에는 여러 가지 면에서 나라마다 상황이 다른데, 예를 든다면, 인도처럼 영어가 엘리트층에 의해서만 사용되는 나라가

있는가 하면 싱가포르처럼 대중적으로 널리 보급된 나라가 있기도 하고, 또 방글라데시에서처럼 단일 품종의 영어만 사용하는 단일 모국어화자 그룹이 있는가 하면 인도에서처럼 다양한 종류의 영어를 서로 다른 여러 개의 모국어화자 그룹들이 사용하는 경우가 있다.

• 마지막으로, 내적 범주라는 용어는 세계에서 그들의 영향력은 실제적으로 감소하고 있음에도 불구하고, 영어를 모국어로 사용하는 국가들 출신의 화자들이 노력의 결실의 중심에 서게 된다는 것을 시사한다.

많은 다른 학자들이 영어의 확산에 대한 다른 설명 및 그 모델들을 제시했는데, 그중 어떤 것들은 더욱 최근의 발달 추세를 감안함으로써 Kachru의 모델을 개선하려는 의도로 제시되었다. 예를 들어 Tripathi(1998: 55)는 제3세계 국가들은 ESL과 EFL구분을 대신하는 독립된 범주로 간주해야 한다고 주장한다. Yano(2001: 122-4)는 외적 범주의 많은 영어 종류들이, 자신들에게도 모국어화자들이 가진 직관이 있다고 여기는 사람들에 의하여 확립됐다는 사실을 감안하기 위하여 Kachru의 모델은 수정돼야 한다고 제안한다. 그래서 그는 "내적 범주"는 "유전적인 모국어로서의 영어"로 그리고 "외적 범주"는 "실용적인 모국어로서의 영어"로 주석을 붙이자고 제안한다. 또한 그의 모형은 상류층 언어는 국제적 의사소통과 의례적이며 공공적인 국가 내부적 대화를 위한 것이고 하층 언어는 비공식적인 국내 대화를 위한 것이라고 규정하면서, 영어의 상류층 언어(표준)와 하층 비어(구어체)라는 사회적 방언 개념을 감안하고 있다. 국제적 의사소통을 위한 하층 비어의 사용이 점점 더 일반화되고 있는데도 하층 비어의 국제적 사용의 가능성을 허용하지 않는다는 점에서 이러한 주장은 다소 모순점을 포함하고 있다. 그 반면에 모국어화자에 대한 정의 규정에서 유전적 요소를 배제한 시도는 환영받을 만하다.

2.2.2 Strevens 영어지도

Kachru의 세 개의 원보다도 앞서 나온 가장 오래된 영어확산에 관한 모형은 Strevens의 것이다. 미국 영어는 영국 영어와 구별되는 이질적인 품종이 돼 버렸고, 이 둘을 뒤따라 나온 모든 영어는 둘 중 어느 하나와 밀접하게 연관된다. 〈그림 2〉가 보여주듯이 1980년에 처음 발표된 Strevens의 영어지도에는 이 두 가지 주종 영어와 세계의 여러

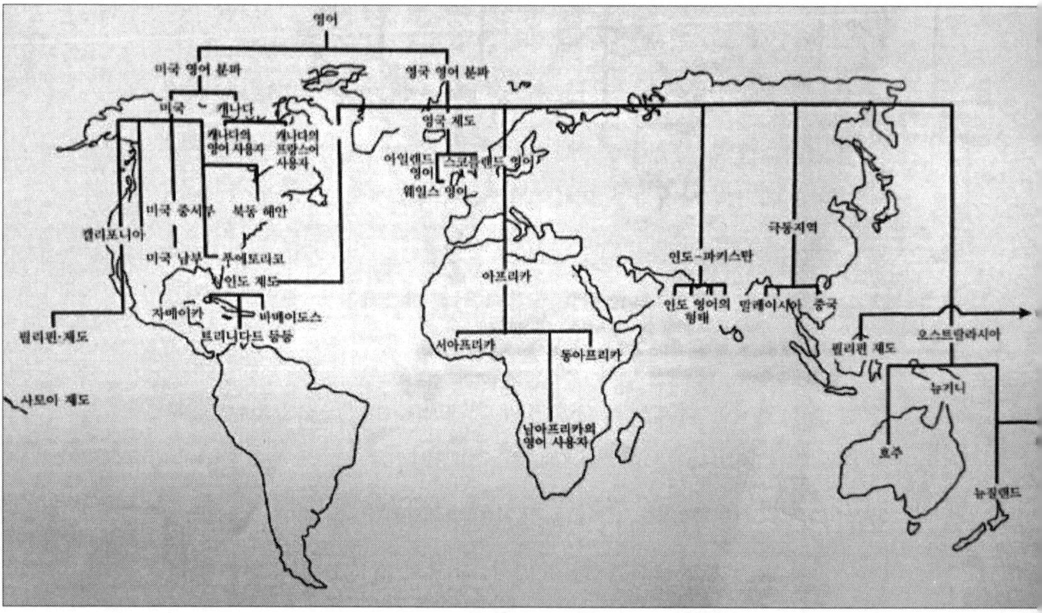

〈그림 2〉 Strevens 영어지도
(출처: Strevens, 1992: 33; 장복명 외, 2016: 36)

영어들이 관계되는 방식을 보여주는, 나무를 뒤집어 놓은 것 같은 모양의 도표가 겹쳐 그려져 있다.

2.2.3 McArthur 모형

1980년대의 후반에 McArthur가 새로운 원형 모양의 영어 모델을 제시했다.

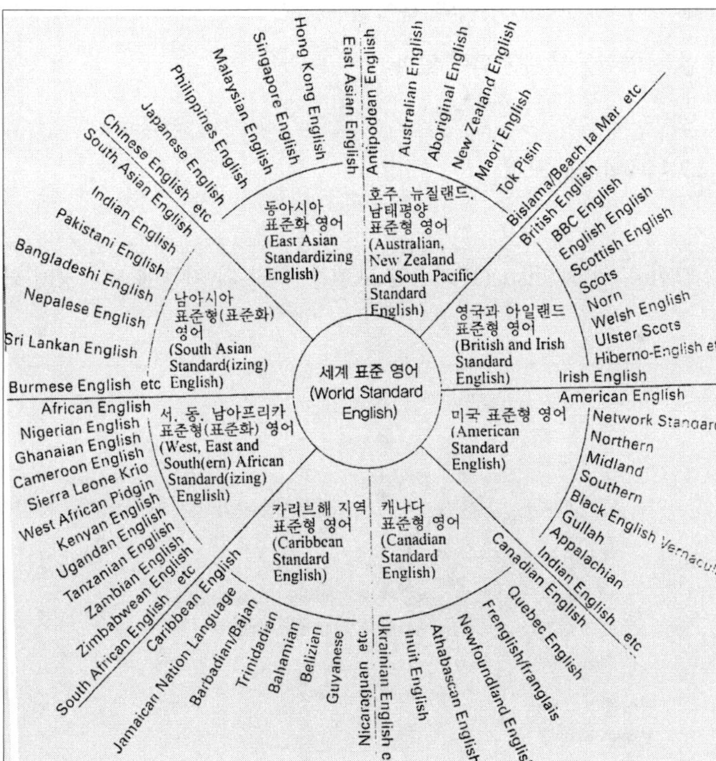

〈그림 3〉 McArthur의 세계영어의 원
(출처: Crystal, 1995: 111; Jenkins, 2009: 19; 장복명 외, 2016: 38)

〈그림 3〉에서 알 수 있듯이 McArthur의 "세계영어의 원" 모형에는 "세계표준영어"가 그 중심 원으로서 위치한다. 그 다음 바깥쪽의 원에는 표준형 또는 표준화하는 형태 모두가 포함된 한 무리의 지역별 기준 품종 영어들이 포진한다. 그리고 바퀴살 모양의 선으로 세계영어 품종을 8개로 나눈 이 원 너머로 McArthur(1987)가 혼잡한 외변의 변종들이라고 기술한, 호주 원주민 영어, 흑인 사투리 영어(현재는 아프리카계 미국인 특유의 영어 또는 흑인영어라고 알려짐), 걸러어, 자메이카 국어, 싱가포르 영어와 북아일랜드(울스터 지방)의 스코틀랜드어 같은 언어들이 배치되어 있다.

2.2.4 Modiano 모형

〈그림 4〉의 Modiano(1999a)의 모델은 훨씬 더 최근에 세계영어 확

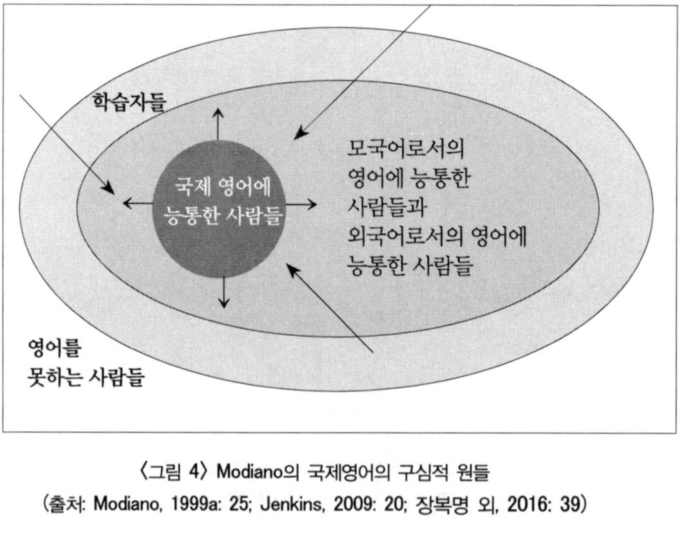

〈그림 4〉 Modiano의 국제영어의 구심적 원들
(출처: Modiano, 1999a: 25; Jenkins, 2009: 20; 장복명 외, 2016: 39)

산의 발달상을 고려하여 시도된 것이다. 그는 완전히 역사적 · 지리적 배경을 기초로 하여 분류하는데, 화자들이 모국어화자인가 아닌가는 상관하지 않고, 대다수의 능통한 영어화자들이 상호 이해할 수 있는가에 "국제영어의 구심적 원들"의 기반을 두고 있다. 국제영어에 능숙한 사람들이 중심의 원을 구성하는데, 이 원을 구성하는 화자들은 영어가 국제어로서의 역할을 담당하는 다문화 간의 의사소통에서 기능을 발휘하는 사람들이다. 그들은 영어의 원어민이면서도 비원어민 같다. 이렇게 말할 수 있는 기준은 능숙함 자체에 있는 것이 아니라 그들이 강한 지역 말씨나 방언을 사용하지 않는다는 데에 있다. Modiano의 이 모형에서 그 다음 바깥 원을 구성하는 무리는 국제영어로서보다는 모국어나 제2언어로서의 영어를 능통하게 구사하는 사람들이다. 바꾸어 말하면 다른 영어의 모국어화자들(영어를 모국어로 공유하는 사람들)이나 그들과 같은 제1언어 배경을 가진 비모국어화자들과 영어로 의사소통을 잘 하는 사람들이다. 세 번째 원은 영어학습자들 즉 아직 영어가 능숙하지 못한 사람들로 구성되며 이 원의 바깥에 위치한 마지막 무리는 영어를 전혀 못하는 사람들이라고 표현된다.

제3장 세계영어를 둘러싼 주요 논쟁

이번 장에서는 1990년대 이후에 학계에서 WE, EIL, ELF 등 다양한 용어로 정의되면서 논의가 진행된 전 세계 의사소통의 공통어로서의 영어에 대해서 주요한 논점을 중심으로 그 문제점과 해결 방안을 공유하고, 한국의 영어교육 현장에 끼치는 시사점에 대해서 논의하고자 한다.

3.1 원어민을 어떻게 정의할 것인가?

많은 학자들은 영어가 국제적 의사소통을 위하여 사용되는 경우에, 즉, 출신국이 다양한 여러 화자들 간에 사용될 때에는 거기에 비원어민화자란 있을 수 없다는 주장을 이미 펼친 바 있다. 바꾸어 말한다면 외국어로서의 영어나 다른 외국어들은 모국어화자와의 접촉을 위한 제2언어로서의 용도로 주로 학습되기 때문에 그 경우에는 원어민이다, 비원어민이다, 하는 구분이 있을 수 있지만, 종종 영어를 제2언어로 사용하는 사람들 간에 주로 영어가 의사소통의 도구로 사용되는 경우에는 그런 구분이 무의미할 수 있다는 뜻이다. 원어민의 말에 가까운지 아닌지의 개념이 세계공용어로서 영어를 활용하는 경우에도 동일하게 적용되는가 하는 문제가 제기되고 있다.

영어의 원어민화자와 비원어민화자를 구분하는 점에 대하여 반대하는 사람들은 무슨 근거로 그런 주장을 하는 것인가? 이에 관하여 제안된 내용들을 아래에 소개하는데, 여러분들은 그 내용들에 대하여 동의하는가? 만일 동의하지 않는다면 그 이유는 무엇인가? 또, 당신은 그 내용들 중에서 어느 것이 제2언어로서의 영어보다는 세계공용어로서의 영어에 가장 부합된다고 생각하는가?라는 주제에 대해서 해답을 모색해 보고자 한다.

- 원어민이라는 말 자체에는 외적 범주에 속하는 싱가포르 같은 일부 국가에서도 영어가 공용어로 쓰일 뿐만 아니라, 가정 내에서 가족 간 의사소통을 위한 언어로도 쓰이고 있다는 사실을 인정할 여지가 없다.
- 인도 같은 다중언어 사용국에서는 영어가 한 개인이 사용할 수 있는 언어 목록상의 여러 언어 중의 하나일 다름이라는 점과 또 그들의 여러 언어들 중 어느 것이 제1, 제2, 제3언어 등등인지 결정하기가 어려운 게 보통이라는 사실을 고려하지 못하는 단점이 있다.
- 대다수 사람들이 실제적으로 이중언어 또는 다중언어를 구사한다는 대세를 무시하고 단일언어 사용이 마치 계속해서 세계의 표준인 것으로 간주하는 경향이 있다.
- 원어민이란 말 속에는 백인계 영어가 모든 다른 품종의 영어들을 평가하는 기준이 된다는 뜻이 함축되어 있다.
- 영어를 배워서 유창하고 능숙한(모국어와 같이 유창하게 영어를 구사하지는 못 하지만) 이중언어 사용자로서의 위상을 확립한 사람들에게 비원어민이란 칭호를 붙이는 것은 부적절할 수가 있다.
- 원어민과 비원어민 간의 구분을 유지시키는 것은 비원어민들에 대해서 일반적으로, 비원어민 교수들과 연구자들에 대해서는 더 더욱 부정적인 인식을 가지게 하고 또 그들 간에도 서로 부정적인 인식을 갖게 만든다. 그런 부정적인 인식이 영어교사 훈련과정에서 그들을

소외되게 만들 것이며, 또 권위 있는 영어교육 및 응용언어학 학술 잡지에 그들의 업적이 공표될 수 있는 기회를 제한할 수가 있다.

- 영어사용법 상 어떤 실수가 있는지에만 관심을 두는 단순화된 시각을 아마도 가장 강하게 독려해주고, 그래서 영어 사용자들이 그들 자신의 언어 종류를 무시한 채 부적절하며 비현실적인 원어민적 기준에 의해 평가받게 하기 때문에 영어능력을 국제적으로 검증할 수 없게 한다.

반면에 세계공용어로서의 영어에 대해 논할 때 원어민이라는 개념은 옹호될 수 없다는 견해에 대하여 동의하지 않는 일부 학자들도 있다. Andreasson(1994)은 원어민/비원어민 간의 구분을 찬성하는 모든 이들에게 논리 정연한 결론을 도출해 보여준다.

확장 범주의 영어권 역에서…… 이상적 목표는 기준 언어의 원어민과 최대한 일치하도록 모방하는 것이다. 영어의 사용과 문화적 정체성과는 아무 관계가 없다. 그것은 상당부분 개인의 학구적 능력과 언어학습 능력의 문제이다. 그러므로 만일 스페인 사람에게 그가 쓰고 있는 영어는 스페인식의 영어라고 말해 주면, 그것은 결코 칭찬이 될 수 없는 것이다. 그런 식으로 말하면, 그것은 그의 언어습득 상 무엇인가 결여된 것이 있다는 것을 시사하는 의미가 되는 것이다.

In the Expanding Circle... the ideal goal is to imitate the native speaker of the standard language as closely as possible. Speaking English is simply not related to cultural identity. It is rather an exponent of one's academic and language-learning abilities. It would, therefore, be far from a compliment to tell a Spanish person that his or her variety is Spanish English. It would imply that his or her acquisition of the language left something to be desired(Andreasson, 1994: 402; Jenkins, 2009: 88).

그렇다면 어떠한 대안을 찾을 수 있을까?

우리가 세계공용어로서의 영어와 관련해서 "원어민"과 "비원어민"이란 용어를 사용하지 않기로 한다면 그 대안으로 무슨 말을 쓰면 좋은가? Rampton(1990; 98-9) Leung, Harris and Rampton(1997)은 전문지식이라는 말이 원어민답다는 말을 능가하는 아래와 같은 좋은 점을 가진다고 주장하면서 모든 숙달된 영어 구사자들을 나타내는 말로 "숙련가(Expert)"란 용어의 사용을 제안한다.

1) 숙련가들이 잘 아는 것이라고 해서 반드시 친근감을 느끼는 것은 아니다. 전문 지식은 귀속감과는 별개의 것이다.

2) 전문 지식은 습득되는 것이지 고정적이거나 선천적인 것은 아니다.

3) 전문 지식은 상대적이다. 어떤 사람이 잘 알고 있는 바를 또 다른 사람은 모를 수 있는 것이다.

4) 전문 지식은 부분적이다. 사람들은 여러 분야에서 숙련가가 될 수 있지만 절대적인 부분에 걸쳐 숙련가가 될 수는 없다.

5) 전문가가 되기 위해서는 다양한 자격 인정의 과정을 거쳐야 하는데 그 과정들은 다른 사람들에 의해 심사를 받는 과정이다. 그들을 평가하는 기준은 재검토되고 논의될 수 있다. 또 하나 좋은 점은 전문가들도 도전을 받는다는 건전한 전통이 있다는 것이다.

다른 한편으로 보면, 유창한 영어화자들에게 붙여지는 "숙련가"라는 표현은 유창하지 못한 화자들에게는 "비숙련가(non-expert)"란 칭호가 붙여진다는 것을 시사한다. 이것은 “비원어민”이라는 용어에 대한 가치 판단에 부담이 된다는 공박을 받을 수 있다. 이런 이유 및 또 다른 이유들 때문에 Jenkins(2009)는 전통적 용어 체계를 붕괴시킴으로써 문제의 개념을 다시 정립하고자 아래와 같은 체계를 제안하였다.

1) 다른 언어는 전혀 모르는 영어화자는 Monolingual English Speaker (MES: 단일어 구사 영어화자)라고 칭하고,

2) 영어와 다른 언어 중 어느 것을 배웠는지에 관계없이 영어와 최소한 다른 언어 하나에 능숙한 사람은 Bilingual English Speaker(BES: 이중언어 구사 영어화자)라고 칭하며,

3) 영어구사 수준이 이중언어 구사자로 불릴 단계에 이르지는 못했지만, 어느 정도 인정되는 수준에 이른 영어화자는 Non-Bilingual English Speaker (NBES: 비 이중언어 구사 영어화자)로 지칭한다. BES란 용어는 국제적 환경 하에서 영어가 모국어인 화자와 영어가 제2언어인 화자 간에 존재하고 있는 인위적인 차등을 철폐해 준다. 이렇게 되면 결과적으로 영어교사들에게 그들이 소위 원어민이 아니라는 이유로 차별받는 일이 없어지게 된다.

영어가 국제적인 공용어로서 전 세계에서 널리 확산됨에 따라서 전통적으로 원어민화자와 비원어민화자에 대한 구분 방식에 문제가 제기되고 있는 것이 현실이다. 이러한 문제 제기에 대한 대안을 마련해 보는 것이 세계화 시대에 영어를 올바르게 활용하는 중요한 출발점이 될 것이다.

3.2 훌륭한 영어교사의 요건은 무엇인가?

영어 중에서 소중하게 다루어지고 있고 세계 곳곳에서 교육의 목표와 평가의 기준이 되는 영어는 변함없이 원어민 품종의 영어들인데, 그중에서도 특히 영국 영어와 미국 영어가 두드러진다. 교육방법론과 교육교재들은 아직도 영어를 모국어로 하는 국가들에서 선호되는 방식의 것들이 홍보되고 있는 바, 학습자의 자율성과 영어 단일어로 된 교과서를 강조하는 의사소통 식 교육법, 가장 높게 평가하는 교사는 영어 원어민이고 가장 중요하다고 인정되는 시험에서는 원어민 기준과 관련하여 학습자의 능력이 측정된다는 사실 등이 그런 것들이다. 2008년 3월에 보도된 바에 의하면, 영국 문화원의 관리자인 Bhaskar ChaKravarti는 영국 문화원의 업무를 이끌어 주는 길잡이 지침은 "세계의 모든 영어교사와 학생들에게 그들이 영국으로부터 필요로 하는 기술, 책상 및 자료들을 이용할 수 있게 해 주어야 한다"는 교사들의 의욕을 북돋워 주는 것이라고 말한 것으로 전해진다(주간 Guardian 지, 영어학습부록, 2008년 3월 7일).

영어의 원어민화자들은 비원어민 보다 영어교사로서의 자질이 더 뛰어나다고 생각한다는 사실을 놓고 왜 그렇게 생각해야 하는 것인지에 대해서 질문이 제기될 수 있다. 그것은 그들이 정말 교사로서의 자질이 더 뛰어나서 그런 것일까 아니면 단지 모국어이기에 영어를 더 잘해서 그런 것일까? 먼저 원어민이 최고라는 전제에 대해 반대 입장을 견지 하고 있는 두 학자의 의견을 비교해 보고자 한다.

영어교사들은 일반적 언어 현상으로서 영어를 가르치는 것이 아니라 역사, 물리, 지리 등의 다른 교과목들과 함께 교육과정 속에 편입되는 하나의 교과목으로서 영어를 가르쳐야 하는 것이다. 생각건대, 역사상 어느 특정한 시대를 살아온 사람에게는 특별히 그 시대의 역사를 가르칠 자격이 더 많이 부여될 수 있다고 생각하는 사람은 아무도 없을 것이다. 예를 들어, 실제로 2차 세계대전을 치렀던, 지금은 그 수가 많이 줄어들고 있는 80대 노병(老兵) 그룹의 구성원들이 제 2차 세계대전의 역사를 제일 잘 가르칠 수 있는 선생님들이라고는 누구도 생각하기 않을 것이다. 마찬가지로, 티롤의 양치기들이 알프스산맥의 풍경에 특별히 친숙하다고 해서 그들이 오스트리아의 알프스 지리를 제일 잘 가르칠 수 있는 선생님이라고 주장하는 것은 확실히 이상한 것이다 …… 물론 이런 사람들은 지표로 이용될 수 있는 친숙한 경험을 많이 가지고 있고 또 관련된 주제의 일부 양상들에 관해서 전문적인 정보를 제공하는 역할을 해 줄 수 있다. 그러나 그렇다고 해서 이들이 전문 교육가가 될 수 있다고 생각할 수는 없는 것이다.

Teachers of English are required to teach not English as a general linguistic phenomenon but English as a subject- a subject which keeps company with others on the curriculum-history, physics, geography and so on. Now nobody, I think, would suppose that somebody who lived through a particular period of history was especially well qualified to teach it as subject - that the best teachers of the history of the Second World War, for example, are a diminishing group of octogenarian old soldiers who have actually lived the experience. Similarly, it would surely be odd to argue that the best teachers of the geography, say, the Austrian alps are Throlean shepherds because they have a unique intimacy with the landscape... Of course these people have a wealth of intimate experience which can be drawn upon as data, and so they can serve as expert information on certain aspects of the subjects concerned. But this does not make them expert instructors(Widdowson, 1994a: 1.10 - 1.13; Jenkins, 2009: 120).

덧붙여서 Widdowson은 영어를 모국어로 사용하는 상황에서 오는 현상과 제 2언어로서 영어를 가르치는 현상 사이에 혼란 현상이 지속적으로 존재해 왔으며, 또 이 혼동은 원어민이면 자동적으로 영어를 가르치는 전문 기술을 가지게 된다는 잘못된 믿음으로 이어져 왔다고 말한다. 그는 이런 생각은 영어의 원어민화자라고 해서 그들의 말이 아닌 다른 언어를 아주 쉽게 습득하는 자질이 있는 것이 아니라는 사실 뿐만 아니라, 교사로서 교육학 관련 훈련을 충실히 받아야 할 필요성도 무시하는 것이라고 지적한다. 바꾸어 말하면, 그저 단순히 "원어민 능력이 갖추어져 있고 여기에 약간의 상식 또는 기술적으로 간단한 기초적 훈련을 더하고 또 교과서 내용을 숙지하는 것"만으로 영어를 가르칠 자격이 충분해지는 것은 아니라는 말이다.

Seidhofer는 이 문제에 대해 또 다른 관점, 즉 비원어민 영어교사와 그의 학생들이 공유하는 경험이라는 관점에서 접근한다.

비원어민 교사는 같은 모국어의 '여과장치'를 자주 이용하면서, 학생들과 같은 언어를 배우는 똑같은 학습과정을 끝냈으며, 외국어를 어떤 의미로 자신의 것으로 만들고 나서 특정한 목적을 위해 그것을

이용하는 일이 어떤 것인지 알고 있는 사람이다. 이것은 오직 비원어민 교사와 그 제자들만이 공유할 수 있는 경험이다. 원어민화자는 목적지에 관해 잘 알지만 거기에 도달하기 위해 건너야 하는 지형에 대해서는 잘 모르는 법이다. 그들 자신은 같은 경로를 가본 경험이 없기 때문이다. 반면에 비원어민 교사들은 외국어로서의 학습 목표를 알고 있다. 역설적이지만 이 사실은 중요한 자원으로 이해되고 이용될 수 있음에도 바로 이 사실이 간혹 약점으로 여겨지고 있다. 요컨대, 이 공유된 언어 학습 경험은 비원어민 교사들의 불안감이 아니라 그들의 자신감의 근거가 되어야 한다.

The non-native teacher has been through the process of learning the same language, often through the same L1 "filter", and she knows what it is like to have made the foreign language, in some sense, her own, to have appropriated it for particular purposes. This is an experience which is shared only between non-native teachers and their students. One could say that native speakers know the destination, but not the terrain that has to be crossed to get there: they themselves have not travelled the same route. Non-native teachers, on the other hand, know the target language as a foreign language. Paradoxically, it is precisely this which is often perceived as a weakness, although it can be understood and drawn upon as an important resource. This shared language learning experience should thus constitute the basis for non-native teacher's confidence, not for their insecurity(Seidhofer, 1999: 238; Jenkins, 2009: 120).

언어학자들이 수년간 영어교사의 요건 문제에 대해 관찰해 오고 있다는 사실에도 불구하고 아직도 실제적인 변화는 거의 일어나지 않는 것 같다. 그 이유는 Kirkpatrick의 지적대로 전 세계 각 처에서 원어민 영어교사를 절대적으로 많이 필요로 하기 때문이다.

원어민화자에 대한 요구가 여러 곳에서 높아지다 보니, 많은 교사들이 필요로 하는 조건은 오직 원어민이라는 자격 하나 뿐이다. 그 결과 영어 교직자로서의 전문적인 훈련을 받아본 적이 없는 원어민들이 세계 각처의 학교, 학원, 대학교 등에서 통상적으로 고용되고 있다. 필자의 개인 경험을 통해 알고 있는 사실인데, 현재 많은 중국의 대학교들에서 다양한 수준의 학생들에게 영어를 가르치기 위해 원어민들을 고용하는데, 그중 일부 소수만이 교사 자격을 취득하기 위한 교육을 받는 실정이다. 교사 지원 자격이 단지 원어민이기만 하면 된다는 것은 종종 채용 광고에서 명시적으로 나타난다.

The demand for native speakers is so high in many places that being a native spekers is the only qualification that many teachers require. Thus native speakers who have no specialist training in English language teaching are routinely employed by schools, institutions and universities all over the world. I know from personal experience that many Chinese universities employ native speakers to teach English to a wide range of students and that only a small minority of these teachers have teacher training qualifications. That teachers only need to be native speakers is often explicitly stated in advertisements(Kirkpatrick, 2007a: 185; Jenkins, 2009: 121).

그렇다면 10년 전에 Nayar가 분명하게 설명했던 그 상황이 지금까지도 계속 이어져오고 있는 것으로 보인다.

원어민화자들의 이미지는 응용언어학적 담론과 ESL/EFL 기업체들(제2언어 또는 외국어로서의 영어를 대상으로 교육사업을 하는 기업체들)에 의해 간행된 방대한 양의 지원 자료로 인하여, 언어 능력은 물론 전문적 교육 기술 면에서도 의심할 여지없는 권위적 존재의 이미지로 만들어지고 영구화되었다. 영어의 원어민화자라는 지위는 영어 전문가로서 또는 교사 양성자로서 교사들에게 자동으로 확실성과 신뢰성을 부여하는 불가결한 요건으로 보인다. 첫 관문을 통과시켜주는 구호처럼 원어민이라는 신분은 영어교육 사업체에 의해 교육적 전문 지식이나 실제 언어 능숙도 보다도 더 상위의 조건으로 인정되는 주요한 요소가 될 수 있는 것이다.

The discourse of Applied Linguistics as well as the vast amount of supporting material brought only by the ESL/EFL enterprise have created and perpetuated the image of the native speaker as the unquestionable authority of not just language ability but also of expertise in its teaching. Native speakers status is often seen as the sine qua non, automatically bestowing authenticity and credibility on a teacher, as an English language expert or even a teacher trainer. As an initial gate-keeping shibboleth, nativeness can assume primacy over pedagogic expertise or actual language competence in the ELT enterprise(Nayar, 1998: 287; Jenkins, 2009: 121).

따라서 세계화가 가속화되고 있는 교육 현장에서 필요한 영어교사의 자질을 정리해보고자 한다. 영어교사들은 무릇

1) 여러 언어를 활용할 수 있으면서 다문화적 역량을 갖추고 있어야 하고 또 더할 나위 없이 학생들의 언어도 알아야 하며 교사들이 처해 있는 교육적, 사회적, 문화적 환경을 이해하고 있어야 한다.

2) 학생들이 본받아야 할 적당하고도 성취가능한 (즉, 현지의) 본보기를 학생들에게 제시할 수 있거나, 만일 학생들이 다른 종류의 영어를 사용한다면, 그들이 쓰는 영어가 교사의 종류보다 열등한 것이 아님을 이해해 주어야 한다.

3) 어떻게 서로 다른 영어 종류들이 생겨나게 되었는지 언어학적으로 이해해야 하고 또 어떻게 그 종류들이 음운체계 상 어휘적, 문법적, 수사학적 그리고 문화적으로 서로 다른지 그 실상을 이해해야 한다.

4) 영어가 어떻게 특별한 배경 하에서 발달해 오고 또 전 세계로 확산되었는지에 대한 역사적 지식을 이해해야 한다.

5) 지역 사회에서의 영어의 역할과 이 역할들이 그 지방의 다른 언어들과 어떻게 밀접한 관계를 갖는 것인지 이해해야 한다.

6) 영어교육 교재들을 비판적으로 냉철하게 평가할 수 있는 안목을 가져야 한다. 이것은 영어교육 교재들이 특정 영어 종류나 문화를 홍보하기 위해, 명시적으로든 암시적으로든 다른 종류나 문화의 평판을 훼손시키는 일이 없도록 해야 하기 때문이다.

7) 지도받는 학생들의 특수한 욕구를 감지하여 그들의 욕구에 맞추어 지도할 수 있어야 한다.

8) 정규 학과목 지도 이외에 소속 기관이 수행해야 하는 과외 활동에도 공헌할 수 있도록 준비가 되어 있어야 한다.

이상과 같은 영어교사의 요건에 대한 논의는 영어가 세계공용어로서의 역할이 증대되는 미래의 상황에서는 더욱 빈번하게 발생할 것이라고 판단된다.

3.3 영어변화의 결과가 집중적인가 혹은 분산적인가?

Mesthrie(2002: 112-13)는 21세기가 시작될 무렵 영어라는 언어의 어족은 아래의 9가지 구성원들로 이루어져 있었다고 설명하였다.

1) 전통적 영어를 구사하는 이들이 대규모로 정착해 살아가는 국가들, 즉, 영국 · 미국 · 호주 · 뉴질랜드 · 캐나다 및 남아공에서 사용되는 예스러운 표준말들

2) 위 1항의 국가들 내부에 있는 지역 방언들로서 이 속에는 식별이 가능한 아변종들도 포함된 영국의 북부와 남부 간에 존재하는 폭넓은 언어적 가치가 그 예임

3) 사회 부류별로 특유한 특수변종들을 포함하는 사회방언들. 런던의 Cockney(코크니)방언, 미국의 아팔라치아 영어 등이 그 예임

4) 피진어 영어들

5) 크리올어 영어들

6) 제2언어로서의 영어(ESL): ESL은 식민지 시대에 대면 의사소통의 필요성으로 인해 영어가 소개된 나라들에서 생겨난 형태의 영어를 가르치거나 상당히 많은 영어화자들이 살고 있든지 한 때 살았었기 때문에, 그 나라의 교육체제 속에서 자리잡은 영어 형태를 가리킨다. 케냐, 스리랑카, 나이지리아 같은 ESL 국가들에서는 영어가 교육, 통치, 행정관리 등 내부적으로 중요한 역할을 수행한다.

7) 외국어로서의 영어(EFL): 영어의 영향력이 대부분의 내부 정착민들을 매개로 생긴 것이 아니라 외부로부터 생겨난 나라들에서 사용되는 영어를 말한다. 이런 나라들에서는 영어가 국내적 의사소통보다는 국제적 소통을 위한 역할을 주로 수행한다(한국, 일본, 중국 및 독일 등).

8) 이민자 영어: 주종언어로 영어가 사용되는 나라로 이민을 갈 경우, 그들에게 제2언어 품종인 영어는 사회적 조건에 따라서 그들 나름의 특유성을 유지하기도 하고 아니면 대다수인들의 영어로 합병되어 버리기도 한다. 그리하여, 멕시코에서 사용되는 영어는 외국어로서의 영어(EFL) 품종인 반면에, 미국 내에서 멕시코 이민자들이 쓰는 Chicano 영어는 비록 독특한 변종이기는 해도 일반 미국 영어와 아주 유사하다.

9) 언어전환 영어: 한 공동체의 과거 주종언어가 그 제1언어의 자리를 영어에게 내줄 때에 그 대체된 영어품종에 붙여지는 이름을 말한다. 종종 ESL의 언어적 특성은 안정화가 되어버린다. 그래서 아메리칸 인디언 원주민들, 아일랜드의 아일랜드인 및 남아공의 그들 나름의 독특한 특성이 남아있고, 조상 대대로 물려받은 언어와 유산이 지속되는 느낌이 든다.

서로 다른 영어 그룹들이 아주 많이 존재하고, 이들 그룹 내에서 새 품종들이 계속해서 새로이 생겨나고 또 기존의 품종을 사용하는 화자들의 수가 해마다 계속 증가하고 있다.

이러한 현상에 대한 Crystal의 주장을 소개한다:

국가 단위로나 국제적으로나 영어 형태가 다양해지고 있는 것이 확

연히 나타난다. 국가 별로 볼 때, 도시의 말들은 현재 Liverpool에서 진화되고 있는 Caribbean Scouse(어)처럼 이민자 그룹들이 정체성 욕구를 충족시켜주기 위해 변형되고 있다. 런던을 예로 들어 본다면, 런던에는 300개 이상의 언어가 통용되고 있는데 영어와 교류하면서도 새로운 변종을 만들어 내지 않는 언어가 있다면 그건 정말 놀라운 일이다... 다양한 이민자들로부터 오는 언어 영향의 결과는 이미 미국의 여러 도시들에서 오래 전부터 주목되어 왔던 바, 그 영향이 지금은, 오스트레일리아가 가장 심한 편인데 미국 외 영어를 모국어로 하는 거의 모든 나라들이 도회지 현대 생활 속에서 주요한 언어적 특성으로 나타나고 있다. 국제적으로 볼 때, 영어의 영역이 전 세계적으로 넓혀짐에 따라 신세대들 간에 비표준 영어들이 난립되어 나타나고 있다는 증거가 아주 확연하다....

이처럼 여러 지역에서 많은 사람들에 의하여 한 언어가 사용된 예는 영어 이외에는 없었기 때문에 향후 영어의 전 세계적 확장의 결과로서 무슨 일이 일어날지 예측하기 어렵다; 그러나 그러한 부호혼합 변종은 지금 세계 전역에 퍼져있으며 Singlish, Taglish 및 Chinglish(McArthur, 1998) 등의 이름으로 인식되고 있다. 양친이 서로 소통할 수 있는 외국어로서의 언어가 영어 하나뿐인 부모에게서 태어나서, 이런 영어를 기준 언어 규범으로 삼고, 자라난 수천 명의 아이들이 속한 사회에서처럼, 새로운 유형의 사회관계가 언어에 영향을 미치는 사회에서 영어가 앞으로 어떻게 변할지 현존하는 연구 모형들을 가지고는 알 수가 없다. 이런 경우(아마도 학습자 오류라고 전통적으로 간주되는 특성들을 포함하는) 비원어민 영어가 모국어로 설정되어 학습되고 그 결과 새로운 종류의 비표준 영어들이 생겨날 것이 확실하다.

The growth in diversity is noticeable at both national and international levels. Nationally, urban dialects are adapting to meet the identity needs of immigrant groups, such as the currently evolving Caribbean Scouse in Loverpool. With over 300 languages now spoken within London, for example, it would be surprising indeed if several did not produce fresh varieties as they interact with English.... The linguistic consequences of immigrant diversity have long been noted in cities in the USA, but are now a major features of contemporary life in the urban centres of most other countries where English is a mother-tongue, notably Australia. At an international level, the evidence is overwhelming of the emergence of a new generation of nonstandard Englishes as the global reach of English extends... Because no language has ever been spoken by so many people in so many places, it is difficult to predict what will happen to English as a consequence of its global expansion; but increasing variation, extending to the point of mutual unintelligibility, is already apparent in the colloquial speech of local communities... such as the code-mixed varieties now found all over the world, and identified by such names as Singlish, Taglish, and Chinglish(McArthur, 1998).

Nor do current models yet allow for what is going to happen to English in communities where new types of social relationship have linguistic consequences - such as the thousands of children being born to parents who have only English as a foreign language in common, and who find themselves growing up with this kind of English as the norm at home. In such cases, non-native English(presumably including feature which would be traditionally considered as learner errors) is being learned as a mother-tongue, and new kinds of nonstandard English must surely be the outcome(Crystal, 2003: 241-2; Jenkins, 2009: 99).

또한, Crystal은 지역적 특유성이 이미 서서히 증가하고 있음을 분명히 보여주기 위해서는 어휘, 발음 및 문법 분야에서 증대일로에 있는 다양성을 증거로 언급하며 표준영어와 비 표준영어들 간의 간극이 더 넓혀질 것으로 예측한다. Crystal(1997: 134)은 영어의 완전한 분열에 대한 이야기가 전혀 새로운 것이 아님을 지적한 바 있다. 18세기 후반에 American Noah Webster 사전이 (미국 영어와 영국 영어에 관하여) 같은 내용을 언급했고, 19세기 후반에는 British Henry Sweet 사전도 (미국, 영국 그리고 호주 영어에 관하여) 같은 이야기를 주장하였다. 그러나 Crystal의 견해에 따르면, 세계영어의 화자들은 그들의 고국에서는 그들 지역의 영어를 사용하지만 국제적인 상황에 직면하면 영어의 새 형태의 즉, Crystal이 World Standard Spoken English(세계 표준 구어체 영어)라고 명명한 영어를 사용할 것이라고 한다. 앞으로 WSSE(세계 표준 구어체 영어)가 어떤 식으로 변화할 것인지 확실하게 예견하는 것은 어려운 일이지만, Crystal은 국제적으로 사용되는 영어는 미국 영어에 기초하여 단일 세계 품종으로 합쳐지는 지점으로 점점 더 집중되는 반면, 지역 영어들은 더욱 더 세밀하게 분산될 것으로 보는 것 같다.

Trudgill(1998)은 꽤 다른 관점을 가지고 이 문제에 접근한다. 그는 문법적 상황은 아직 분명해진 것이 없지만 영어의 어휘는 점점 더 집중화 현상을 보일 것이고 발음은 더욱 더 분산 현상을 보일 것이라는 견해를 갖는다. 영어 언어의 미국화 즉, 영어가 북미 영어의 어법을 근간으로 삼아 균질화한 결과로 영어 어휘 부문에서의 집중화 효과가 나타난 것이라고 그는 생각한다(1998: 31). 그 이유는 일부 영국식 영어의 단어들이 미국어법 속으로 들어간 예가 있기는 해도 원래 미국식 영어였던 어휘들이 국제적 어법으로 되는 것이 일반적인 경향으로 보이기 때문이다(p. 32). "우리는 손쉽게 끊임없이 새로운 말들을 배우고 우리가 읽는 것이나 라디오, TV 및 영화에서 듣는 것으로부터 새로운 말들을 간단히 익힌다(1988: 32)."라고 주장하면서 Trudgill은 지적하는 바, 이러한 경향은 미국식 영어가 주도하는 뉴스 매체 및 영화 산업과의 폭 넓은 접촉이 전 세계적으로 이루어져서 생긴 것임을 쉽게 알 수 있다고 한다. "briefcase", "dessert", "junk", "peanut", "radio", "raincoat", "softdrink" 및 "sweater" 등의 단어는 한때는 특별히 미국식 어법에서만 쓰였으나 지금은 일반적으로 통용되고 있는 단어들이라고 Trudgill은 설명한다. 한편, 문법적인 측면에서 말한다면, Trudgill은 그 상황 전개가 어휘 부문만큼 분명하지 않다고 여기는 것 같은데 그렇게 생각하는 이유 중의 일부는 문법적 변화는 더 서서히 발생하고 그래서 상세히 기술하기가 더 어렵다는 점인 것 같다. 세계영어의 문법이 미국화하고 있다는 증거의 유력한 후보로 Trudgill이 제시하는 몇 개 안되는 항목들 중에 다음과 같은 것들이 있다.

□ "hopefully"는 표준 영국식 영어에서 전통적으로 양태부사로서의 기능을 보였지만 (예: She watched the door hopefully.), 미국 영어에서는 "Hopefully it won't rain tomorrow."에 나오는 것처럼 문장 부사로 쓰인다.

□ "have"가 문장 속에서 (예: "Have you (got) coffee in the cabinet?") 상태 묘사적으로 쓰여 온 표준 영국 영어와 비교해 볼 때, 미국 영어에서는 "Do you have coffee with your breakfast?"에서 보는 것처럼 역동적 의미를 가진다.

반면, Trudgill은 영국 영어 문법에서 발원되어 미국어법 속에 스며들어온 한 문법적 특징을 규명한다. 그는 이 특성을 대동사(代動詞) - "do"라고 명명하면서 "I don't know if I am going to the party tonight, but I might do."의 문장을 그 예로 든다. 그 예를 보면 미국 화자들을 전통적으로 문장 마지막 부분의 "do"를 생략해 왔지만 지금은 다시 문장에 포함시키기 시작하고 있음을 알 수 있다. 그는 문법에 관한 한 앞으로 집중/균질화 현상이 일어날지 분산/해체 현상이 일어날지를 알려줄 만한 확실한 증거가 없다고 결론짓는다(Trudgill 1998: 33).

그러나 음운론의 경우를 놓고 볼 때, 상황은 아주 분명해 보인다. 음운론 부분에서 나타나고 있는 상황은 분산의 상황이다. fink로 발음되는 think와 brover라고 발음되는 brother의 예에서 보이는 현상, 즉, /θ/와 /ð/ 발음이 각 각 /f/와 /v/발음으로 대체되는 th- 도치 현상이 영국과 뉴질랜드에서는 급히 확산되고 있지만 미국에서는 그렇지 않은 것이다. 그리고 서로 상반되는 방향으로 움직이고 있는 일부 음운 변화들이 있다. 북미처럼 "r"을 발음(far나 part 같은 단어에서 모음 뒤에 오는 r을 발음하는 것)하지 않아 오던 지역은 "r"을 발음하는 쪽으로 변하고 있는 반면, 전통적으로 "r"을 발음해오던 영국, 뉴질랜드 등의 지역은 서서히 "r"을 발음하지 않는 쪽으로 변하고 있는 것이 바로 그 예이다.

Trudgill은 "이제 겨우 시작 단계이기는 해도 영어 어휘 부문은 점점 더 균질화되기 시작한 것으로 보이는 데, 음운론 부문을 보면 영어의 종주국적인 위상을 가진 나라들의 원어민 품종들은 서서히 서로 분열되고 있다. 미국 영어화자와 호주 영어화자 사이에도, 뉴질랜드 영어화자와 아일랜드 영어화자 사이에 절대 다수의 사람들이 직접적인 대면 접촉을 가질 기회가 비교적 거의 없어 보이기 때문에 이런 분열 경향은 가까운 미래에는 멈추지 않을 것으로 예상해야 한다고 판단한다(Trudgill, 1988: 35)."고 주장하였다.

Trudgill이 여기에서 주로 관심을 두는 것은 물론 내적 범주에 속하는 영어들 즉, Mesthrie(2008)가 언급한 영어 어족 중 앞부분에 있는 세 구성원들이다. 그는 영어에는 원어민 화자보다 비원어민 화자가 더 많다는 사실에 관해 한 번 언급했을 뿐, 그 외에 내적 범주 소속 영어가 아닌 영어들에 대해 언급한 바 없다. 그럼에도 불구하고 우리는 그가 예상하는 음운적 분화가 사실상 일어난다면, 어느 어족이든지 관계없이 모든 영어가 그 분화 영향 아래 놓이게 될 것임을 추론할 수 있다. 마찬가지로 어휘적 통합이 일어난다면 우리는 모든 영어가 미국식 영어 어휘로 통합될 것이라고 추론할 수 있다. 세계 전역으로 확산된(집중과 반대되는 개념의 확산) 영어 그리고 점점 더 부강해지는 동양의 경제력을 고려할 때 지금의 원어민 품종 영어 중 어느 특정한 한 국가가 오랫동안 남아서 세계영어들의 발전에 지금같이 영향력을 행사할 가능성은 없어 보인다.

Graddol(1999: 68)은 다음과 같이 주장하였다:

세계영어에 있어서 한 때 가장 중요했던 의문점은 "미국 영어 또는

영국 영어가 세계영어의 표본이 될 것인가?" 이었다. 이미 "새로운 영어들" 그리고 새로운 규범을 성문화한 사전과 문법서들이 출현했기 때문에 그 질문은 진부한 것이 되어 버린 것 같다. 만일 어휘나 그 밖의 다른 언어적 측면에서 세계 표본이 될 영어가 있다면 분명코 그것은 Mesthrie의 영어 어족 중 내적 범주 소속의 3가지 어족을 제외한 나머지 6개 분류 어족 중의 하나가 될 것이다.

3.4 세계공용어로서의 영어(English as a Lingua Franca: ELF)

지난 반세기 동안 영어만 국제화된 것이 아니라 영어와 관련된 학문들도 역시 국제화되었다: 영어에 대한 관심의 소유권이 국제화되었다는 뜻이다. 이제 우리는 더 이상 하나의 국가공동체하고만 관련이 있는 언어공동체가 아닐뿐더러 영연방(common wealth)이 멸망했던 것 같은 가족 형 국가 연합과 관련된 언어공동체도 아니다. 우리는 국제공동체이다(Brumfit, 1995: 16).

Brumfit의 글에서 따온 이 인용문은 영어가 교육되고 사용되는 방식과 관련하여 지난 20세기 후반에 일어났던 변화와 21세기의 출범과 함께 앞으로 전 세계적인 영향을 끼칠 변화들을 간결하게 요약하고 있다. 이번 장에서 우리는 왜 영어가 세계의 중심 국제어로서 역할을 맡게 되었는지 생각하고 이어서 이런 역할에 비추어서 앞으로 우리가 영어교육에 대해서 생각해 봐야 할 주요한 쟁점들에 대해 논의해 볼 것이다.

3.4.1 왜 영어가 세계공용어인가?

20세기 중반까지는 과거의 영국 식민지들의 대부분이 독립을 하였는데, 그럼에도 불구하고 그 나라들은 다양한 국가의 내부적 기능들을 수행하는데 영어를 지속적으로 사용하여 왔다. 그래서 과거 식민지 시대의 영향력 덕분에 영어는 이미 국제 사업 경영과 무역 분야에서 중심 언어가 될 기반을 충분히 마련해 두고 있었다. 그러나 식민지들이 독립하고 난 뒤 영어는 외적 범주의 국가들에서 제 2언어로서 사용되는 경지를 넘어, 영어가 공식적인 내부 기능을 수행하지 않는 확장 범주의 많은 국가들에 의해서까지 세계공용어로 채택된 정도로 넓게 확장되었다.

Crystal(1997)은 오늘날 영어가 누리고 있는 국제적 위상을 두 가지의 요인에 의해 생겨난 결과라고 설명하면서 그중 첫째 요인은 19세기 말 경 절정을 누렸던 영국 식민 제국의 팽창의 영향이라고 주장하였다. 두 번째 요인으로는 20세기가 끝날 때까지 영어의 국제적 위상을 지켜 주었고 또 20세기가 지나서도 영어의 영향력이 지속되도록 보장해 줄 미국의 경제력을 지적하였다.

The present-day world status of English is primarily the result of two factors: the expansion of British colonial power, which peaked toward the end of the nineteenth century, and the emergence of the United Stated as the leading economic power of the twentieth century(Crystal, 2003: 59).

공통어를 갖는다는 것은 우리가 하나의 공동체를 형성하고 그 구성원이 되었다는 소속감을 갖도록 만들어준다. 영어를 안다는 것은 지식의 자료에 접근하는 능력을 기르는 데만 그 가치가 있는 것이 아니라, 그것이 세계의 다양성을 수용하고 존중하도록 만들어 줄 가능성을 갖는다는 데에 더 큰 가치가 있다. 영어는 전 세계에 걸친 시민들 간의 유대를 넓히고 멀리 확장시켜서 우리로 하여금 시민 사회 단체들 간의 세계적 교류와 결속을 향하여 전진할 수 있도록 해 준다.

이런 이유로 영어를 국제어로 여긴다는 것은 또한 소위 "지구시민권"이라 일컬어지는 위치를 강화시켜줄 수 있는 일이기도 하다 (ELT Journal, 55(3), July, 2001: 297). 현재는 영어가 비원어민 화자들끼리의 의사소통에서 더욱 더 많이 활용되고 있으므로, 세계어로서의 영어 - 또는 공통어로서의 영어 - 는 당분간은 어쩔 수 없는 현실이다.

최근에는 영국 언론 매체들이 비원어민 화자들 나름의 용법들을 올바르지 못한 것으로 폄하하던 입장에서, 그들의 용법을 그들 자신의 권리로 용인해 주어야 한다는 것으로 그들의 주장을 바꾸는 태도를 취하고 있다. 이처럼 영국 언론에서도 제2언어로서의 영어가 처해 있는 현재의 상황이 시사하는 바를 다루기 시작하고 있다. 영국 신문 "The Observer"는 "영어 확산에 일조하는 외국인들의 영어"라는 제목의 기사에서 "미국의 라틴계 남자 가수 Ricky Martin이나 여배우 줄리엣 비노쉬처럼 유창한 영어를 구사하는 외국인들의 확연한 외국인 악센트가 배어 있는 영어가, 영국 영어나 미국 영어가 누리던 지배적 위상을 넘보고 있다(29 October, 2000: 1)"라는 주장이 등장하기도 하였다.

3.4.2 ELF(English as a Lingua Franca)의 정의

영어를 공통어 또는 공용어로 설정하고 진행하는 의사소통에 대한 연구는 1990년대부터 진행되어 온 것이 사실이지만, 그 당시의 연구는 그러한 의사소통에 쓰이는 영어의 결함(모국어로서의 영어와 같은 "올바른" 영어와 비교되었을 때 드러나는 결함)이나 일부 대화 참가자층의 부족한 영어구사에도 불구하고 어떻게 의사소통이 제대로 이루어질 수 있었는지가 주요 관심사였다. 그러나 이러한 연구는 본질적인 ELF 연구와는 동떨어진 것이었다. ELF의 본질적 연구는 외적 범주 영어권의 연구자들이 취하는 바와 유사한 입장에서 출발하는데, 내적 범주 영어권 화자들이 표현하는 방식과 다르다는 이유만으로 외적 범주 영어권의 표현 항목들을 무조건 오류로 간주하는 것은 잘못된 것이며, 공용어로서의 영어(ELF)에 나타나는 그런 차이는 오류가 아니라 새롭게 등장하는 ELF 품종의 한 용례로 인정해야 한다는 것이 연구의 입장이다.

2001년 말 Seidlhofer가 발표한 독창적 논문에서, 현재 전 세계에서 가장 광범위한 부류의 사용자 층을 가진 영어가 전 세계인의 학습 목표가 되고 있다고 지적한 바 있다. 또한, 모국어로서의 영어의 말뭉치뿐만 아니라 ELF의 말뭉치도 수집해야 할 필요성이 있다고 주장하였다. 이와 똑같은 전제하에서 수행된 ELF 연구논문(예, Jenkins 2009)이 이미 발표된 바 있었지만 Seidlhofer가 2001년에 발표한 논문이 ELF의 입지에 대한 여론을 환기시키는 역할을 수행하고 ELF에 관한 관심을 증폭시킨 효시로 평가된다.

과연 ELF란 무엇인가? ELF에 대한 개념을 아주 개략적으로 정의하자면 제각기 다른 언어를 모국어로 사용하는 화자들 간의 소통 용어로 사용되는 영어를 ELF라고 할 수 있다. 다음의 핵심 요소들을 통해서 ELF의 주요 특성을 간략하게 정의해보고자 한다(Jenkins, 2009).

1) 서로 다른 모국어를 가진 화자들이 서로 간의 의사소통의 수단으로서 영어를 필요로 하는 환경에서 ELF가 쓰인다.

과거 일부 ELF 연구자들은 영어의 원어민화자들이 포함된 의사소통에 쓰인 영어는 "국제언어로서의 영어(EIL)"라는 용어로 정의하고, 비원어민화자들끼리 만의 대화에 쓰이는 영어를 지칭하려고 ELF란 용어를 따로 사용하였다. 그러나 연구자들은 사실상 그 두 개의 용어가 구분되는 개념이 아닌 것을 인정하게 되었다. 예컨대, 비원어민들끼리 ELF로 대화를 나누는 도중에 원어민화자가 끼어들게 될 경우, 이들이 사용하는 영어는 무엇이라고 불러야 하는가? 원어민화자가 개입하면 그때 그 영어는 EIL로 바뀐다는 것인가? 적용되어야 하는 규범이 갑자기 원어민의 ENL(English as a Native Language: 모국어로서의 영어) 규범으로 변화하는 것인가? 그렇다면 그것은 아주 부자연스러운 일이 아닐 수 없다. 만일 ELF가 나름대로의 독자적인 권리를 인정받는 종류의 영어라면 비원어민화자들이 ENL규범에 순응할 것이 아니라 그 반대로 원어민화자가 다른 화자들의 규범인 ELF규범에 적응해야 할 것이다. 외적 범주 영어권의 화자들은 그 사용자 층에서 배제하지 않는 것이고, 계속 EIL이라는 용어를 고집하는 학자들은 ELF와 EIL의 두 가지 용어를 보완적으로 사용한다. 이렇게 말하기는 했어도 ELF 의사소통의 대다수는 종종 원어민화자의 참여 없이 주로 확장 범주 영어권 화자들끼리 나누는 대화임은 의심의 여지가 없는 사실이다.

2) ELF라는 용어는 EFL(외국어로서의 영어) 용어를 폐기시키려고 그 자리에 대신 들어선 것이 아니라 이 두 용어는 상호 대체해서 사용해도 무방한 말이며 둘 중에 어느 용어를 선택하느냐 하는 문제는 화자(또는 학습자)의 잠재적 욕구와 선호에 달려있다.

3) 실용적으로, ELF에는 어느 정도 의사소통 전략의 사용 특히 타협 전략과 부호전환 전략의 사용이 필연적으로 수반된다. 이는 ELF 형태가 만능의 영어라기보다는 특정한 의사소통 맥락에 결정적으로 의존하는 것이기 때문이다. 즉, ELF는 단일의 "만능" 영어가 아니라 여느 자연스러운 언어 사용과 마찬가지로 누가 누구와, 어디에서, 무엇에 대하여, 등을 이야기하느냐에 의존한다는 사실이 명백하다. 이런 점에서 타협과 부호전환은 ELF의 결정적 특징이고, 이 특징은 숙련된 ELF 화자들에 의해 널리 사용되고 있다.

4) ELF에 관한 기술은 향후 ELF의 성문화(成文化)로 발전할 여지가 있는데, 이러한 기술은 능숙한 ELF 화자들이 참여하는 대화에 기초하여 작성될 가능성이 높다.

능숙도로 볼 때, 낮은 능숙도를 가진 사람이라고 하더라도 당연히 ELF 대화에 참여할 수 있다고 하지만, 그렇다고 해서 낮은 능숙도를 가진 ELF 사용자들의 발화가 학습목표로서의 ENL의 자리를 대신 차지할 만한 것이라고 말할 수는 없다. 영어 학습의 초보자로부터 대가에 이르는 다양한 단계의 능숙도를 가진 모든 화자들이 ELF 대화에 참여하는 것을 고려한다면 능숙하지 못한 화자들도 확실히 ELF대화에 참여하는 것이 현실이다. 그러나, 차후 있을 수 있는 성문화의 용도에 쓰기 위해서는 너무 초보의 영어화자 보다는 능숙한 ELF 사용자들의 발화(發話)(이런 발화의 사례는 많이 발견할 수 있음)를 수집하는 것이 세계영어 연구에 도움이 될 것이라 판단된다.

3.5 바람직한 영어구사 모델 제안: 이중언어주의

영국 영어와 미국 영어를 모국어로 하는 사람들은 이중언어사용과 다중언어사용을 정도(正道)에서 벗어난 것이라고 배척하는 경향이 있기도 하지만, 이중언어사용과 다중언어사용은 영국과 미국을 제외한 세계 전역에서 실질적인 규범으로 자리 잡고 있다. 지금까지 주류 언어를, 그중에서도 특히 영어를 사용하는 사람들은 오랫동안 다른 언어를 배우려 하지 않아 왔고 다른 나라 사람들이 자기네 언어를 배우기 위해 노력할 것을 당연시해 왔으며 또 부호전환은 언어적 무능의 소치라고 치부해왔다. 그러나 영어학습자들에게 그들이 영어구사를 통한 이중언어주의의 실천자가 되어야 함을 설득하려는 노력이 경주되는 한, 영어 학습자들이 지역적 정체성을 나타내주는 그들의 토착 언어를 그들의 가용언어목록에 영어와 나란히 유지시켜 나가는 일이 중요한 가치가 있다는 것을 알게 된다는 것이다(Pakir, 1991: 2002; Kachru, 1982: 1993).

만약 영어구사를 통한 이중언어주의가 마지못해 봐주는 식의 것이 아니라 공식적으로 인정받는 위상의 세계 규범이 될 수 있다면, 이중언어주의에의 동조는 영국, 미국, 캐나다, 호주, 뉴질랜드 및 영어를 주로 쓰는 나라들의 국민들이 다중언어주의의 세계에서 1개 국어만 하는 고루한 사람이 되지 않도록 해 줄 것이다(Brumfit, 2002: 11).

세계화 시대에 문화 간 적응 역량의 신장을 위해서는 제2언어의 구사가 필요하다. 그렇다고 해서 다른 언어를 배울 때 그 말의 배경이 되는 문화적 관행도 필연적으로 습득해야만 하다는 것은 아니다. 문화적 관행의 숙지 여부는 학습자들이 어떤 특정 언어를 배워서 그 원어민들이 대화를 나눌 필요가 있는지 없는지에 달려있는 것이다. 외적 범주 국가들 내부에서만 지역적으로 사용하거나 확장 범주 국가들의 국제적인 용도로 사용할 목적으로 영어를 배우는 사람들의 경우 대개는 원어민과 대화할 필요가 없고, 그들이 언어를 배우면서 영국이나 미국 또는 호주의 문화를 배워야 할 의무가 있는 것은 아니다. 학습자들이 영어를 배우는 목적이 구성원 대다수의 모국어가 영어가 아닌 환경에서 영어를 사용하는 것인데도, 그들이 모든 원어민 소수그룹들의 문화적 관행들과 영어와 언어 간에 1:1로 상응하는 문화적 연결을 지으려고 한다면 그것은 현실적으로 역효과를 낳는 일이다.

그런데, 영어 단일어주의는 국제적 차원의 문화 간 소통에서만 문제가 되는 것이 아니다. 내적 범주에 속한 국가들 내부에서도 계속 유입되는 이민자들로 인하여 영어를 모국어로 하지 않는 사람들의 수가 갈수록 더 많아지고 있다. 영국은 지금 14명 중 약 1명이 소수민족그룹 출신이고 이 경향은 계속될 것으로 예측되고 있다. 영국과 비교해 볼 때, 미국은 더욱 광범위한 규모의 이민과 토착민들의 존속으로 인하여 훨씬 더 많은 수의 소수민족 출신들을 갖고 있다. 그러나 두 공동체 사회 모두가 다른 언어를 -어느 언어이든 관계없이- 배운다면, 다른 언어나 문화적 배경의 차이에 대해서 모르기 때문에 발생하는 문제들을 감소시키는데 도움이 될 것이다. 예를 들면 이민자들 사회의 언어들 중의 하나이거나 토착민들의 전승 언어들 중의 하나를 배우면 더욱 좋을 것이다.

수년 전 뉴질랜드에서 시작된 한 사례를 보면 뉴질랜드의 일부 Pakeha(유럽 출신의 뉴질랜드인) 학교에서는 마오리 부족의 토착어를 가르치고 있다고 한다. 하지만, 이런 사례에도 불구하고, 이민자나 토착민 소수들(간혹 아주 큰 소수들이 있기도 함)이 영어가 모국어인 사람들의 언어-문화 관행들을 배워야만 한다는 생각이 압도적 우세를 보인다.

Jenkins(2009)는 단일어 사용을 강조하는 영어 모국어화자들의 생각이 (내적 범주 또는 외적 범주 국가들의) 국내적 사안들과 무관한 일들을 논의하는 수단으로 영어가 쓰이는 국제적 환경 아래에서는 많은 문제를 야기할 수 있다고 주장한다. 언어 사용자 간의 계층적 구조상의 문제를 일으킬 수 있다는 것이다. 즉, 교육받은 영어 모국어화자

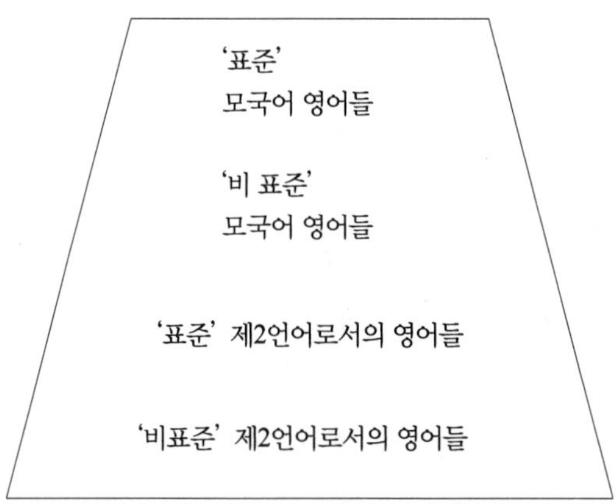

〈그림 5〉 전통적인 영어의 계층구조
(출처: Jenkins, 2009: 164)

(그러나 한 가지 말 밖에 할 수 없는)가 2가지 말을 할 줄 아는 사람의 언어능력의 우월성을 의식하지 못하면서도 영어의 언어계층조직 상 가장 상위 지위의 권리를 가진다는 말이다. 이와 같이, 영어가 국제적 업무로 사용되는 경우에도, 소수파인 영어 모국어화자들이 사용하는 영어 종류가 가장 높은 지위를 차지하면서 전 세계가 뒤따라야 하는 표본으로 군림하고 있는 것이다(〈그림 5〉 참조).

반면에 영어능력이 포함된 2개 국어 구사 능력의 장점 및 영어와 다른 언어를 구사하는 능력이 줄 수 있는 장점들을 고려하여 언어계층구조에 대한 개념을 다시 정립해보면 아주 다른 계층구조가 제시될 수 있다. 이 구조에서는 이중언어 구사자들이 쓰는 영어 품종이, 그것이 제2언어로 사용되는 영어이거나 모국어로 사용되는 영어이거나에 관계없이(영어 모국어화자가 이중언어 구사자일 개연성은 낮지만), 제일 우위에 배치된다(〈그림 6〉 참조). 덧붙여 말한다면, 내적 범주의 표준영어들을 외적 범주의 영어들 보다 더 상위에 두는 전통적인 관례는 무시되고, 국내 품종의(지역) 영어들은 그것이 제2언어인지 모국어인지에 상관없이 같은 계층에 속하게 되어 이중언어 구사자들의 영어보다는 하위계층에 온다. 가끔 제기되는 내용이기는 하지만, 영어를 구사하는 2개어 사용자에 관해 마지막으로 밝혀둘 사항은, 외적 범주의 영어를 사용하는 사람들의 경우는 확실하지 않으나 확장 범주의 영어를 사용하는 사람들이 부호전환을 하는 것은 단지 의사소통의 목적으로만 하는 것이 아니라는 점이다. 그들의 부호전환 활동을 오히려 정체성과 자기표현의 수단으로 자주 사용하는 것이다.

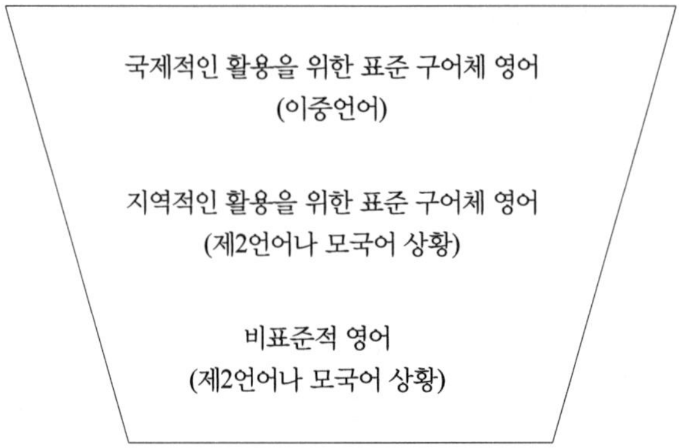

〈그림 6〉 재구성된 영어의 계층 구조
(출처: Jenkins, 2009: 165)

이상과 같은 여러 가지 상황을 고려해 볼 때, 앞으로는 단일언어만을 구사하는 영어화자보다는 국제적인 사용을 위해서 표준적인 영어를 사용할 줄 아는 이중언어학습자가 상위의 영어 계층 구조를 점하게 된다고 평가할 수 있고, 이 내용이 <그림 6>에 제시되어 있다.

제2부
한국 영어교육정책의 흐름과 전망

제2부에서는 한국의 영어교육정책의 흐름을 고찰하고 미래의 교육과정에 대한 편찬 방향을 모색해보고자 한다. 세계화 시대 속에서 그리고 고도로 발달되는 기술력의 결과 인공지능이 인간사회에서 중요한 역할을 수행하는 미래 사회 속에서, 한국 영어학습자들의 의사소통 능력을 어떻게 향상시킬 것인가의 문제에 해답을 구하기 위해서는 우선적으로 한국에서 영어교육이 도입되고 발달하게 된 역사적 과정을 이해하는 것이 선행되어야 할 것이다. 이러한 맥락에서 1883년 구한말 조선의 역관과 외교관을 양성하기 위해서 설립된 근대식교육기관인 동문학에서 영어교육을 실시한 시기부터, 일제강점 시기에는 일본어를 통하여 영어교육을 실시해야 하는 상황 때문에 영어교육이 침체기를 거치고, 우리나라의 제1차 교육과정이 제정되어서 시행되기 시작하는 교육과정 시기를 통하여 2015년 개정 교육과정이 탄생하기까지의 시대적 배경과 더불어 영어교육 분야에서의 강조점을 조망하고자 한다. 아울러 미래의 사회에 적합한 인재를 양성하기 위해서는 한국의 영어교육이 어떠한 목표를 설정해야 하는지에 대해서 논의하고자 한다.

제1장 조선의 근대화 과정과 영어교육의 도입기

우리나라에서는 1883년 최초의 근대식 교육기관인 동문학이 설립되면서 영어교육이 시작되었다. 영어교육은 조선의 근대화 과정에서 탄생하게 되었으며, 19세기 말부터 일제강점 시기가 시작되기 이전까지의 시기를 영어교육 도입기라고 정의한다. 다음에서는 영어교육의 도입기의 시대적인 배경과 그 당시에 설립된 학교들과 영어교육의 특징을 조망해본다.

1.1 관립영어교육기관

한국에서는 구한말에 최초의 영어교육기관이 설립된다. 그 당시는 소수의 관립영어교육기관과 선교활동을 위해서 설립된 기독교 계통의 사립학교에서 외국인 교사들에 의해서 직접 영어를 배워서 비교적 영어교육의 성과가 높았다고 평가된다.

1.1.1 동문학

한국에서는 1883년에 동문학(同文學)이 설립되면서 최초의 영어교육이 시작되었다. 고종 19년인 1882년에 미국 · 영국 · 독일과 수호통상조약을 체결하여 구미 각국과 통상을 하게 되자, 개국 이전에는 사

〈그림 1〉 동문학이 있었던 외아문 모습
(출처: 김명배, 2006: 68)

역원(司譯院)을 두어서 역관을 양성[2]해 오던 조선정부에서는 구미 각 국어를 구사하고 통역할 수 있는 역관이 절실하게 필요하게 되었다. 사역원에서는 중국어 · 여진어 · 일본어의 역관을 양성했기 때문에 구미 각 국어의 역관을 양성하기 위해서 동문학을 설립하게 되었다.

동문학의 명칭은 청나라의 동문관(同文館)[3]에서 본딴 것이다. 조선정부에서는 1882년 12월 통리교섭통상사무아문 내에 동문학을 설치하기로 하고, 청나라의 추천을 받아서 묄렌도르프(P. G. M llendorff, 목인덕)를 아문의 협판으로 임명하여 그로 하여금 동문학을 설립하도록 했다.[4] 이와 같은 과정을 거쳐서 1883년 9월 종로구 제동에서 "동문학"이 설립되었다. 교관들은 중국 사람과 영국 사람으로 구성되었는데 영국인 전신기술자였던 핼리팩스(T. E. Halifax)는 유일한 영어의 모국어화자라는 점에서 영어교사의 중요한 자질을 갖추었었고, 중국 사람인 당소의와 오중현 중에서 당소의는 미국 대학에서 유학했었다는 사실로 보아서 교관들의 자질은 훌륭했다고 볼 수 있다.

입학요건은 출신의 귀천을 따지지 않고[5] 15세 이상의 총명한 자를 뽑는다고 했으며 그 수는 29~40여 명이었다. 학생들이 학교에 갈 때 종이 · 연필 · 묵 등은 자신이 준비하고 교과서는 아문에서 지급하며 성

2) 이종배(1969). "한국의 영학발달에 관한 연구: 1945년까지의 영어교육을 중심으로" 문학박사학위논문, 우석대학교, p. 7.

3) "동문관"이란 청의 동치중흥의 진취적 정책의 결과로 1863년에 청의 역관과 외교관 양성을 주요 목적으로 북경에서 설립한 일종의 외국어 학교였다.

4) 이종배(1978). "구한말의 영어교육과 교수법" 「영어교육」, 15: 2.

5) 국사편찬위원회(1970). 「고종시대사」 제3권 (서울: 탐구당), p. 411. "農工商賈의 아들이라도 亦是 學校에 入學할 것을 許諾하며 出身의 貴賤을 論하지 말로 오직 才學의 如何를 볼 것."

적이 우수한 학생에게는 식비도 지급했다[6]는 내용을 보면 정부가 영어교육에 적극적인 지원을 했다는 사실을 알 수 있다. 교육내용은 영어와 영문으로 나누어 가르쳤는데 영어는 구어로 듣기와 말하기를 가르쳤고 영문은 문어로 읽기와 쓰기를 가르쳤다.[7] 교육방법은 하루는 문 · 구 · 단어를 배우고 단락 · 이야기의 이해와 활용을 배우며 하루는 어구만을 학습한 것으로 나타났다.[8] 그 당시의 외국어 교수법의 동향을 보면 직접교수법(Direct Method)이 점차 많이 활용되는 시기였고 동문학의 교수법도 직접교수법이 활용되었다는 사실을 알 수 있다. 교관들이 한국말을 하지 못했으므로 한국어의 번역은 불가능했다. 그러나 교관 중에서 중국 사람이 있었다는 점을 미루어 보아서 번역식 수업을 하지 않아도 필요한 한자는 사용했을 듯하다. 또한 핼리팩스 교관은 영어를 모국어로 사용했고, 당소의는 미국유학을 했었던 사실로 미루어볼 때 발음 면에서는 좋은 효과를 거둘 수 있었을 것이다.

동문학은 육영공원(育英公院)이 설립되기 전까지 3년 동안 운영되었다. 동문학은 한국의 근대교육을 위한 기초적 작업의 시발로서 외국 문화의 수입에도 좋은 영향을 끼쳤으나 교육목표가 역관양성이라는 근시적인 성향을 띤 점은 동문학의 단점으로 지적될 수 있겠다. 초창기부터 모국어화자를 확보하여 국가의 관리 하에 영어를 학습할 수 있었다는 점에서 한국의 영어교육의 출발이 비교적 양호했다고 판단되며, 서세(西勢) · 서학동점(西學東漸)의 물결을 뒤늦게 접한 조선이 설립한 최초의 서양어 교육기관이라는 점에서 가장 큰 의미를 발

6) 이종배(1969), p. 9.

7) 이종배(1978), pp. 4-5.

8) 이종배(1978), p. 5.

견할 수 있다.

1.1.2 육영공원

1886년 9월 23일 서울 중구 정동에서 동문학의 뒤를 이어서 우리나라 근대식 교육의 명맥을 이어갈 육영공원(育英公院)이 설립되었다. 그 당시의 조선은 아직도 전통적 보수주의에 젖어 있었지만 진취적 인사들이 서양식 교육기관 설립의 필요성을 인정하여 적극적인 보고와 진언으로 개교를 적극 추진했으며 또한 주한 미국 공사관과 미국 국방성은 협력을 아끼지 않았다. 육영공원은 영재를 양성하여 구미의 문화를 직접 체득함으로써 나라의 근대화를 효율적으로 성취하려는 목적에서 세워진 근대식 교육기관이었다. 또한 전문 18조의 육영공원의 구성 · 관리 · 수업에 관한 설학절목(設學節目)[9]이라는 한국 최초의 근대식 학칙을 채택하였다.

육영공원의 수업 연한은 원래 3년이었으나 2년 후에는 3년 예비과정, 4년은 대학의 본과과정인 7년으로 연장하였다. 학급은 좌원(左院)과 우원(右院)으로 구분하여, 좌원에는 연소한 문무관원 10여 명이 통학을 하면서 학교에 다녔고 우원에는 15세~20세의 선비들 20여 명이 기숙사에서 생활했는데, 우원의 학생들은 출세하기 위하여 열심히 공부했으나 좌원의 학생들은 고관의 자제들로서 학습에 열의가 없었다고 한다. 육영공원은 학생들을 사색당파를 안배하여 명문 출신의 총명하고 준수하고 연소한 문무관원과 선비들을 선발하였는데 이와

---

9) 이종배(1969), pp. 18-19.

같은 학생들은 학습에 커다란 흥미를 느끼지 못하여 육영공원의 발달에 학생 선발기준이 커다란 장애요인이 되었다는 평가를 받는다.

학습과목으로는 "학습차제(學習次第)"[10]라 하여 12개의 과목을 제시하였으나 실제는 영어교육에 전력했고 학생들의 영어 이해력이 증진함에 따라 다른 학과목도 학습하게 되었다.

교관들은 처음에는 외국인 교관 3명과 각 교관에 딸린 조교가 3명이었으나, 외국인 교관들의 뜻에 따라서 육영공원 건립 후 한국인 조교 3명을 해임시켰다. 외국인 교관들은 헐버트(H. B. Hulbert, 활보), 번커(D. A. Bunker, 방거), 길모어(G. W. Gilmore, 길모)들로 미국대학을 졸업하고 신학교에 재학 중이던 학식과 신앙을 겸비한 청년이었다.[11]

그 당시에는 벌리츠(Berlitz)가 미국과 유럽에 Berlitz School의 분교를 설치하여 분교의 총 수가 399개에 달했고 육영공원의 교관들도 직접교수법에 상당한 자신감을 갖고 있었다는 사실을 알 수 있다. 즉 ① 교관들의 교육 수준과 의욕이 높았던 점, ② 교관들에 대한 미국 정부와 교육당국의 기대와 지원이 컸다는 점, ③ 교관들이 조선에서 영어교육에 직면하게 될 것이라는 사실을 인식했던 점, ④ 교관들이 조선어를 전혀 모른 상태에서 영어를 전혀 모르는 조선 학습자에게 영어를 가르쳐야 했던 점, ⑤ 갑신정변으로 인하여 출발이 1년이 지연되었기 때문에 한국에 도착하기 전에 충분한 준비 기간이 있었다는 점 등을 고려해볼 때 육영공원의 교관들은 직접교수법에 대한 충분한 실력과 자신감이 있었다는 사실을 알 수 있다.

육영공원의 영어교육을 간단히 살펴보면 ① 미국인 교관을 확보했

10) 설학절목에 포함되어 있음.

11) 이종배(1969), p. 17.

던 점, ② 교관들의 자질이 우수했던 점, ③ 집중적으로 영어교육을 실시했던 점, ④ 모든 교과서는 영어로 저술된 것을 사용했던 점, ⑤ 모든 수업을 영어로 진행했던 점, ⑥ 직접교수법을 사용했던 점, ⑦ 학생의 수가 많지 않았다는 점 등을 그 특징으로 찾을 수 있다. 이러한 사실들을 바탕으로 판단해 볼 때 육영공원은 영어교육의 성과가 매우 높았다는 사실을 추측할 수 있다.

그러나 육영공원도 시간이 흐름에 따라서 문을 닫고 "영어학교"로 개편되는 운명을 맞이하게 된다. 육영공원이 문을 닫게 된 요인들 중에서 가장 큰 요인은 학생선발 기준이었다. 고관의 자제들을 선발하여 교육하였는데 학생들은 교육에 열의가 없었고 이에 실망한 교관들도 학교를 떠나게 되었다. 또한 관원들의 부패와 안일주의도 육영공원의 쇠퇴에 큰 요인으로 작용했으며 청나라와 일본이 구한말 영어교육의 발달을 견제한 것도 큰 몫을 담당하였다. 육영공원은 한국 최초

〈그림 2〉 관립외국어학교 학생들 모습

(출처: 김명배, 2006: 127)

의 근대식 교육기관으로서, 특히 영어교육의 측면에서는 자질이 우수한 교관들에 의해서 직접교수법으로 집중적으로 영어를 가르쳤다는 점에서 역사적 의의가 크다고 평가할 수 있다.[12]

1.1.3 관립외국어학교

1893년 해군무관학교에서 영어를 가르쳤던 영국인 허친슨(W. F. Hutchinson)에게 육영공원을 영어학교로 개편하고, 그 교육을 담당하게 함으로써 1886년부터 약 7년간 한국의 영어교육의 발전에 큰 도움

〈그림 3〉 관립외국어학교 교실 수업 장면
(출처: 김명배, 2006: 140)

12) 차석기(1970). "한국 민족주의 교육의 연구" 「우석 문리 · 정경대 논문집」 제5집: 36. 동문학과 육영공원에 대해서 차석기 교수는 다음과 같이 논평하고 있다. "근대 학교 설립을 위한 국가의 최초의 노력은 1883년의 동문학교와 1886년의 육영공원의 설립으로 나타났다. 그러나 이것은 종래의 성균관에 준하는 귀족 학교의 성격을 벗어날 수 없었으며 그것은 육영공원의 제 특징 중에서 지적할 수 있다."

을 준 육영공원은 사실상 문을 닫게 되는 상황에 처했다. 1894년 갑오개혁이 단행되면서 예조(禮曹)를 없애고 그 대신에 학무아문(學務衙門)을 두어 문교행정을 담당하게 했으며, 1895년 "외국어학교관제"가 공포되어 그전에 설립된 영어학교와 일어학교를 법적으로 통합한 것이 소위 "외국어학교"이다. 그 후 법(불)어학교(法(佛)語學校), 아(노)어학교(俄(露)語學校), 한(중)어학교(漢(中)語學校), 덕(독)어학교(德(獨)語學校)가 설립되어서 1898년에는 여섯 개의 언어학교가 분립되었다.[13]

수업연한은 동양어는 3년, 서양어는 5년이었으나 1902년에 동양어의 수업연한을 4년으로 연장했고, 1906년에는 모든 수업연한을 3년으로 단축했다. 또한 1909년에는 일본인이 교장으로 취임하고 매주 일어를 두 시간씩 강요함으로써 일본이 조선의 국제적인 외교활동과 서양문물의 직수입을 방해하려 했다.

육영공원과의 차이점은 외국어학교의 학생선발에서 크게 두드러지는데, 육영공원이 학생들의 입학자격을 제한했던 점에 비해서 외국어학교는 갑오경장으로 신분제도가 철폐되어서 신분에 관계없이 널리 학생을 모집했고 후에 지원하는 학생의 수가 증가하자 영어학교와 일어학교는 입학시험을 거쳐서 학생들을 선발하게 되었다.

수업내용은 〈표 1: 외국어학교 영어부 학과과정 및 매주 교시시수〉 중에서 영어과목을 살펴보면 독본, 번역, 작문, 회화, 받아쓰기 등을 중시하였음을 알 수 있다.

13) 이종배(1978), pp. 29-31.

〈표 1〉 외국어학교 영어부 학과과정 및 매주 교시시수

<table>
<tr><th colspan="2">학년</th><th colspan="2">제1학년</th><th colspan="2">제2학년</th><th colspan="2">제3학년</th></tr>
<tr><th colspan="2">과목명</th><th>시수</th><th>정도</th><th>시수</th><th>정도</th><th>시수</th><th>정도</th></tr>
<tr><td rowspan="5">영어</td><td>독방(讀方)
역해(譯解)</td><td>7</td><td>일상수지(日常須知)의 문학급 보통문</td><td>8</td><td>同左</td><td>7</td><td>일상수지의 문학급 보통문 급 고등보통문</td></tr>
<tr><td>회화(會話)</td><td>2</td><td>독방 역해를 준거함</td><td>1</td><td>同左</td><td></td><td>同左</td></tr>
<tr><td>서취(書取)</td><td>6</td><td>同上</td><td>6</td><td>同左</td><td></td><td>同左</td></tr>
<tr><td>작문(作文)
문전(文典)</td><td>2</td><td>보통문</td><td>2</td><td>통문 급 초등문전</td><td></td><td>서간문 급 고등문전</td></tr>
<tr><td>습자(習字)</td><td>2</td><td>초서</td><td></td><td></td><td></td><td></td></tr>
</table>

(출처: 이종배, 1978: 178)

영어 교과서는 반스(C. J. Barnes)의 "National Readers"와 샌더스(Sanders)의 "Union Readers"를 사용했는데 이 두 교과서는 모두 그 당시 미국에서 사용하던 교과서였다. 교관들의 자질과 인원수는 육영공원 시절에 비해서 부족했으나 한국인 교관이 등장했다는 점이 육영공원과 다르다. 한국인 교관의 등장 이유를 찾는다면 개항 후 20여 년 동안, 조선에서 이루어진 영어교육, 외국유학생의 파견, 대외접촉 등을 통해서 한국 사람들의 영어 실력이 향상되었고 그 결과 영어 실력이 우수한 교관들을 확보할 수 있었다. 영어교수 방법은 직접교수법을 사용하고, 한 한국인 교관은 칠판에 그림을 그려서 비교 설명하기도 하며 회화 · 서취라 하여 독본에서 학습한 것에 대해서 회화연습을 하고 독본에서 이미 학습한 부분을 교재로 활용하여 받아쓰기 연습에 이용하기도 하였다.

외국어학교는 비교적 영어교육을 잘 실시했다. 그 당시 한국인의 발음이 일본인에 비해서 훌륭하다는 사실을 당시의 한국의 외교관이었던 신부순평(信夫淳平)이 "한반도"란 그의 저술에서 다음과 같이 기술하고 있다.[14]

"其間(기간) 홀로 比較的(비교적) 隆盛(융성) 赫赫(혁혁)하게 發展(발전)한 것은 外國語學校(외국어학교)뿐이었다. … 따라서 英語教育(영어교육)의 進步(진보)로 말하자면…. 京城(경성)에 있어서는 一人(일인)으로서 不完全(불완전)하나마 數個(수개)의 外國語(외국어)를 兼(겸)해 自由自在(자유자재)로 말하는 者(자)는 韓人中(한인중)에 珍貴(진귀)한 것이 아니다. 그런데 其熟達(기숙달)의 신속한 것과 發音(발음)의 純麗(순려)함은 생각건대 本邦人(日本人)(본방인(일본인)이 몇 걸음 讓步(양보)하지 않을 수 없다.…"

그러나 외국어학교는 영어를 통해서 서구문화의 능동적 · 적극적 수용을 도모하지 않고, 역관 · 외교관 양성에만 치중한 목표의 근시성과 성적이 우수한 학생에게 외국유학의 기회를 제공하지 못하여 서구문화의 흡수가 미비했고 중도에 탈락하는 학생이 많아져서 영어교육의 계속적인 발달을 도모하는 데 크게 이바지하지 못했다. 또한 일본의 우민화(愚民化) 정책으로 완전 폐교하게 된 것은 한국의 근대사에서 안타까운 일이 아닐 수 없다.

---

14) 문룡(1976). "구한말의 영어교육고"「영어교육」, 12: 8.

1.2 기독교 계통의 사립학교

앞 절에서는 한미수호통상조약이 체결된 1883년부터 1910년까지 27년 간의 관립영어교육기관에 대해서 고찰해 보았다. 이 기간 중에는 계속하여 사립학교가 설립되었고 1910년 5월 통계에 의하면 각종 사립학교의 수는 2,225개에 달하였으며 그 중에서 종교 계통의 학교는 823개교에 해당되었다. 이 중에서 선교활동을 목적으로 설립한 기독교 계통의 학교는 한국의 영어교육에 공헌한 바가 크다. 한국의 영어교육의 발달에 공헌한 종교계 사립학교의 교육을 학교별로 분류하면 다음과 같다.

1.2.1 배재학당

선교활동을 목적으로 한국에 도착한 아펜젤러(H. G. Appenzeller)가 1885년에 학생 2명으로 수업을 시작한 것이 오늘날의 배재학당의 모체가 되었다. 그 후 1889년에는 학칙을 제정했는데 입학 자격에 제한을 두지 않아서 후에 발전을 기하는 데 많은 도움이 되었다고 평가된다. 초기에는 교사가 외국인 9명, 한국인 6명으로 구성되었다가 1909년 학부의 허가를 받아서 배재고등학당이 개설된 후에는 외국인 8명, 한국인 4명으로 구성되었다. 초기에는 아펜젤러 자신이 영어와 만국역사를 가르치다가 후에는 한문 · 수학 · 물리 등 학과목이 추가되었으나 주요 과목은 영어였다.[15] 교관의 자질이나 철저한 직접교수법 사

15) 이종배(1969), pp. 44-49.

용 면에서 볼 때 육영공원과 비교해 보면 배재학당이 뒤떨어져 있었다. 그럼에도 불구하고 배재학당이 커다란 발전을 이룩한 요인으로는 다음과 같은 사항을 들 수 있다. ① 학생 모집에 제한을 두지 않아서 진취성과 학구 의욕이 있는 청소년을 모집할 수 있었다는 점, ② 학당의 설립자가 미국 선교사여서 외국 세력의 간섭에서 벗어날 수 있었다는 점, ③ 보수적 세력의 저항이 없었다는 점, ④ 관리자의 부패가 없었다는 점. 그 당시 배재학당의 교육과정은 〈표 2〉에서 알 수 있듯이 예비과정과 교양과정부로 나뉘어서 진행되었다.

〈표 2〉 배재학당의 교육과정

배재학당의 교육과정(1889)	
예비과정부 (preparatory department)	1학기: 영어 독본 1권, 한문, 언문
	2학기: 영어 독본 2권, 철자, 한문, 언문
교양과정부 (academic department)	1학년: 영어기초문법, 산수 초보, 독본3권, 4권, 철자, 쓰기 및 노래부르기, 한문, 언문
	2학년: 영문법, 산수, 일반화학, 독본5권, 철자, 번역, 쓰기 및 노래부르기, 한문, 언문
	3학년: 영문법, 영작문, 산수, 한문, 언문, 일반화학, 지식의 계통, 어원학, 미술, 노래부르기

(출처: 권오량 외, 2011: 25)

1.2.2 이화학당

1885년 스크랜턴(M. Scranton) 여사가 선교사로 내한해서 처음으로 학생을 가르치기 시작한 이화학당은 한국의 여성교육 뿐만 아니라 영어교육에도 커다란 공헌을 하였다. 처음에는 스크랜턴 여사 혼자서 교육을 담당했으나 후에는 미국인 선교사 파견을 요청하여 교육선교사 1명과 여의사 1명이 교육을 담당했고 한국인 교사 이경숙[16]도 교육을 담당했다. 초창기의 교육은 초보적인 내용의 영어 · 성경 · 지리 · 산술 등의 과목을 가르쳤으나 주로 찬송가를 배우고 예배를 보는 것이 주요 교육내용이었던 점,[17] 그리고 교수용어가 영어였던 점으로 보아서 영어교육에 중점을 두었다는 사실을 알 수 있으나 영어교육의 목적은 종교교육이었다. 그러나 한국 최초의 여성교육기관인 이화학당이 다른 교육기관에 비해서 초창기에는 영어교육에 커다란 공헌을 하지 못했는데 그 까닭으로 여성교육이 가지는 다음과 같은 문제점들이 지적되었다.① 교육목표가 기독교를 바탕으로 한 "보다 나은 한국인"을 양성하는 데 있었던 점. 이 사실은 다음과 같은 기록에서도

〈그림 4〉 이화학당의 첫번째 건물
(출처: 이화90년사, 1975)

---

16) 이종배(1969), p. 51.
17) 곽덕영(1973), p. 65.

〈그림 5〉 이화학당의 교사와 학생
(출처: 이화90년사, 1975)

찾아 볼 수 있다.[18] "한국 여아를 그들이 생활을 영위해야 하는 조건 밑에서 모범적 주부로 만드는 동시에 그들의 친척과 동료 사이에 기독교 선교사가 되도록 만드는 데 있다." ② 학업을 중도에서 포기하는 학생들이 많았던 점, ③ 보수적 사회에서의 비난 때문에 1907~1910년 사이에 영어교육을 중단했던 점. 이상과 같이 보수적 사회에서 설립된 최초의 여성교육기관이었던 이화학당은 초창기에는 많은 어려움을 겪었으나 그 후에 지속적인 활동의 결과로 한국 교육사에서 영어교육의 측면 뿐만 아니라 교육적인 측면에서도 매우 중요한 역할을 수행하는 기관이 되었다.

18) 이종배(1969), p. 64.

1.2.3 경신학교

1886년 미국인 선교사 언더우드(H. G. Underwood)가 정동에 고아원을 창설하고 곧 이어 학당을 병설했는데 이것이 경신학교의 모체가 되었다. 경신학교는 "언더우드학당", "예수교 학당", "민로아 학당" 등으로 명칭이 바뀌다가 1905년에 중학교를 설립하고 "경신학교"로 명명되었다. 영어교육은 경신학교 시절에 활발해졌다. 그 후 1915년 언더우드는 중앙기독청년회관에서 "대학부"를 개설했는데 이것이 연희전문학교의 모체가 된다.

1.2.4 정신여학교

1886년 여의사 엘러스(A. J. Ellers)가 왕실 · 고관 가족 중의 여자 환자들을 간호할 목적으로 한국 정부의 정식 초청을 받아서 내한하였고 그 다음 해에 정동에 본인의 숙소에 전원 수용하여 숙식을 같이 하는 고아원 성격의 구세학교(救世學校)를 설립했는데 이것이 정신여학교의 모체이다. 초창기에는 성경 · 산술 등을 중심으로 선교사가 한국어가 섞인 영어로 수업을 진행해서 영어교육에 큰 발전을 이룩할 수 있었을 것으로 보이나, 기독교 이념을 체득한 여성 양성에 치중한 교육 목표 때문에 여성에 대한 영어교육은 소홀히 한 것으로 평가된다.

1.2.5 배화학당

1889년 캠벨 여사(J. P. Campbell)가 개교하여 초창기에는 서당식 교육을 실시한 것이 배화학당의 시초이다. 지식있는 신앙인 양성을 목표로 삼고 스스로 영어를 가르치기 시작했는데 사물을 보여 주거나 몸짓, 손짓으로 수업을 진행한 것으로 보아 직접교수법을 사용한 것을 알 수 있다.

1.2.6 Y·M·C·A회관

1903년 기독교청년회가 조직되었는데 이 당시에 한 · 미 · 영 · 중 · 일의 5개국 청년 28명이 "황성기독교청년회"란 이름으로 발족했다. 영어 · 성경을 교과목으로 하여 4년 동안 매일 50분씩 4시간 영어를 가르쳤다고 하니 영어교육이 상당히 집중적으로 진행되었음을 알 수 있다. 교과서는 미국에서 주문을 해서 사용하고 영작문 · 받아쓰기 · 보충교재는 교사가 직접 만든 자료를 사용했다. 그 당시 담당 과목으로

〈그림 6〉 1909년의 서울 YMCA회관
(출처: 김명배, 2006: 288)

는 영문법 · 영어독본 · 회화 · 성경 · 영작문 · 받아쓰기 및 보충교재가 있었으며 교사진은 외국인과 한국인이 있었는데 1명의 교사만 순수한 영어로 수업을 진행했고 한국인 교사들은 한국어를 많이 사용했다.[19]

"영어교육의 도입기"의 한국 영어교육의 특징은 영어를 모국어로 하는 원어민교사에 의해서 진행되었다는 점이다. 이러한 특징적인 환경 속에서 영어를 학습하는 학생들은 영어에 접촉할 수 있는 기회가 많았고, 의사소통 수단으로 영어를 학습하게 되는 결과를 낳았다. 또한 이 시기의 영어교수 방법은 교사들이 학생들의 모국어를 사용하지 않았다는 점에서 문법 · 번역식 교수법에 의존하지 않고, 직접 교수법(Direct Method)나 구두식 교수법(Oral Method)을 활용했다고 볼 수 있다. 육영공원은 영어 교과뿐 아니라 다른 교과들도 모두 영어로 된 교재를 사용했다는 점, 이화학당의 설립자 스크랜턴(Scranton)이나, 배재학당의 설립자 아펜젤러(Appengeller) 등이 영어를 직접 담당했다는 점에서 유추해 볼 때 그 당시 영어교육의 질적 수준이 그 후의 "영어교육 침체기"보다 질적으로 우수했다는 점을 알 수 있다. 이로써 한국의 영어교육은 개화기의 근대문명을 받아들이기 위한 도구로서 시작되어서 현재에 이르기까지 140여 년의 시간 속에서 변화와 개혁을 통해서 지속적인 발전을 거듭하고 있음을 입증하고 있다.

19) 이종배(1969), p. 59.

제2장 일제강점 시기와 영어교육의 침체기

한국에서 근대화 교육이 시작되면서 함께 탄생된 영어교육은 구한말 관립영어교육기관과 기독교 계통의 사립학교에서 영어교육이 실시되었고, 이 시기는 한국의 영어교육이 시작되었다는 점에서 한국 영어교육의 도입기로 그 역사적 의의를 평가할 수 있다. 또한 그 당시에 교관들이 영어의 모국어화자들로 구성되고, 교과서도 미국에서 사용되던 교과서를 직접 사용하고 모국어 사용을 전적으로 배제한 직접교수법을 활용함으로써 비교적 양질의 영어교육이 시작되었던 것으로 평가할 수 있다. 그러나 그 후 일제강점 시기와 미군정 시기를 거치면서 한국의 영어교육은 침체기를 맞이하게 된다. 이번 장에서는 한국의 근대사와 함께 그 역사적 궤를 함께 하는 한국의 영어교육사에서 일제강점 시기와 해방 이후의 긴급조치기, 교수요목 시기를 고찰하고, 그 후 한국의 교육과정이 탄생하는 발전 시기로 연결되는 시대적인 특징을 정리해 보고자 한다.

2.1 일제강점 시기

일제의 황국신민화 정책으로 교육에도 실용주의 정책을 적용하여 한국의 교육은 큰 타격을 받았다. 영어교육의 측면에서 볼 때 구한말에 외국인 교사들이 직접 담당하였던 영어교육이 일제강점기에는 일본인 교사의 손에 넘어가고, 교재도 일본인이 저술한 것만 사용하여 한국의 학생들은 외국어(일어)를 통해 또 다른 외국어(영어)를 학습해야 하는 불편을 겪게 되었다. 따라서 영어교육도 구한말에 비해서 한 걸음 후퇴하였다고 볼 수 있다.

2.1.1 영어교육의 변화

일제강점 시기는 영어교육의 변화 측면과 전체적인 역사적 사건을 기준으로 대체로 4기로 분류할 수 있고 그 내용은 다음과 같이 요약될 수 있다(〈표 11〉 참조). 제1기(1910년~1918년)에는 고등보통학교 교과과정에 영어를 선택과목으로 설정하고 교수용어도 일어로 설정하여, 영어교육의 기회가 대폭 축소되었다. 문화정책을 표방한 제2기(1919년~1927년)에는 영어교육의 기회가 확대되는 듯 했으나, 제3기(1928년~1936년)에는 실과훈련주의를 표방하면서 다시 제1기의 분위기로 복귀되었고 제4기(1937년~1945년)에는 영어의 사용을 금지하여서 한국의 영어교육이 큰 타격을 받게 되었다.

2.1.2 중등학교

한일병탄 전까지는 선교사가 직접 영어를 담당하여 직접교수법이 가능했으나 한일병탄 후에는 미국인 1인에 대한 학생 수가 증대하여 한국인이 영어를 담당하게 되었다. 또한 1915년의 사립학교 규칙에서 교사의 자격을 "일어에 능통한 자"로 규정하여 한국의 영어교육도 점차 일본이 담당하게 되었다. 이런 상황에서 직접교수법은 불가능하게 됨으로 점차로 번역식 교수법으로 변화된다. 그 당시에 일본은 본국의 영어교육에는 매우 세심한 노력을 기울여서 당시 유럽 영어교수법에 있어서 대단한 영향력을 발휘하고 있는 팔머(H. E. Palmer)를 일본 문부성 고문으로 초청했다.[20] 그 후 14년 동안 팔머는 일본에 머물면서 일본의 영어교수법 개선에 많은 공헌을 했다. 일본의 지배를 받고 있던 한국에서도 팔머의 교수법을 도입하려는 노력을 했다. 따라서 한일병탄 후에 점차 번역식 수업으로 기울어져 가던 영어교육이 일제 침략의 말기부터는 팔머의 교수법의 영향을 조금 받았으나 별다른 성과는 거두지 못했다. 일제강점 시기에 일본은 일본이 저술한 교과서와 사전만 사용하도록 강요했는데 조선인이 저술한 각종 교과서만을 판매금지 내지는 회수할 정도로 그 강제성이 컸다.[21] 일본은 교육적인 정열로 수많은 교과서를 저술 · 편찬했다. 그 중에서 널리 사용되었던 교과서는 "Readers"였는데 이 교과서는 주로 미국에서 유학을 했던 사람이나 정규 영어학교를 마친 일본 사람들에 의해서 저술된 것이다. 이들 중에서 미국에서 유학한 한 사람이 "Kanda' Standard English Readers", "Kanda' Crown Readers"를 저술했고, 그 후 개정과 수정을 하여 "The New Crown Readers", "The Revised Crown Readers"로 명칭을 바꾸었는데, 이 교과서가 그 당시에 널리 활용되었고, 이교과서의 특징은 다음과 같다.[22] ① 학습자의 흥미를 고려한 점, ② Daniel Jones 식의 발음기호를 사용한 점, ③ 필기체 연습을 중요시 한 점. 1922년부터 1945년까지 한국의 중등교육의 매주 교수시수표 중에서 외국어를 조사 분석하면 외국어 특히 영어과목의 정규시간이 줄어들고 또한

---

20) A. P. R. Howatt(1984). *A History of English Language Teaching*, Hong Kong: Oxford University Press, p. 230.

21) 함종규(1983), pp. 174-176.

22) 이종배(1969), p. 72.

영어 자체의 중요성도 점차 희박해지고 있음을 알 수 있다.

〈표 3〉 고등보통학교 및 여자고등보통학교의 학과목 및 매주 수업시간표

<table>
<tr><th>학교</th><th colspan="2">과목</th><th>년도</th><th>학년</th><th>1</th><th>2</th><th>3</th><th>4</th><th>5</th></tr>
<tr><td rowspan="2">고등보통학교</td><td colspan="2" rowspan="2">외국어
(영어 · 독어 · 불어 중 택)</td><td>1922~1938</td><td>수업시간</td><td>6</td><td>6</td><td>6</td><td>5</td><td>5</td></tr>
<tr><td>1939~1945</td><td>수업시간</td><td>5</td><td>5</td><td>6</td><td>5</td><td>5</td></tr>
<tr><td rowspan="8">여자고등보통
학교</td><td rowspan="8">외국어
(영어 · 독어 ·
불어 중 택.
1938~1945년
사이에는
중국어도 포함)</td><td rowspan="2">5년제</td><td>1922~1938</td><td>수업시간</td><td>3</td><td>3</td><td>3</td><td>3</td><td>2</td></tr>
<tr><td>1939~1945</td><td>수업시간</td><td>3</td><td>3</td><td>3</td><td>2</td><td>2</td></tr>
<tr><td rowspan="3">4년제</td><td rowspan="2">1922~1938</td><td>학년</td><td>1</td><td>2</td><td>3</td><td>4</td><td></td></tr>
<tr><td>수업시간</td><td>3</td><td>3</td><td>3</td><td>2</td><td></td></tr>
<tr><td>1939~1945</td><td>수업시간</td><td>3</td><td>3</td><td>2</td><td>2</td><td></td></tr>
<tr><td rowspan="3">3년제</td><td rowspan="2">1922~1938</td><td>학년</td><td>1</td><td>2</td><td>3</td><td></td><td></td></tr>
<tr><td>수업시간</td><td>3</td><td>3</td><td>2</td><td></td><td></td></tr>
<tr><td>1939~1945</td><td>수업시간</td><td>3</td><td>2</td><td>2</td><td></td><td></td></tr>
</table>

(출처: 함종규, 1983: 126~128, 167~169; 박경자 외, 2013: 19)

〈표 3〉에서 알 수 있듯이 일제강점 시기의 후반기로 갈수록 외국어 과목에 대한 시간 수가 점차 줄어들고 있다. 이를 통해서 한국의 영어 교육이 침체기에 접어들고 있음을 알 수 있다.

2.1.3 고등교육기관

일제 36년을 통하여 한국에서 대학은 오직 경성제국대학만이 존재했었다. 그러나 이 대학에 입학할 수 있는 자격이 한국인에게는 매우 제한되었으며 영어· 영문학을 전공한 사람은 소수에 지나지 않았다. 그러나 이들은 한국의 영어교육을 위해서 많은 노력을 기울였다. 또

한 일제강점기에 전문학교로 설립된 연희전문학교와 이화여자전문학교도 한국의 영어발달에 많은 공헌을 했다.

1) 경성제국대학의 영어교육

1924년에 경성제국대학이 관제를 정비하고 대학 예과를 설치하고 1926년 본과로 법문학부와 의학부를 설치했다. 이 당시에 실시된 영어과목 현황은 다음 〈표 4〉와 같다.

〈표 4〉 대학 예과(문과)의 교과과정 중 영어과목(1934년)

교과목	과목 내용	학년 및 주당 시수		
영어	독방, 역해, 화방, 작문, 문법	1학년	2학년	3학년
		10	9	9

(출처: 이종배, 1969: 75; 박경자 외, 2013: 20)

〈표 4〉의 주당 시수는 영어를 제1외국어로 채택한 경우이고 영어를 제2외국어로 채택할 경우에는 영어는 주당 4시간이 된다. 당시의 영어교사는 일본인 3명과 영국인 1명으로 구성되어서 영어교육이 완전히 일본인의 손에 넘어갔음을 나타낸다. 경성제국대학의 본과로 설치된 법문학부 중 문학부는 국(일)어국문 전공, 조선어조선문학 전공, 지나(중)어지나문학 전공, 영어영문학 전공으로 구분되어 있었으며 영어영문학 전공의 교과목은 〈표 5〉와 같다.

〈표 5〉 경성제국대학교 문학부 영어영문학 전공 교과목

구분	교과목	단위
문학부 학생의 공통과목	문학개론	1
	영어학개론	1
	철학보통강의 · 심리학보통강의 · 미학 · 미술사보통강의	1
	교육학보통강의	2
영어영문학 전공과목	영어학 · 영문학 보통강의	3
	영어학 · 영문학 특수강의 및 연습	7
	영어	1
	희랍어 · 나전어	1
	독(일)어학 · 국문학	1

(출처: 이종배, 1969: 76-77; 박경자 외, 2013: 20)

일제강점기에 경성제국대학에서 영어영문학을 전공할 수 있었던 한국인은 극히 소수에 지나지 않았으나, 이들이 한국의 영어교육에 지대한 영향력을 행사했다는 점에서 경성제국대학의 역사적 의의를 찾을 수 있다.

2) 연희전문학교의 영어교육

1886년 경신학교를 설립한 언더우드 선교사는 1906년경부터 고등교육기관의 필요성을 절감하여 1915년에 경신학교 대학부를 설립했다. 연희전문학교 교과과정의 변천모습을 통하여 당시의 연희전문학교의 영어교육 내용을 살펴보면 〈표 6〉와 같다.

〈표 6〉 연희전문학교 교과과정 중 영어과목의 변천모습

과목	연도	교과내용	학년 및 시수			
			1학년	2학년	3학년	4학년
영어 · 영문학	1918년	독방 · 회화 · 암통	5	5	5	5
		문법 · 서취 · 작문	3	3	-	-
			-	-	3	3
영어 · 영문학	1924년	독방 · 회화 · 암통	5	5	2	2
		문법 · 서취 · 작문	5	5	3	3
영어	1940년	강독 · 문법 · 서취	6	7	4	4
		작문 · 수사학	2	2	2	2
		음성학 · 회화	3	2	2	2
		영문학 · 영문학사	-	-	3	3

(출처: 이종배, 1969: 78-82; 박경자 외, 2013: 21)

연희전문학교는 일제의 탄압 속에서도 비교적 활발한 연구 활동을 펴 나갔다. 1940년대에 일제는 전문학교에서 군사훈련을 실시하라고 지시하는 등 악랄한 방법으로 한국의 교육을 탄압하였다. 이러한 시대적 상황에도 불구하고 연희전문학교에서는 영어영문학 시간은 각 학년 주당 11시간이 확보되어 있었다. 점차로 미국과 일본의 관계가 악화되자 미국은 한국에 있는 미국인의 귀국을 종용하여 1941년에는 영어를 담당하는 미국인이 연희전문학교에는 1명도 남지 않게 되었다. 그 후 1942년 일본은 학교를 점령하고 연희전문학교를 "공업경영학교"로 개편시켰고 해방이 될 때까지 한국의 고등교육은 암흑 상태에 놓이게 되었다.

3) 이화여자전문학교

이화여자전문학교가 정식 허가를 받고 승격되기 이전에 이화학당 대학과로 불리던 시기가 있었다. 이화학당 대학과는 이화학당의 프라이(Miss Lulu Emma Frey)라는 제4대 학당장이 고등교육기관이 필요하다고 판단하여 15명의 학생을 상대로 1910년에 강의를 시작했다. 그 당시에는 학당장을 필두로 미국인 여교수 6명과 한국인 여교수 1명이 강의를 맡았고 1913년에는 일본인 강사 3명이 추가되어 일어를 담당하였다. 교과목은 일반교양을 위한 것이었으나 영어와 음악교육에 중점을 두었고 교수 용어는 원칙적으로 영어를 사용하였다.

이화학당 대학과를 대학으로 승격시키려는 모든 노력은 허사로 돌아가고 1925년에 이화여자전문학교로 정식허가를 받았다. 전문학교가 되면서 전공학과를 명확하게 구분했는데, 우선 문과와 음악과 두 개의 과로 크게 구분하고 문과는 예과 1년과 본과 4년으로, 음악과는 예과 1년과 본과 3년으로 구분했다. 그런데 선교사들 사이에서는 문과를 영문과로 기록했던 점을 미루어보아 영문과의 비중이 대단히 컸음을 알 수 있다.

이화여자전문학교의 교과과정은 그 내용에 있어서 교과목의 다양함과 학습활동의 다양함으로 영어교육의 수준이 상당히 높다는 것을 알 수 있다. 영어연극강좌도 개설되어 1942년까지 매년 1회씩 졸업한 학생들의 영어연극공연이 있었고 1930년 경부터는 〈The Ewha College News Sheet〉와 〈The Ewha College Girl〉란 제목의 영자 간행물이 발행되었고 1931년에는 영화관(English Practice House)을 건립하여 일상생활을 통하여 영어 · 영문학에 접근할 수 있도록 했다. 다음

〈표 7〉은 이화여자전문학교의 영어 · 영문학 교과과정 변천모습을 정리한 것이다.

〈표 7〉 이화여자전문학교의 영어 · 영문학 교과과정 변천모습

연도	1925년	1930년	1936년
영어 · 영문학	영문학〉 영문학강독 영문학입문 영문학 영희곡 영어〉 영문법 · 영작문 문법 작문 영문기사작성 회화 교수법	독본 영문학입문 영문학 연극 영작 영문법 회화 역어(일어로) 역어(조선어로) 문법 작문 신문학(영어) 언어학습 심리학	강독 해역 문법 작문 회화 영문법 영문학사

(출처: 이종배, 1969: 86-92; 박경자 외, 2013: 22)

그 후 1941년에는 영어사용금지령이 내려지고 1943년에는 문과를 국(일)문과로 개편하고 이화여자전문학교를 전시임시교육령에 의하여 "이화여자전문학교 여자청년양성소 지도자 양성과"로 바꾸어서 해방될 때까지 교육기관의 기능이 정지당한다.

2.2 교수요목 시기

해방 직후 사회 혼란을 수습하고 사회 질서를 수립하기 위한 군사조치가 이루어졌다. 이 시기를 긴급조치기(1945. 8~1946. 9)라고 규정

하는데, 긴급조치기에 정해진 교과 편제와 시간표는 발표된 지 1년 후에 다시 수정되었으며, 이에 따라서 교수요목이 제정되었다. 교수요목이란 체계적인 교육과정이 수립되기 이전에 교과의 지도내용을 상세히 기록한 문서이다. 일제강점기에서 벗어나 제1차 교육과정이 제정되기 이전 시기까지 미군정하에서 임시교수요목이 결정되고 그 내용에 따라서 영어교육이 진행되었다. 교수요목 시기는 영어교육 침체기에서 영어교육 발전기로 인도하는 과도기의 역할을 수행하기 때문에 한국 영어교육사에서 매우 중요한 위치를 차지하고 있다.

교수요목 시기 교육과정의 일반적인 특징은 다음과 같이 정리될 수 있다(권오량 외, 2010: 61). 첫째는 교과의 지도내용을 상세하게 표시하고, 기초 능력을 기르는 데 주력하였으며, 둘째는 교과는 분과주의를 채택하여 체계적인 지도와 지력을 기르는 데 중점을 두었고, 셋째는 우리나라의 교육이념인 홍익인간의 정신에 입각하여 애국애족의 교육을 강조하고 일제의 잔재를 없애고자 노력하였다.

2.2.1 교과서와 수업시간표

그 당시에는 학습 자료의 부족으로 국어와 국사를 제외한 다른 교과는 내용이 빈약해서 교사가 준비한 등사물이나 판서에 많이 의지했다. 영어과목의 경우는 뚜렷한 교과과정이나 교재가 마련되지 못했기 때문에 일본이 편찬한 교재를 그대로 사용하여 일본의 영향을 해소하지 못했다.

2.2.2 영어과 교수요목의 내용

이 시기의 영어과 교수요목의 특징은 역사적인 시기나 특징으로 보아서 구체적인 교육과정의 내용이 제시되지 않은 상태이다. 그 내용을 항목별로 간단하게 요약하면 다음과 같다.

1) 교수 요지

영어를 이해하고 활용할 기초실력을 양성하여, 외국에 관한 식견을 넓히고, 우리 문화의 발전을 기함

2) 교수 방침

① 이해와 발표가 가능하도록 영어를 활용시킴으로써 회화력과 작문력을 양성함

② 번역, 문법 등을 통하여 독해력을 증진함

③ 발음, 맞춤법, 어법 등에 유의하게 하여 회화에 대한 상식을 얻게 함

④ 평이한 영어에서 셰익스피어(Shakespeare) 시대까지의 문장으로 정독에서 다독을 흥미, 교양, 실용의 가치를 항상 염두에 두고 지도할 것

3) 교수 사항교수

교수요목 시기의 수업 시간 수는 다음과 같다.

① 초등학교 제1학년 약 150시간(매주 5시간) (1년간 약 30주로 계산) 초급중학 제2학년 위와 같음, 초급중학 제3학년 위와 같음

② 고급 중학 제1학년 약 90시간(매주 3시간), 150시간(매주 5시간), 240시간(매주 8시간) 고급 중학 제2학년 위와 같음, 고급 중학 제3학

년 위와 같음

4) 교수 상의 주의사항

① 구어(口語)영어 사용을 권장함

② 자모, 만국음표문자, 로마자표기법, 습자 등은 제1학년에서 완전히 학습시킴

③ 번역, 문법, 작문, 회화, 발음 등은 초급에서 종합적으로 교수함

④ 독해에서는 문학과 어학 양면 지도를 병행하여 번역, 감상, 비평, 직해, 직독, 문법적 해석 등의 실력을 양성함. 고급 수준에서는 대표적 작품과 함께 과학영어, 상업영어 등을 교재로 사용하고, 가능한 한 영어를 영어로 해석함

⑤ 문법을 초급 수준에서는 번역, 작문, 회화 등을 통하여 교수하고, 고급 수준에서는 계통적으로 지도함. 고급중학 제2학년에서 중급 정도 문법을 완료함

⑥ 작문은 국문영역 이외에 기독교 교재 내용 요약, 자유영작문 등도 지도함. 단문에서 장문으로 직역에서 의역으로 발전을 유도함

⑦ 일상영어(회화체, 일기, 편지 따위), 시사영어(신문, 잡지 따위), 풍물 등도 지도함

⑧ 간단한 영어토론, 연설, 극 등을 연습시킴

⑨ 암송, 받아쓰기, 듣기 등을 수시로 과제로 부과함

⑩ 음독(Chorus reading)을 장려함

임시 교수요목 시기의 영어교육의 특징은 다음의 몇 가지로 요약 정리될 수 있다. 첫째는 구어 영어 사용을 권장하였다는 점이다. 이 점

은 의사소통 중심의 영어교육을 지향하는 우리나라 영어교육의 목표가 이 시기부터 그 토대를 형성했다고 평가할 수 있다. 둘째는 독해 교육을 강조한 점이다. 독해 교육에서 문학과 어학 양면 지도를 병행한다는 점과, 평이한 영어에서 셰익스피어 시대까지 다양한 문장을 다독하고 지도하게 함으로써 독해 내용이 상당히 고급수준에 이르고 있음을 알 수 있다. 또한 고급 수준의 독해 내용에서 과학 영어, 상업영어 등을 교재로 사용하여 독해 지도의 범위가 상당히 확대되었음을 알 수 있다. 넷째는 문법 지도 내용도 초급에는 단순한 내용을 지도하나 고급단계에서는 계통적인 내용을 지도하고 어형론보다는 문장 구성법에 치중함을 강조하여 이전의 문법 지도 내용보다 체계적이고, 문장의 범주를 벗어나는 단계의 문법을 지도하는 것을 목표로 설정함을 알 수 있다. 다섯째는 일상영어, 시사영어, 풍물, 영어토론, 연설, 극 등을 지도하는 내용을 강조하여 이 시기의 영어교육 내용이 매우 다양하고 실용적인 측면을 포함하고 있음을 알 수 있다.

교수요목 시기의 영어교육은 일제강점기와는 달리 국어를 통하여 영어를 학습하며, 학습목표에 있어서 외국어 사용국의 문화를 이해하는 측면을 한국의 영어교육사에서 최초로 포함했다는 점 등을 그 특징으로 꼽을 수 있다.

이번 장에서는 한일병탄 이후에 한국에서 실시된 영어교육의 특징을 일제강점 시기, 긴급조치기, 교수요목 시기로 구분하여서 고찰하였다. 구한말 근대식 교육기관의 수립과 더불어 시작된 한국의 영어교육 도입기에는 영어를 모국어로 구사하는 교사들이 영어를 통한 교육을 실시하여, 양질의 영어교육이 이루어졌다고 평가할 수 있다. 그 후 일제강점 시기에는 일어를 통한 영어교육이 진행되어서 영어교육의 도입기에서 한발 후퇴한 영어교육의 침체기를 맞이하게 된다.

그러나 이러한 침체 시기도 대한민국 정부가 수립되면서 긴급조치기, 교수요목 시기를 거쳐서, 한국의 교육과정이 공식적으로 제정 · 공포되는 영어교육의 발전기를 맞이하게 된다. 따라서 이 시기는 영어교육의 도입기를 교육과정의 발전기로 연결시켜 주는 가교역할을 수행한 것으로 그 역사적 의의를 평가받을 수 있다.

제3장 영어교육의 발전기

한국의 영어과 교육과정은 임시 교수요목 시기를 거쳐서 1949년에 한국 최초의 교육법이 제정, 공포되면서 교육과정이 수립되는 시기를 맞이한다. 이번 장에서는 한국에서 영어과 교육과정이 수립되고 발전한 내용을 제1차 교육과정시기부터 제5차 교육과정시기까지 각 시기별 교육과정의 특징을 전반적으로 개관한다. 제1차~제5차 교육과정 시기의 개괄적인 이해를 토대로 초등학교, 중학교, 고등학교 영어과 교육과정의 특징을 교육목표, 학년별 교육목표, 지도내용을 중심으로 시기별로 정리하여 비교하고자 한다. 우리나라 교육과정이 발전하는 과정의 시대적 배경은 크게 두 단계로 구분될 수 있다. 첫째는 제1차~제5차 교육과정 시기에 해당되는 1950년대~1980년대인데, 이 시기는 우리나라가 농업국가에서 산업국가로 발전하게 되는 경제개발기로 특징지을 수 있다. 또한 이 시기는 4 · 19와 5 · 16이라는 사회적으로 커다란 변화를 겪는 시기에 해당된다. 이때 한국은 빠른 경제개발을 이룩하면서 사회의 각 부분에서 변화가 일어나고, 이 변화가 각 시기별 교육과정의 내용 속에 수용되는 특징을 발견하게 된다.

두 번째 단계는 1980대에 86 아시안게임과 88 올림픽을 치루면서 GDP 성장과 수출의 급팽창을 경험하게 되는 1990년대 이후이다. 1996년에 한국은 경제개발협력기구(OECD; Organization for Economic Cooperation and Development)에 가입하게 됨으로써 세계사 속에서 한국의 위상은 OECD 가입 이전보다 훨씬 높은 위치를 점하게 되었다. 이 시기는 한국의 제6차~제7차 교육과정에 해당되며, 경제

개발과 해외여행자유화 등으로 영어교육의 내용면에서도 많은 변화가 일어나게 되는 개혁기를 거치게 된다. 다음에서는 제1차~제5차 교육과정이 제정되어서 적용되게 되는 시대적인 배경과 일반적인 특징을 각 교육과정 시기별로 고찰해보고자 한다.

3.1 제1차 교육과정(1954. 4~1963. 1)

1949년에 한국에서 최초로 교육법이 법률 제86호로 제정 공포된 후에 1954년에는 "초 · 중 · 고등학교 · 사범학교 교육과정 시간배당기준령"이 발표되고 1955년에는 "초 · 중 · 고등학교 교과과정"이 처음으로 제정되었다.

이 시기의 영어교과서는 교육법이 제정한 바에 의해서 초등학교는 국정을 원칙으로 정하고, 중 · 고등학교는 국정 및 검 · 인정 교과서와 인정교과서를 병용하도록 했는데 1955년부터 새 교육과정에 따라서 교과서의 전면적인 개편이 이루어졌고 교과용 도서 검 · 인정도 1955년에 시작되었다. 이 시기의 교육과정은 "교과중심"을 표방하였으나 실제적으로는 "생활중심"을 지향하고 있다. 이 사실은 다음과 같은 교과서의 특징에서 발견할 수 있다. 첫째, 계통적 학습을 중심으로 하던 종래의 학습의 배열을 버리고 생활중심의 단원학습으로 배열하였다. 둘째, 이전의 소단원제를 버리고 대단원제를 채택하여 학습의 생활화와 학습의 효과를 가져오게 하였다. 셋째, 지식과 암기를 강요하는 주입식 학습을 피하고 학생의 생활과 경험을 토대로 이해와 기능 및 태도를 기르는 방향으로 전환하였다. 넷째, 아동의 흥미를 중심으로 작업 단원을 많이 설정하고, 작업을 통하여 학습자가 능동적으로 자신의 생활경험을 심화 · 확충하는 방향으로 개선하였다(권오량 외, 2011: 74).

그 당시에 제정된 중 · 고등학교 영어과목 시간배당에 대한 사항은 〈표 8〉에서 찾아볼 수 있다.

〈표 8〉 1955년의 교과과정 중 중 · 고등학교 영어과목 시간배당 기준표

<table>
<tr><th>구분</th><th>교과목</th><th></th><th>1학년</th><th>2학년</th><th>3학년</th><th>교육내용</th></tr>
<tr><td>중학교</td><td rowspan="5">선택 과목</td><td>영어</td><td>3~5</td><td>3~5</td><td>3~5</td><td></td></tr>
<tr><td rowspan="4">고등 학교</td><td>영어</td><td>3~5</td><td>3~5</td><td>3~5</td><td rowspan="4">4가지 언어 중에서 1~2 과목을 선택하되, 문장 문법에 대한 기초능력, 회화능력 및 각국의 문화를 이해하는 능력을 기른다.</td></tr>
<tr><td>독일어</td><td>3~5</td><td>3~5</td><td>3~5</td></tr>
<tr><td>불어</td><td>3~5</td><td>3~5</td><td>3~5</td></tr>
<tr><td>중국어</td><td>3~5</td><td>3~5</td><td>3~5</td></tr>
</table>

(출처: 함종규, 1983: 234-237; 박경자 외, 2013: 29)

3.2 제2차 교육과정(1963. 2~1973. 1)

1955년에 제정된 교과과정은 한국 최초의 교과과정으로서 검인정 교과서의 사용을 지정한 점을 내용의 주요 골자로 설정하고 있다. 그러나 그 당시 전쟁과 휴전 직후라는 비정상적인 상황으로 인해서, 한국 고유의 교육목표가 충분히 달성되지 못하고 단편적 지식의 주입으로 흘러서 학력 저하를 초래하는 결과를 빚었다. 이와 같은 상황에서 1963년에 교과과정이 개정되었다.

김영서(2009: 133)에 따르면 제2차 교육과정의 일반적인 특징을 다음과 같이 정리할 수 있다. 첫째로 주당 배당 시수는 1학년 4시간, 2학년 2~5시간, 3학년 2~5시간씩 연간 35주로 하였으며 지도어휘 수는 1

학년 300~400(350), 2학년 350~450(400), 3학년 400~600 등으로 하여 총 1,050~1,450(1,250) 낱말로 정하고, 지도상의 유의점을 통하여 학습 목표의 종합적 달성을 강조하고, 듣기와 말하기의 구두 훈련을 중시하여 의사소통을 위한 학습활동을 위주로 학습지도가 이루어지도록 하였다.

둘째로 제2차 교육과정은 논리적이고 간결하게 체계적으로 구성된 것이 가장 큰 특징이지만, 교육과정이 지나치게 교육학적 일반론에 치우쳐 언어 기능 교육을 위한 상세한 배려가 부족하다는 비판을 받게 되어 후에 미비점을 보완해야만 했다.

셋째로 교육 평가의 측면에서 유의해야 할 점을 명시한 것도 제2차 교육과정의 큰 특징이다. 이 시기에는 주로 미국의 후기 과정중심주의 교육사조인 사회중심 교육과정의 영향을 받아서 학교에서 사회문제를 다룸으로써 교육 내용을 사회의 필요와 관련시키는 지역사회 학교의 이론도 부분적으로 반영한 것이기도 하다.

이전의 교과과정 내용과 가장 두드러지는 차이점은 영어과목을 영어 Ⅰ·Ⅱ로 구분했고 고등학교의 학습지도계획은 단위제에 의거하여 〈표 9〉에 나타나는 고등학교 시간배당표는 고등학교 3년간 이수해야 할 총 단위를 나타내며 수업일수는 연간 36주를 기준으로 하여 1단위는 50분을 단위시간으로 하여 한 학기동안 18단위 시간을 이수함을 뜻한다.

이 시기의 교육과정은 정치적으로 4 · 19 혁명, 5 · 16 군사혁명이라는 시대적 사건들이 발생하여 정치 · 사회적으로 변화가 있었던 시기였다. 사회적 안정과 경제 개발을 달성하기 위하여 자주적이고 능률적인 새 인간상을 정립하기 위하여 합리적 사고가 강조되고, 이러한 정치 · 사회적 변화 요구가 새로운 교육과정 내용에 반영되어 나타난 것이 제2차 교육과정의 특징이라고 평가할 수 있다.

〈표 9〉 1963년의 교육과정 중 중학교 · 고등학교 시간배정 기준표

<table>
<tr><th>학교</th><th colspan="2">교과목</th><th colspan="3">구분</th><th>교육내용</th></tr>
<tr><td rowspan="2">중학교</td><td colspan="2" rowspan="2">영어</td><td>1학년</td><td>2학년</td><td>3학년</td><td></td></tr>
<tr><td>3~5</td><td>3~5</td><td>3~5</td><td></td></tr>
<tr><td rowspan="2">고등
학교</td><td rowspan="2">외국어</td><td rowspan="2">영어Ⅰ
영어Ⅱ
독일어
불어</td><td>인문
과정</td><td>자연
과정</td><td>직업
과정</td><td rowspan="2">① 외국인들이 일상생활에서 사용하는 언어를 듣고 말하는 능력을 기른다.
② 외국어의 기본적 어법을 습득시켜 읽고, 쓰는 능력을 기른다.
③ 외국어를 통하여 한국의 문화를 소개하는 기초적인 능력을 기른다.
④ 외국인에 대한 이해를 증진시켜 국제적 협조심과 사물에 대한 식견과 판단력을 심화 · 확충시킨다.</td></tr>
<tr><td>외국어
4과목 중
1~2 과목
선택
30단위</td><td>인문
과정과
동일</td><td>영어Ⅰ
18단위</td></tr>
</table>

(출처: 대한교육협회편, 1969, "교육과정"(서울): 119, 137-139; 박경자 외. 2013: 31)

3.3 제3차 교육과정(1973. 2~1981. 11)

한국이 1960년대에 다양한 사회적 변화를 겪으면서 1963년에 개정된 교육과정이 많은 문제점을 노출한다. 1973년부터 1976년 사이에 초 · 중 · 고등학교 교육과정을 개정 · 공표했으며 1977년에 다시 개정령을 공포했다. 지금까지의 경험중심의 교육과정만으로는 폭발적인 지식 증가의 급격한 사회변동에 대비할 수 없으므로 교과의 핵심인

지식의 구조를 학습하고자 하는 학문 중심의 교육사조가 우리나라에도 널리 퍼지게 되었다. 또한 국가적으로는 새마을운동, 유신과업의 수행, 국적 있는 교육의 강조 등으로 또 다시 교육과정 개편이 이루어지게 되었다.

문교부는 1971년부터 연차적으로 각급 학교의 교육과정을 개편하여 1973년 2월에 초등학교 교육과정, 8월에 중학교 교육과정을 공포하고, 1974년에 고등학교 교육과정을 공포하기에 이른다. 이 시기 교육과정의 특징은 그 동안의 '반공 · 도덕'을 '도덕'으로 교과 명칭을 변경하고, 도덕과목이 고교 입시에도 출제되기 시작했다는 점을 들 수 있다.

1977년의 교육과정에서 나타난 중 · 고등학교의 외국어과 및 영어과의 학습내용은 1963년의 교육과정과 커다란 차이점은 없으나 듣기 · 읽기 · 말하기 · 쓰기의 종합적인 어학능력과 사용능력을 통하여 국제적 활동의 토대를 마련하는 것을 강조하는 점이 그 특징이다. 제3차 교육과정에서 제시된 영어교육의 내용은 다음과 같다(김영서, 2009: 137).

주당 배당시간은 1학년 4시간, 2학년 2~5시간, 3학년 2~5시간 등이다. 어휘지도 량은 1학년 300~350, 2학년 350~400, 3학년 400~450개의 어휘로 구성되었다. 권위 있는 어휘표와 선행연구를 통하여 쉽고 빈도수가 높은 765개의 필수어휘를 최초로 교육과정에 제시한 점이 눈에 띈다. 그리고 어휘재료에 문형, 문법 사항란을 신설하여 각 학년 별로 다루어야 할 문법 사항을 제시하여 문법 중심 교수요목의 체계를 갖추었다. 그리고 학습 내용으로 제시되는 단일문장의 길이를 1학년은 10개 단어, 2학년은 15개 단어, 3학년은 20개 단어 이내로 제한했다.

제3차 교육과정에서 교과 목표나 지도 내용 및 지도상의 유의점은 언어의 기능적 측면을 강조하려고 듣기 · 말하기 · 읽기 · 쓰기의 통합적 언어 기능 신장을 강조했지만 실제로는 새로 도입된 문형, 문법 사항과 필수어휘표 및 제시문장의 어휘 제한 등으로 인하여 중학교에서의 영어교육이 오히려 문법 중심의 수업으로 일관하게 되었고, 교재의 제약으로 인하여 살아 있는 생활영어를 가르칠 수 없게 되었다는 비판을 받게 되었다.

3.4 제4차 교육과정(1981. 12~1987. 2)

제4차 교육과정이 진행된 시기는 1981년부터 1987년까지이다. 이 시기는 정치·사회적으로 유신헌법의 폐지, 제5공화국의 출범 등 커다란 변혁을 맞이했던 기간이었다. 이 시기에 발생했던 교육 측면에서의 변화 과정 중에는 과외금지조치, 고교 내신성적을 대학 입시에 반영하기로 한 정책 등이 포함된다. 따라서 중 · 고등학교의 교육내용, 각 교과의 시간배정, 수업방법, 평가방법 등 모든 면에서 변혁이 시도되었다.

제4차 교육과정은 제3차 교육과정의 문제점을 보완하고 보다 한국의 교육상황에 적합한 교육과정을 개발하고 교육개혁을 단행하기 위하여 교육부는 각 급 학교별 교육과정을 "한국교육개발원"에 위촉하여 1978년부터 개정을 위한 연구 작업에 착수하여 탄생된 교육과정이다. 새 교육과정은 1981년 12월 31일에 고시되었다. 1982학년도에는 초등학교 1, 2, 3학년에, 1983년도부터는 4, 5, 6학년에 그리고 중 · 고등학교에는 1984년도부터 새로운 교과과정을 적용하였다.

김영서(2009: 139)는 제4차 교육과정의 특징을 이전의 교육과정과 비교하여 다음과 같은 몇 가지로 제시하고 있다. 첫째로 제4차 교육과정은 우리나라의 특수성을 고려하면서도 교육을 통해 양성하고자 하는 인간성을 명시하고 도덕성을 중시한 특징을 지니고 있다. 이것은 당시의 인본주의 교육의 영향을 받은 것이라고 할 수 있다.

둘째로 당시의 국정지표가 국제화 · 개방화이었기 때문에 이러한 국정지표를 토대로 영어과 교육과정도 실용적인 생활영어 구사력을 최대한으로 신장시키려는 방향으로 언어의 네 가지 기능을 고루 신장시키려는 목표로 교육과정 내용이 구성되었다. 주당 시간 배당 수는 1학년 4시간, 2학년 3~5시간, 3학년 3~5시간으로 종래의 2, 3학년의 2~5시간의 하한선을 상향 조정한 것이다. 각 학년별 지도 어휘 수는 1학년 300 내외, 2학년 350 내외, 3학년 400 내외로 종전보다 다소 축소 조정되었다.

셋째로 영어 교과의 지도 방법이 의사소통 능력 신장에 기여할 수 있도록 변화되었다. 따라서 이전의 영 · 미 어의 구별, 문장 내의 사용 어휘 수의 제한, 발음부호 지도 등의 제약 요소를 제거하였다.

넷째로 교과 지도의 효과가 평가 방법에 크게 좌우되고 입시경쟁이 치열해지자 평가 상의 유의점을 신설하고, 언어의 4개 기능을 고루 평가하도록 강조했다. 따라서 그 동안의 인쇄된 시험지에 의한 평가의 한계성을 감안하여 다양한 형식과 방법에 의한 의사소통능력을 측정할 수 있도록 평가방법이 고안되었다.

3.5 제5차 교육과정(1987. 3~1992. 10)

제5차 교육과정은 의사소통 중심 교육을 강조하는 교육과정으로 전환된 것을 가장 큰 특징으로 찾을 수 있다. 교육과정이 이렇게 의사소통 중심으로 전환된 데는 다음과 같은 사회적 요인이 중요한 변수로 작용하였다. 1960년대부터 경제 개발을 시작하여 30여 년간 꾸준히 경제 성장을 이룩한 한국은 농업국가에서 완전한 산업사회로 발전하였고, 그 발전의 결과로서 1986년 아시안게임, 1988년 올림픽 등을 서울에서 개최하는 단계까지 올라섰다. 이러한 국가적인 행사는 국민 전체에게 국제화 시대에 영어 의사소통 능력의 필요성을 자각하게 되는 계기도 되었던 것이다. 또한 올림픽 개최 후 "해외여행 자유화" 조치도 이루어져서 한국인들이 해외로 자유롭게 나갈 수 있게 되어서 이제는 학생뿐만 아니라 일반인들까지도 영어 구사력을 향상시켜야 한다는 욕구가 팽창하게 되었던 것이다.

제5차 교육과정에 나타난 영어과목 특징은 다음과 같다(김영서, 2009: 142). 첫째로 제5차 교육과정은 의사소통 능력 신장을 위해서 외국어교육에 대한 연구결과를 토대로 제정되었다. 영어 교과의 경우 언어용법(language usage)보다는 언어사용(language use)에 초점을 두고 사회문화적 담화 규칙을 강조하고, 언어사용의 규칙을 무시한 문법규칙보다는 실제적인 언어사용능력을 언어능력으로 정의한다는 관점에서 교육과정을 편성하였다.

둘째로 영어교육의 초점이 과거 문장 중심에서 담화(discourse) 중심으로 옮겨 가고, 의미의 전달을 중요시함으로써 정확성 위주의 교육에서 유창성 위주의 교육으로 전환하고 있다.

셋째로 언어의 정확성을 지나치게 강조하면 문어적 표현이 지배적으로 되고 학생이 긴장하여 스스로 표현해 보려는 의욕을 상실하여 학생 위주의 수업이 되지 못하므로, 어린이가 모국어 습득과정에서 보여주는 중간언어(interlanguage)의 존재를 인정함으로써 정확성에 바탕을 둔 영어 교육이 영어 구사력에 경직성을 가져오는 것을 막고, 예측할 수 없는 언어 상황에 즉각적으로 대처할 수 있는 유연성을 기르도록 하였다.

영어교과의 경우는 제4차 교육과정의 기본방향을 그대로 지속하여 듣기 · 말하기 · 읽기 · 쓰기의 기초 능력을 신장하여 대화 능력을 기반으로 부분적인 보완 개정에 초점을 맞췄다. 그러나 세계화 시대를 맞이하여 한국의 경제적인 능력 발달에 걸맞는 의사소통 능력을 강조한 영어교육을 강조하여 교육과정이 개편되었다는 점이 제5차 교육과정의 가장 큰 의의라고 정의할 수 있다.

제4장 1990년대 이후 영어교육의 개혁기

한국의 영어과 교육과정 발전사를 고찰해 볼 때 1990년대 이후 한국의 국제적인 위상의 제고와 더불어 영어과 교육과정에서도 시대적 요구를 반영하여 여러 가지 변혁의 특징들을 수용하게 되었다는 점을 발견할 수 있다. 특히 제6차 교육과정 시기부터는 학생 중심의 교육과정, 학습자의 개별성을 강조하는 교육과정, 의사소통 능력을 배양하는 교육과정, 음성언어를 강조하는 교육과정 등을 기본적인 철학으로 표방하게 되었다. 이러한 교육과정 개혁의 기본 철학은 과정중심주의 교육철학과 그 근본적인 정신과 맥을 같이 하고 있다고 평가된다.

제6차 교육과정 시기 중에는 한국이 OECD 회원국에 가입하게 되면서, 국제화 시대에 맞는 영어의 구사력 배양이 영어교육의 목표로 더욱 선명하게 부각되고, 아울러 영어과 교육과정에서도 문법 중심 교수요목에서 의사소통 중심 교수요목으로 탈바꿈하는 일대 전환점을 맞이하게 된다. 제7차 교육과정에서는 제6차 교육과정의 개혁의 분위기를 몰아서 학생들의 학습 능력을 강조하는 수준별, 학생 중심 교육과정으로 전환하는 발전사를 거치게 된다. 그 후 한국의 교육과정은 수시 개정의 원칙에 의거하여, 2007년, 2009년, 2015년 개정을 하게 되었으며, 이번 절에서는 각 교육과정의 시대적 배경 및 영어교육의 특징을 논의한다. 아울러 제4차 산업혁명으로 비롯되어 인공지능, 로봇산업, 사물인터넷 등의 기술력이 인간 삶의 모든 영역에서 질적인 변화를 초래하는 미래의 교육 현실을 고려할 때, 우리나라의 영어과 교육과정이 어떠한 방향으로 설계되어야 하는 가에 대해서도 고찰해

보고자 한다.

4.1 제6차 교육과정(1992. 11~1997. 2)

경제개발 시기에 해당하는 1980년대에는 86 아시안게임과 88 올림픽 등을 거치면서 GDP 성장과 수출의 급팽창 등을 경험하면서 한국인들은 자신감을 회복하고 세계여행, 유학 등 해외 나들이가 급격히 많아졌다. 이러한 경제 · 사회적인 변화를 수용하기 위해서 2001년 3월 29일 인천국제공항이 개항되었다. 또한 수출을 통한 흑자무역과 국력은 세계의 주목을 받으면서 지속적으로 성장하였고, 이 과정에서 한국은 1996년 11월 26일 경제협력개발기구(OECD, Organization for Economic Cooperation and Development)에 가입하기에 이르렀고 이러한 시대적 배경을 배경으로 제6차 교육과정이 제정되었다.

"제6차 교육과정 영어과 개정 시안(1992)"에 의하면, 제6차 교육과정은 ① 학습자 중심의 영어교육, ② 과정 지향적인 영어교육, ③ 적합성과 타당성 있는 영어교육, ④교양적 가치와 실용성이 존중되는 영어교육, ⑤ 국가발전과 국제사회에 기여하는 영어교육을 달성한다는 다섯 가지 기본방향을 영어과 교육과정의 중점 사항으로 설정하였다.

또한 아래의 다섯 가지 개정원칙에 따라서 교육과정이 개정되었다. 첫째는 학생들의 요구를 반영한다. 제6차 교육과정의 개정에서는 영어교육에 접근하는 기본방향을 학습자 중심으로 전환하였다.

둘째는 인간의 발달과정을 중시한다. 제6차 교육과정은 교과의 목표를 지향하는 교육이 아니고, 인간적인 성장과 언어 습득 및 발달과정을 중시하는 과정지향적인 영어교육으로 전환하였다. 이에 대한 세부적인 내용 중에서 대표적인 내용은 다음과 같다.

– "인간화"과정으로서의 영어교육을 강조한다.

– 언어습득 원리에 따라서 이해와 표현이 가능하도록 언어 기능을 이해 기능과 표현 기능으로 양분하여 통합적으로 진술한다.

– 학생들이 습득해야 할 의사소통 기능의 순서는 이해 - 적용 - 종합의 단계이므로 초보 학습자들에게는 이해 기능의 습득을 강조하고, 상급 학습자들에게는 표현 기능에 역점을 둔다.

셋째는 의사소통 중심의 교수요목을 도입한다. 구조주의적 접근에서 기능 - 의미 중심의 교수요목으로 전환할 수 있는 기틀을 마련하였다. 기능 - 의미 중심의 교수요목을 주축으로 하고 구조주의적 접근을 부수적으로 하여 교육과정 내용을 개정하고, 문법적 용어 해설과 문법 내용의 암기식 영어교육을 탈피하도록 교육과정의 진술에서 문법 용어를 의도적으로 사용하지 않도록 하였다. 의사소통 능력을 신장시킬 수 있도록 "문법"에 대한 항목을 "의사소통 기능과 예시문"으로 대치하고, 문형과 문장구조, 문법 등에 대한 사항을 참조할 수 있도록 하였다.

넷째는 실용성 우선의 내용과 방법을 도입한다. 영어과 교육과정의 교양적 측면과 실용적 측면을 조화롭게 강조하기 위해서 제6차 교육과정에서는 내용체계를 언어 기능과 의사소통 기능 및 언어 재료로 구분하고 언어 기능과 의사소통 기능이 소재와 내용에 포함되도록 하고 이해 기능과 표현 기능, 의사소통 기능을 배양하는 데 역점을 두어서 영어교육을 지도하도록 강조하였다.

다섯째는 국가발전과 국제사회에 기여한다. 제6차 교육과정은 국가와 사회의 필요성을 반영하도록 외국문물의 도입, 민족문화의 발전, 국력의 강화, 국제외교 관계의 개선에 따른 문물 교류의 증대, 자주 정신에 기반에 둔 국제협력 등에 기여할 수 있도록 역점을 두었다.

이상의 교육과정 기본방향을 고려해 볼 때 제6차 교육과정이 이전의 교육과정과 비교하여 다음과 같은 점에서 본질적으로 차이가 있다고 볼 수 있다. 즉, "발달과정을 중시하여 언어 기능을 이해 기능과 표현 기능으로 구분하여, 초보 학습자들에게는 이해 기능을, 상급 학습자들에게는 표현 기능을 강조한 점" "기능 · 의미 중심의 교수요목을 주축으로 하고 구조주의 교수요목을 부수적으로 하는 의사소통 중심의 교수요목 도입"이다.

즉, 기능 · 의미 중심의 교수요목을 도입하여 의사소통 기능을 제시하고 언어 기능을 이해 기능과 표현 기능으로 분류한 점이 제6차 교육과정의 가장 큰 특징이다. 이 두 가지 특징의 구체적인 내용은 다음과 같이 요약될 수 있다.

1) "의사소통 기능" 항목 제시: 제6차 교육과정은 의사소통 능력 배양의 필요성에 근거하여 문법 항목의 제시를 지양하고 의사소통 기능 항목을 제시했다. 제6차 교육과정은 "의사소통 중심의 접근법(Communicative Approach)"에 기초하여 의사소통 항목을 제시하였으며, 우리나라 교육과정 사상 최초로 기능 · 의미 중심의 교수요목을 도입하였다는 점에서 의의를 찾을 수 있다.

2) "언어 기능"의 재분류: 제5차 교육과정 시기까지는 듣기와 말하기, 읽기, 쓰기의 순서로 언어 기능을 구성하였는데 이러한 분류 방식은 듣기와 말하기를 동시에 학습하는 것을 전제하여, 행동주의 학습이론에 근거한 습관 형성을 전제로 한 접근방식으로서 "의사소통 중심" 접근법에는 적합하지 않다는 점이 지적되어서 제6차 교육과정에

서는 언어 기능을 이해 기능과 표현 기능으로 재분류하였다. 이러한 제6차 교육과정은 1990년대의 국제화 시대에 부응하여, 영어의 의사소통 능력을 배양하려는 국민들의 요구를 반영한 교육과정이라고 평가될 수 있다.

4.2 제7차 교육과정(1997. 12~2006. 11)

제7차 교육과정과 제6차 교육과정과의 가장 큰 차이점은 구성주의 교육철학이 교육과정에 도입된 점을 특징으로 들 수 있을 것이다. 구성주의 교육철학의 기본 원칙은 교육과정이라는 형식적인 외형보다는 구성주의를 가미하여 학생들이 스스로 학습활동을 수행할 수 있도록 창의력을 유발하여, 학습목적을 달성한다는 점이다. 따라서 교사의 역할은 학습이 이루어지도록 돕는 조언자 또는 안내자로서의 역할이 강조되었다. 제7차 교육과정의 개정 원칙은 다음과 같다(한국교육과정평가원, 2007): ① 학생 중심의 영어교육, ② 의사소통 능력을 개발하는 영어교육, ③ 다양한 학습 활동 및 과업을 활용하는 영어교육, ④ 논리적이고 창의적인 사고를 배양하는 영어교육, ⑤ 국제화 시대에 효과적인 역할을 수행할 수 있도록 지도하는 영어교육.

제7차 교육과정의 특징은 다음과 같이 요약할 수 있다. 첫째, 의사소통 능력 중시와 언어사용 능력 신장을 들 수 있다. 제6차 교육과정에서도 강조했던 의사소통 능력의 중시 정책이 제7차 교육과정에서도 그대로 강조되었다. 제7차 영어과 교육과정은 21세기의 지식 · 정보화 시대에 대비하여 한국이 효과적으로 기능할 수 있도록 국민들이 영어의 중요성을 깨닫게 하고 의사소통의 도구로서 영어 능력을 배양하는 데 초점을 맞추고 있다.

둘째, 음성언어 우선의 영어교육을 강조한다. 의사소통 능력을 강조하는 원칙을 중심으로, 제7차 교육과정에서 음성언어를 강조한다. 제7차 교육과정에서는 초등학교 영어는 음성언어를 중심으로 영어사용 능력을 기르도록 하는 데 주안점을 두었고, 중·고등학교 영어교육도 과거에 비해 음성언어 사용 능력을 강화하도록 영어교육의 기본 방향을 제시하고 있다.

셋째, 수준별 교육의 권장을 들 수 있다. 제7차 교육과정은 수준별 교육과정의 개념을 적용하여 우수한 학생들에게 심화과정을 제공하여 수월성 교육과 함께 학습 부진아에게 보충과정을 제공하여 정상 수준으로 끌어올릴 수 있는 여건을 마련하였다. 제7차 교육과정에서 제시하고 있는 수준별 교육과정은 다음과 같이 세 가지로 구분된다.

a) 보충-심화 학습형: 이 교육과정은 동일한 학급과 학년으로 편성되어서 교육받고 있는 초등학교에 적용되며, 학생들의 성취도 수준에 따라서 보충학습 그룹, 심화학습 그룹으로 편성되어서 수준별 교육이 이루어진다.

b) 단계별 학습형: 이 교육과정은 중학교 과정과 고등학교 1학년 과정에 적용된다. 학생들이 주어진 단계에 해당되는 과업 수준을 달성하지 못했을 때, 그 과정을 한 번 더 학습할 수 있다. 동일한 단계에 속한 학생들이 능력 면에서 차이가 날 때는 보충-심화 학습형 교육과정이 적용될 수 있다.

c) 선택 교과형 수준별 교육과정: 고등학교 2~3학년 과정에 적용되며, 학습자들의 태도, 흥미, 미래의 직업상, 수준에 적합한 과정을 선택하여 이수할 수 있다.

넷째, 다양한 학습 활동과 과업을 통한 수행 활동을 강조하고 있다는 점이다. 수행 활동에 가장 이상적인 교수 학습 방법은 개별화 지도(Individual Teaching)라고 하겠으나, 학생과 똑같은 숫자의 교사가 확보되어야 적용할 수 있으므로, 공교육 체제에서는 그 적용 가능성이 높다고 평가할 수는 없다. 동일한 학급에 속한 학생들일지라도 소그룹활동(Small Group work) 위주로 수업을 진행하고, 능력에 따라 학급을 소집단으로 다시 편성하고 수준에 따라 차별화된 수업 내용을 제공하는 방법으로 수준별 교육과정을 적용하는 것이 제7차 교육과정의 핵심이다.

다섯째, 학생 중심의 교육을 강조한다.

제7차 교육과정은 흥미, 관심, 욕구 등을 존중하는 학생 중심의 교육과정이다. 학생 중심의 교육을 강조한 것은 제6차 교육과정 시기부터이다. 7차 교육과정에서도 학생들의 요구와 희망을 중심으로 학생들이 학습에 참여하는 상황을 중심적으로 고려한다는 점에서 학생 중심 교육이라 할 수 있다. 학생 중심 교육의 요체는 학습과정에서의 참여와 몰입, 자신의 학습에 대한 책임감, 학생의 자기주도 학습 등을 들 수 있다.

1990년대부터 시작된 교육과정의 개혁 정신이 제6차, 제7차 교육과정의 교육적인 특징 속에 어떻게 반영되어 있는지를 고찰해 보고자 한다. 과정중심주의 교육철학의 다섯 가지 원칙(Clark, 1987)인 ① 언어습득과정 인식, ② 발화 이전 시기 강조, ③ 과정 중심 교수요목 강조, ④ 철저한 목표 달성 접근법, ⑤ 학습자의 개별성 중시 원칙에 기초하여 한국의 제6차, 7차 교육과정 속에 반영된 교육과정의 개혁적 내용을 분석한 결과 다음과 같이 제6차, 제7차 영어과 교육과정의 개혁적인 특징을 정리할 수 있다.

1) 과정중심주의 교육철학: 언어습득과정 인식

제6차 교육과정: 한국의 제6차 교육과정의 개정 원칙 중에서 학습자의 발달과정을 중시한다는 원칙이 강조되었다. 학습자의 발달과정을 중시한다는 내용은 학습자의 인간적 성장, 언어 습득 및 발달과정을 중시하는 과정지향적인 영어교육을 강조하는 것이다. 이러한 교육과정 개정 원칙에 언어 기능을 이해 기능과 표현 기능으로 구분하고, 이해 기능을 표현 기능에 선행하여 제시하는 원칙을 강조하였다. 또한 학습자들이 습득해야 할 의사소통 순서는 이해-적용-종합의 단계이므로, 초보학습자들에게는 이해 기능 습득을 강조하고 상급학습자들에게는 표현 기능을 강조하여 지도한다. 제6차 교육과정에 이러한 개정 원칙을 제시한 것은 습득의 원리를 강조한 과정중심주의 철학을 반영한 것이다.

2) 과정중심주의 교육철학: 발화 이전 시기 강조

제6차 교육과정: 제6차 교육과정은 습득의 원리를 강조하고 발달과정을 중시하는 과정지향적인 영어교육을 교육목표로 표방한다. 학습자들이 습득해야 할 의사소통 기능의 순서를 이해-적용-종합으로 정한 것도 학습자의 습득 단계를 강조한 원칙을 반영한 것이다.

3) 과정중심주의 교육철학: 과정지향적인 교수요목 강조

제7차 교육과정: 제7차 교육과정은 결과지향적인 교수요목과 과정지향적인 교수요목을 혼합하여 설계하는 것을 제시하였다.

한국의 영어과 교육과정은 제1차 교육과정에서 제5차 교육과정에 이르기까지 지속적으로 구조주의 교수요목을 도입하여 문법 중심의 영어교육을 실시하였다. 그러나 이러한 구조주의 교수요목은 목표언어의 언어 체계에서 가능한 한 훌륭한 언어구사력을 지닐 수 있도록 한 가지 이상의 교육학적인 책략을 학습시키는 것이므로 학습자의 의사소통 능력은 배양하지 못하는 단점이 있다. 제6차 교육과정에서는 기능주의 교수요목을 도입하면서 교수요목 설계에서 커다란 변화가 초래되었다. 즉, 제6차 교육과정의 실제적인 목표는 학습자의 의사소통 능력을 향상시키기 위해서 구조주의 교수요목 대신에 기능주의 교수요목을 설계하였다. 그러나 과정지향적인 교수요목이 강조되기 시작한 것은 제7차 교육과정부터이다. 제7차 교육과정은 제6차 교육과정의 구조 · 기능적 교수요목만 선택하지 않고 교수요목의 폭을 확대하여 목표지향적인 교수요목(구조주의적 교수요목 + 기능주의적 교수요목)과 과정지향적인 교수요목(과정중심적 교수요목 + 과업중심적 교수요목)을 혼합하여 설계하도록 제안하였으며(장복명, 2001), 이 점은 제7차 교육과정의 내용이 과정중심주의 교육철학을 그대로 반영한 것임을 입증하는 것이다.

4) 과정중심주의 교육철학: 철저한 목표 달성 접근

제7차 교육과정: 제7차 교육과정은 학습량 최적화와 수준을 조정하여 제6차 교육과정에 비해서 거의 70% 정도로 학습량을 감소한다는 원칙을 제시하고 형식적 평가가 성취평가로 대체되고 학교별 교육과정 평가체계도 확립한다는 점을 기본 원칙으로 설정하였다. 즉 제7차 교육과정에서는 학습내용의 양과 수준의 적정화, 학습자의 선택권을 존중하는 수준별 내용과 학습도입을 천명하였다.

5) 과정중심주의 교육철학: 학습자의 개별성 중시

제7차 교육과정: 수준별 교육과정을 도입하였다. 학습자 중심의 교육을 구현하기 위한 구체적인 방안으로 학습자의 흥미와 적성, 관심, 학습 요구에 상응하는 차별화된 교육내용, 기회를 제공하는 수준별 교육과정이 도입되었다. 또한 학습자들의 자기 주도적 학습활동을 강화하고, 학교와 교사가 운영재량권을 확대하는 재량활동이 강화되었다. 제7차 교육과정에서 제시한 수준별 교육과정 내용을 정리하면 다음과 같다.

첫째, 수학 교과는 1학년부터 10학년까지 10단계로, 영어는 7학년부터 10학년까지 4단계를 설정하여 "단계형 수준별 교육과정"을 운영하며, 국어는 1학년에서 10학년까지 사회와 과학은 3학년에서 10학년까지, 영어는 3학년부터 6학년까지 '심화 보충형 수준별 교육과정'을 운영한다.

둘째, 초등학교의 경우 수준별 교육과정을 운영하기 위한 학습 집단은 학급 내 집단 편성을 원칙으로 하되 학교의 여건이나 교사, 학생의 특성에 따라서 다양한 방법을 활용할 수 있다. 셋째, 교과서 이외의 수준별 학습 자료는 교육청이나 학교에서 자체 개발한 것을 사용한다. 이러한 다양한 변화와 특징을 종합하여 평가하면, 제7차 교육과정은 학습자 중심의 교육을 구체적으로 실현하는 방안으로 수준별 교육과정을 도입한 것으로 평가된다.

이상과 같이 한국의 제6차, 7차 교육과정은 그 개혁의 내용이 과정중심주의 교육철학을 많이 포함하고 있으며, 이것은 한국의 영어교육이 사회의 다변화된 요구를 수용하려는 방향으로 개혁되었다는 긍정적인 평가로 연결될 수 있다.

4.3 2007년 개정 교육과정

한국의 영어과 교육과정은 2007년 개정 시기부터 부분적 수시 개정으로 전환되었다. 2007년 개정(2007.02) 중학교 영어 교육과정은 언어기능과 더불어 교육내용 체계를 구성하는 의사소통 활동이 음성언어 활동과 문자언어 활동으로 나뉘고, 그에 따라 음성언어 활동을 위해 의사소통 기능과 예시문을 참고하여 학년 별로 적절하게 선택하고 활용할 수 있게 하였다.

- 언어재료: 자연스러운 실제 생활언어 활동을 위해서 소재, 언어, 어휘, 단일단어의 길이를 제시함
- 어휘부분: 중학교 1학년 170내외 단어, 중학교 2학년 280내외 단어, 중학교 3학년 390내외 단어
- 교수학습 방법: 학년 별로 별도로 제시되기보다는 전체 권장 지도 항목이 제시되는데, 이들 권장 항목은 교사-학생 간의 활발한 의사소통을 위한 학생 참여 중심의 수업, 유창성과 정확성을 함양하며 실생활 적용능력을 배양하는 수업, 학생 개인차 · 수준별 수업 운영을 위하여 다양한 멀티미디어 자료와 정보통신 기술을 이용하고 가급적 수업은 영어로 진행하되, 성취기준에 맞게 다양한 방법으로 수업을 진행할 것을 권장한다(NCIC: National Curriculum Information Center).

4.4 2009년 개정 교육과정

2009 개정 교육과정(총론) 취지에 부합하고, 창의성과 인성을 갖춘 글로벌 인재 육성을 위한 영어과 교육과정 개정이 시대적 요구였다고 볼 수 있다. 2009년 영어과 개정 시기는 지구촌 세계화 시대에 진입하고 세계영어에 대한 높은 관심으로 영어 원어민 화자와 세계영어에 대한 연구가 시작된 1980년대 후반에서 1990년대 후반 이후에 연구 분위기를 기초로 확립되었다. 또한 정보산업기술의 발달로 인한 다양한 교육방법이 제시된 시기이기도 하다. 여기에서의 특징적인 사항을 찾아보면 1) 개정교육과정이 전면적 개정이 아닌 부분적 수시개정이고, 2) 교과를 총론과 각론으로 구분하여 중등영어와 초등영어의 목표를 분리 제시하고, 3) 의사소통중심 · 영어평가활용 · 다양한 기자재(컴퓨터, 인터넷, 스마트 폰, CD-ROM 등)을 활용한 동기유발 수업 권장, 4) 권장 어휘 학습 수의 증가, 5) 초등영어와의 연계성 강화, 6) 수시개정 과정이 진행될수록 내용과 수준의 내용이 세분화되고 구체적으로 기술된다.

전반적으로 2009년 개정 교육과정은 수준별 학습내용, 유창성 강조, 글로벌 영어능력의 함양, 그리고 학습내용의 적정화에 특징을 두고 있다.

2009 교육과정의 주요 개정 방향은 실용영어 중심의 교육과정으로 편성되어 운영된다는 점인데 그 특징을 살펴보면 다음과 같다.

1) 학생 중심 교육과정 구현

－학습자의 발달 단계와 요구를 고려하여 학습 내용과 교수 · 학습 방법을 선정

－학생의 수준, 필요 및 진로별 특성을 반영하여 실용영어 중심 혹은 기초학술영어 중심의 교과목 선택 이수 및 평가 체제를 구축함
－고교 영어과 선택과목 체제: 기본과목(1과목) - 일반과목(8과목) -심화과목(6과목)
－고등학생의 진로 · 진학별 특성에 따라 실용영어 중심 및 기초학술영어 중심의 교과목 선택 이수 및 평가 체제 구축(일반과목)

2) 교육과정 내용 적정화 및 연계성 강화
－필수 학습 내용을 학생의 수준에 비해 과도하지 않도록 적정화하도록 조정
－초 · 중 · 고교 간, 또 학년 간의 교육 연계성을 강화하고, 학습 격차를 완화함

3) 실제적 영어 사용능력 향상을 위한 실용영어 교육 강화
－"교수 · 학습 방법" 및 "평가"를 단계 및 언어 기능별로 구체적이고 세분화하여 제시
－말하기, 쓰기 능력 향상을 위한 성취기준을 개발하고 교수 · 학습 방법의 예시를 개발 제시함
－정확성보다는 유창성에 중점을 두고 실제적 영어 사용능력 중심의 실용영어 교육을 강조함

2009년 개정 교육과정은 "공통 교육과정"과 "선택 교육과정"으로 구성되어 있는 것이 특징이다.
공통 교육과정은 초등학교 1~6학년과 중학교 1~3학년까지 9년간의

교육과정을 가리키며, 선택 교육과정은 고등학교 1~3학년의 3년간의 교육과정을 의미한다. 초 · 중 교과(군)별 20% 범위 내 수업시수 자율 증감이 가능하다.

1) 공통 교육과정의 주요 개정 내용
"공동 교육과정"과 "선택 교육과정"의 주요 개정 내용은 다음과 같다.

(1) 학년 군을 고려한 필수 학습내용을 정선하고, 학습내용의 양을 적정화하였다.
초 · 중학교 성취기준의 내용 및 수 감축: 167개(현행) → 118개(개정)
(2) 초등학교와 중학교 성취기준의 연계성 강화를 위해, 초등학교 성취기준 중에서 난이도가 상급에 속하는 것은 중학교로 이동하였다.
(3) 초등학교의 체계적인 문자지도를 위해, 읽기, 쓰기 성취기준 보완 및 3~4학년 군에서 파닉스, 알파벳, 기초적인 쓰기 및 기타 쉬운 문자언어 지도방안을 제시하였다.
(4) 중학교 읽기, 쓰기의 일부 성취기준의 수준을 낮추어 초 · 중등 교육 연계성 강화 및 교육 격차 완화를 유도하였다.

2) 선택 교육과정 주요 개정 내용

(1) 수준별 교육을 고려한 기본과목 - 일반과목 - 심화과목 체제의 교과목 및 일반과목에서의 실용영어 과목군과 영어 과목군 교과목의 성취기준의 내용과 수준을 차별화, 특성화하였다.
(2) 기본과목 - 일반과목(실용영어 과목군 + 영어 과목군) - 심화과목 체

제에 따라 학생들의 필요와 진로 등에 따라 선택하여 이수할 수 있다.

(3) 우리나라 영어환경을 고려, 학습자의 이해 기능 능력과 표현 기능 능력의 차이를 반영하여, 듣기 - 읽기와 말하기 - 쓰기 성취기준을 체계적으로 차등화하였다.

(4) 각 과목의 어휘 수준을 현행 교육과정보다 다소 낮춤으로써 영어 표현의 이해보다는 활용 연습과 실용적 구사에 중점을 두었다.

4.5 2015년 개정 교육과정

2015년 개정 교육과정은 다음과 같은 시대적인 배경에서 탄생되었다: 영어는 현재 국제적으로 가장 널리 통용되고 있는 언어로서 서로 다른 언어적 배경을 가진 사람들 간의 주요한 의사소통 수단이다. 따라서 글로벌 시대 및 지식 정보화 시대라는 변화에 부응하고 더 나아가 국제사회에서 선도적인 역할을 수행하기 위하여 영어를 이해하고 표현하는 능력은 반드시 갖추어야 할 역량이 되었다. 이제 학교 영어교육은 영어 의사소통 능력을 갖추고 세계인과 소통하며, 그들의 문화를 알고 우리 문화를 세계로 확장시켜 나갈 인재를 길러야 한다. 이를 위해 학습자가 영어에 대한 흥미와 관심을 갖고 이를 바탕으로 자기 주도적인 영어 학습을 지속할 수 있도록 이끄는 교육이 되어야 한다. 더불어 타인에 대한 배려와 관용, 대인 관계 능력은 교육과정이 추구하고 있는 핵심역량으로 학교 영어교육을 통해 해당 역량을 함양할 수 있도록 지도해야 한다.

이러한 목표를 달성하기 위하여 개정의 기본 방향을 설정하고 교육과정을 개정하였고 그 주요 내용을 살펴보면 다음과 같다(교육부,

2015).

1) 미래사회를 살아가는데 필요한 능력 함양을 위해 핵심역량을 반영한다: 초, 중등 교육 전반에 걸쳐 자기 관리 역량, 지식정보처리 역량, 창의적 사고 역량, 심미적 감성 역량, 의사소통 역량, 공동체 역량 함양과 교과서 수업을 통해 기를 수 있는 교과 역량을 제시한다.

2) 인문사회/과학기술 기초 소양과 인성교육을 강화한다: 생각하는 힘, 자연 현상과 사회 문제를 통합적으로 탐구하는 능력을 기르고, 타인과 협력하고 배려하는 인성을 함양한다. 기초 소양 함양을 위해서 문 · 이과 구분 없이 공통과목을 도입하고 통합적 사고력을 키우는 '통합사회', '통합과학' 과목을 신설한다.

3) 배움을 즐기고 행복 교육이 가능하도록 교과학습량을 적정화한다: 각 교과의 학습내용을 핵심개념 및 핵심원리 중심으로 선정하고, 학습경험의 질을 개선하여 미래사회를 대비하는 교육 기반을 구축한다.

4) 교수 · 학습 및 평가 방법을 개선하여 교실수업을 혁신한다: 토론학습, 협력학습, 프로젝트학습 등 교과 특성에 따라 다양한 교수 · 학습 방법을 도입하고 과정 중심 평가를 강화하여 학생들의 활발한 수업 참여를 유도한다.

또한 학교급 별로 지정된 영어교육의 목표를 정리하면 다음과 같다.

- **초등학교 영어**: 일상생활에서 사용하는 기초적인 영어를 이해하고

표현하는 능력을 길러, 의사소통의 바탕이 되는 언어 기능 교육에 중점을 두고 있다. 대체로 음성언어에 중점을 두고 있고, 문자언어 교육은 쉽고 간단한 내용의 글을 읽고 쓸 수 있는 내용으로 음성언어와 연계하여 내용을 구성한다.

• **중학교 영어**: 중학교 영어는 학습자들이 초등학교에서 배운 영어를 토대로 일반적인 주제에 관한 영어를 이해하고 표현하는 의사소통 능력을 심화 · 발전시켜 나가는 것을 목표로 한다.

가. 영어 학습에 대한 지속적인 학습 동기를 가지고 영어 사용 능력을 신장시킨다.

나. 친숙한 일상생활 주제에 관하여 영어로 기본적인 의사소통을 할 수 있다.

다. 외국의 문화와 정보를 이해하고 우리 문화를 영어로 간단히 소개할 수 있다.

• **고등학교 영어**: 고등학교 영어는 학습자들이 중학교에서 배운 영어를 토대로 일반적인 주제에 관한 영어를 이해하고 표현하는 영어 의사소통 능력을 심화 · 발전시켜 나가는 것을 목표로 한다.

가. 영어 학습에 대한 지속적인 학습 동기를 가지고 영어 사용 능력을 신장시킨다.

나. 친숙한 일반적인 주제에 관하여 목적과 상황에 맞게 영어로 의사소통을 할 수 있다.

다. 영어로 된 다양한 정보를 이해하고, 진로에 따라 필요한 영어 사용 능력을 기른다(NCIC: National Curriculum Information Center).

4.6 영어과 교육과정 변천사 요약

지금까지 논의된 우리나라 영어과 교육과정의 변천 과정을 알기 쉽게 도표로 요약해서 학습에 도움이 되고자 한다. 〈표 10: 한국 영어교육의 변천과정 개관〉은 구한말에서부터 시작된 한국의 영어교육의 변천과정을 시대적으로 개관하였다.

〈표 10〉 한국 영어교육의 변천과정 개관

도입기	침체기	교육과정 발전기						교육과정 개혁기				
구한말	일제 강점 시기	임시 교수 요목 시기	제1차 교육 과정	제2차 교육 과정	제3차 교육 과정	제4차 교육 과정	제5차 교육 과정	제6차 교육 과정	제7차 교육 과정	2007년 개정 교육 과정	2009년 개정 교육 과정	2015년 개정 교육 과정
19세기 말	1910 ~ 1945	1946 ~ 1954	1955	1963	1973	1981	1987	1992	1997	2007	2009	2015

〈표 11: 한국 영어교육 변천과정 I (영어교육의 도입기~침체기)〉은 영어교육의 시기 중에서 도입기, 침체기에 해당되는 교육과정의 시대적 배경과 영어교육의 중점 사항을 정리하였다.

〈표 11〉 한국 영어교육의 변천과정 Ⅰ(영어교육의 도입기 ~ 침체기)

<table>
<tr><th rowspan="3">시대 구분</th><th>도입기</th><th colspan="6">침체기</th></tr>
<tr><th rowspan="2">구한 말</th><th rowspan="2">일제강점시기</th><th rowspan="2"></th><th>제1기</th><th>제2기</th><th>제3기</th><th>제4기</th></tr>
<tr><th>1910 ~1918년</th><th>1919~1927년</th><th>1928 ~1936년</th><th>1937~1945년</th></tr>
<tr><td>교육 목표</td><td>•관립영어교육기관: 역관, 외교관 양성
•사립학교: 선교활동 및 근대화를 도모함</td><td>•실용주의 표방
•일어사용을 강요하여 영어교육은 극도로 제한됨</td><td rowspan="3">교육법제정내용</td><td rowspan="3">•무단정치 감행
•실용주의, 실과 훈련주의를 내걸고 우민화 정책 실시</td><td rowspan="3">•문화정치 표방
•교육정책도 수정
•일본학계준거주의 표방</td><td rowspan="3">•조선의 빈곤을 틈타서 흥업치산(興業治産)을 조장하여 조선인의 사상을 실리면으로 돌려서 사상선도를 꾀함</td><td rowspan="3">•황국신민화 교육
•조선어는 수의과목
•교수용어는 일어
•교육에 관한 전시비상 조치령</td></tr>
<tr><td>교과서</td><td>•미국의 교과서, 성경, 찬송가 사용</td><td>•일본인이 저술한 교과서만을 사용
•교과서의 저자는 미국유학을 경험한 사람이거나 정규 영어교육을 받은 사람임</td></tr>
<tr><td>교사</td><td>•대부분이 영어 모국어화자
•중국인도 포함되고 후반에는 한국인도 포함됨</td><td>•초기에는 미국인과 일본인이 담당했으나 후에는 미국인은 모두 귀국하고 한국인도 영어교육에 참가</td></tr>
<tr><td>교육 내용</td><td>•듣기, 말하기, 읽기, 쓰기의 네 가지 기능의 발달을 도모함</td><td>•번역위주의 교육
•발음, 받아쓰기도 포함됨</td><td rowspan="3">영어교육의변화</td><td rowspan="3">•영어는 선택과목으로 설정되어 영어학습의 기회를 대폭 박탈
•교수용어는 일어 교과서도 총독부의 검수를 받아야함</td><td rowspan="3">•보통고등학교 교과과정에 외국어를 필수과목으로 지정. 여자고등보통학교에는 외국어를 수의과목으로 지정함</td><td rowspan="3">•제2기에는 문화정책의 표방으로 영어교육이 다소 소생되는 분위기였으나 실과훈련주의로 환원되면서 제1기 분위기로 복귀</td><td rowspan="3">•진주만 공격 당시에 영어를 적국어라고 하여 사용을 금하고 중등학교 영어교육을 극도로 억제함</td></tr>
<tr><td>교수 방법</td><td>•한국어의 사용을 배제하는 직접교수법(Direct Method) 활용</td><td>•한국어나 일어 사용을 통한 영어교육을 실시하여 문법-번역식교수법(Grammar-Translation Method)활용</td></tr>
<tr><td>역사적 의의</td><td>•1883년 동문학 설립을 필두로 한국의 근대화교육 및 영어교육이 시작됨</td><td>•일어를 통한 영어를 학습해야 하는 상황이 발생하여 영어교육이 한걸음 후퇴하는 결과를 초래
•일본식 교과서가 한국에 오랫동안 영향을 끼침</td></tr>
</table>

(출처: 함종규, 1983, 한국 교육과정 변천사 연구(서울: 숙명여자대학교 출판부))

〈표 12: 한국 영어교육의 변천과정 Ⅱ (영어교육의 발전기)〉는 우리 나라에서 제1차 교육과정이 제정된 이후로 제5차 교육과정 시기까지 산업화 과정에서 요구되는 영어교육의 특징을 정리하였다.

〈표 12〉 한국 영어교육의 변천과정 Ⅱ (영어교육의 발전기)

시대 구분	영어교육의 발전기					
	임시 교수 요목 시기	제1차	제2차	제3차	제4차	제5차
연도	1946	1954	1963	1973	1981	1987
시대적 배경	· 해방직후 교육과정이 제정되기 이전 시기에 임시적으로 교육을 운영함	·한국 최초로 교육법이 공포되고 교육과정이 최초로 제정됨 ·검인정교과서 제도 사용	·4·19 혁명, 5·16 군사혁명 등 정치·사회적 변화시기 ·사회적 안정과 경제개발을 위한 합리적 사고 강조	·새마을운동, 유신과업의 수행, 국적있는 교육의 강조 ·경험 중심 교육과정에서 학문 중심 교육사조를 도입함	·유신헌법의 폐지, 제5공화국 출범 등 변혁의 시기 ·교육내용, 각 교과의 시간배정, 수업방법, 평가방법 등 모든 면에서 변혁이 시도됨	·1986년 아시안게임, 1988년 올림픽 개최 등으로 국제화 시대에 부응하는 영어구사력이 요구됨 ·해외여행자유화 조치로 영어구사력에 대한 욕구 상승
영어과 교육 과정의 특징	·일본인이 모두 철수하자 한국인이 영어교육을 담당함 ·교사가 준비한 등사물, 판서에 의거하여 수업함 ·새로 편찬한 교과서도 모두 일본의 내용을 답습함	·생활중심의 교육과정표방 ·임시교수요목시기와 유사한 교육목표 설정 ·문장 문법에 대한 기초능력, 회화능력 및 각국의 문화를 이해하는 능력 배양	·일상적인 언어를 듣고 말하는 능력 배양 ·듣기, 말하기 등 구두 훈련 강조 ·외국어를 통한 한국 문화 소개를 강조함 ·외국인에 대한 이해 증진	·영어의 4가지 종합적인 어학능력과 사용 능력을 배양 ·문형, 문법 사항, 필수 어휘표, 제시 문장의 제한 등을도입하여 영어교육이 문법중심으로 일관됨	·국제화·개방화 지표에 맞추어 영어교육도 생활영어 구사력 배양을 강조 ·지도방법을 의사소통 능력 신장에 중점 ·영어의 4가지 기능에 대한 고른 평가 강조	·영어의 4가지 기초능력을 신장하여 의사소통능력을 강조하는 교육과정 편성 ·문장중심에서 담화중심으로 이동

〈표 13: 한국 영어교육의 변천과정 Ⅲ (영어교육의 개혁기)〉는 1990년대 이후 국제화, 개방화 시대를 맞이하여 문법 중심의 교육과정 체제에서 의사소통 중심의 교육과정으로 전환되는 제6차 교육과정 시기부터, 2015년 개정 교육과정 시기에 미래사회를 대비하는 인재를 양성하기 위한 영어교육의 내용까지 정리하였다.

〈표 13〉 한국 영어교육의 변천과정 III (영어교육의 개혁기)

시대 구분	영어교육의 개혁기				
	제6차 교육과정	제7차 교육과정	2007년 개정 교육과정	2009년 개정 교육과정	2015년 개정 교육과정
연도	1992년	1997년	2007년	2009년	2015년
시대적 배경	·한국의 경제성장으로 한국인이 자신감을 회복함 ·한국이 OECD에 가입하게 되어서 국제화 시대에 대한 요구가 더욱 강해짐 ·국가발전과 국제사회에 기여함을 강조	·교육과정에 구성주위 철학 도입 ·구성주의 철학에 기초하여 교육의 형식보다는 학생들 스스로의 학습능력을 강조함	·수시개정체제로 전환 ·초등 -중등교육내용 연계성 ·의사소통관련 내용 구체화 ·교수 학습 평가내용 개선	·지구촌 세계화 시대에 진입하고 세계영어에 대한 높은 관심으로 영어 원어민 화자와 세계영어에 대한 연구 강조 ·정보산업기술의 발달로 인한 다양한 교육방법이 제시됨	·미래사회에 필요한 능력 함양을 위해 핵심역량 반영 ·인문사회/과학기술 기초 소양과 인성교육 강화 ·교과학습량 적정화 ·토론학습, 협력학습, 프로젝트학습 등 교수학습 혁신
영어과 교육 과정의 특징	·학생들의 요구를 반영함 ·인간적인 발달과정을 중시함 ·의사소통 중심 교수요목 도입 ·실용성 우선의 교육 방법과 내용 도입 ·언어기능의 재분류	·의사소통능력과 언어사용능력 신장 강조 ·음성언어 우선의 영어교육 ·수준별 교육과정 권장 ·다양한 학습과업을 통한 수행활동 강조 ·학생중심 교육과정	· 학생 참여 중심의 수업 ·유창성과 정확성을 함양 ·실생활 적용능력을 함양 · 다양한 멀티미디어자료와 정보통신기술을 이용 ·가급적 수업은 영어로 진행하되, 성취기준에 맞게 다양한 방법을 활용	·수준별 학습내용 ·글로벌영어능력 강조 ·유창성 강조 ·학습내용의 적정화 ·교과를 총론과 각론으로 구분 ·중등영어와 초등영어의 목표 분리 ·다양한 기자재(컴퓨터, 인터넷, 스마트 폰, CD-ROM 등)을 활용한 동기유발 수업권장	·친숙한 일상생활 주제에 관하여 영어로 기본적인 의사소통 구사 · 외국의 문화와 정보를 이해하고 우리 문화를 영어로 간단히 소개 ·문과 이과의 통합 · 기술력 강화

미래의 교육과정 방향	1) 세계공용어로서의 영어 활용 가능성을 강조 2) 문화교육을 통한 문화 간 의사소통 능력 배양 3) 미래사회에 필요한 창의성 · 사고능력 · 인성 교육 강조 4) 미래 사회의 고도로 발달된 기술력을 영어교육 현장에 활용 5) 다양한 영어 유형(다양한 발음과 억양 및 문화적 배경 등)을 제시하여 세계영어에 대한 이해도를 함양
	⬆
개혁기 (제6차 교육과정 ~ 2015년 개정 교육과정)	·1990년대 우리나라가 OECD 회원국으로 가입되고 경제성장으로 자신감이 상승되는 사회 분위기 ·2007년 교육과정 시기부터 수시개정 원칙으로 전환됨 ·2009년 개정 교육과정 시기에는 세계화 시대에 대비하는 교육내용 및 스마트 교육을 강조함 ·2015년 개정 교육과정에는 미래사회에 필요한 핵심역량을 반영하고, 기술력 강화 및 인성교육을 강화하는 내용으로 전환됨
	⬆
발전기 (제1차 ~ 제5차 교육과정)	·우리나라 최초의 교육과정이 제정되어서 제5차 교육과정 시기까지 영어교육의 발전기로 접어듦 ·1950년대~1980년대 까지 우리나라가 농업국가에서 산업국가로 발전되는 경제개발기와, 4·19와 5·16이라는 커다란 사회변화를 겪게 됨 ·주로 영어의 4가지 종합적인 어학능력과 사용능력을 배양하고 생활영어 구사능력 배양을 강조함
	⬆
침체기 (일제강점시기)	·일제강점시기에 일본어를 통하여 영어를 학습해야 하는 상황에서 영어교육이 한 걸음 후퇴함 ·문법-번역 중심 교수법(Grammar-Translation Method)이 채택됨 ·일본식 교과서가 한국에 오랫동안 영향을 끼침.
	⬆
도입기 구한말 (1883~1910)	·1883년 동문학 설립을 필두로 조선의 근대화과정과 더불어 영어교육이 최초로 시작됨 ·관립영어교육기관: 역관이나 외교관 양성을 목표로 근대식교육기관에서 영어교육이 실시됨 ·사립학교: 기독교계통의 사립학교가 설립되면서 선교활동과 더불어 한국의 근대화를 도모하는 과정에서 영어교육이 실시됨

〈그림 1〉 한국의 영어교육정책 발전과정

〈그림 1〉에서 알 수 있듯이 우리나라 영어교육은 1883년에 시작된 이후로 지금까지 어언 140여 년의 역사를 지니게 되었다. 그동안 영어과 교육과정은 사회적 변화에 따른 요구를 수용하는 방향으로 발전되어져 왔으며 현재는 21세기 세계화 시대에 적합한 인재양성을 위해서 미래사회가 필요로 하는 능력을 반영하는 영어과 교육과정을 준비하고 있다.

4.7 미래의 교육과정 편성 방향

이동통신 기술의 발전과 스마트폰 또는 스마트패드와 같은 모바일 디바이스의 등장으로 인간의 삶의 다양한 분야에서 많은 변화가 초래되었고 아울러 영어 학습의 체제도 변화되었다. 스마트 기기를 활용하여 학습자들이 시간과 장소를 가리지 않고 상대방과 소통을 하게 되면서 학습에 참여하는 것을 스마트 교육이라고 정의한다(설문규 · 손창익, 2012). 〈그림 1〉이 설명하듯이 우리나라 영어교육은 1883년에 시작된 이후로 지금까지 어언 140여 년의 역사를 지니게 되었다. 그동안 사회적 변화에 따른 요구를 수용하는 방향으로 발전되어져 왔으며, 현재는 21세기 세계화 시대에 적합한 인재양성을 위해서 미래사회가 필요로 하는 능력을 반영하는 영어과 교육과정을 마련하는데 최선의 노력을 경주하고 있다.

이러한 사회적인 변화의 추세에 발맞추어서 정부도 스마트 교육 도입을 적극적으로 추진하여 2011년 스마트 교육 추진계획 발표를 시작으로 2015년까지 디지털 교과서 확대 및 적용, 온라인 수업 평가 활성화, 교육 콘텐츠 자유 이용 및 안전한 환경조성, 교원 스마트 교육역량 강화, 클라우드 교육 서비스 기반 조성 등 5가지 목표를 설정하여 스마트 교육 활성화 방안을 발표하였다(설문규 · 손창익, 2012).

그러나 스마트 교육 개념이 등장한지도 얼마 되지 않아, 2016년 구글의 인공지능과 알파고가 엄청난 학습 능력과 정보처리 능력으로 사람들을 놀라게 하였다. 전 세계 사람들이 인공지능 기술의 등장에 기대와 걱정을 하기 시작했고 반면에 인공지능 개발자들은 인공지능의 미래에 강한 자신감을 보이고 있다. 이러한 사회적인 변화 속에서 인간의 역할은 변화되고, 또한 영어교육 분야에서도 학습과 교수에서 질적인 변화를 예상할 수밖에 없다. 우선 듣기, 말하기, 읽기, 쓰기와 같은 기능중심의 교육의 비중이 감소되고, 학생들은 원하는 정보를 효과적으로 검색하고 창의적으로 사고하고 효과적으로 인공지능을 활용하는 능력이 요구되게 될 것이다(김정렬, 2017). 따라서 인공지능, 로봇산업, 사물인터넷, 3D 프린팅, 나노기술, 바이오기술, 무인자동차 기술 등으로 대표되는 4차 산업의 등장은 교육 현장에서 상당한 변화를 예고할 것이다.

우선 미래의 사회 변화에 기초가 되는 4차 산업혁명에 대한 간단한 정의를 알아보고자 한다. 1차 산업혁명은 증기기관의 발명으로 시작된다. 제임스 와트가 나무와 석탄으로 물을 끓여서 만든 증기의 힘으로 기계를 움직이는 증기기관을 발명하였다. 와트가 발명한 증기기관으로 영국에서는 본격적인 산업화에 성공하게 되고, 광산에서 지하수를 끌어 올리는 초기 증기 기관 영역 뿐 아니라 당시 사회의 다양한 영역에 활용되면서 1차 산업혁명 시대를 이끌게 된다. 2차 산업혁명은 석유와 전기 에너지를 기반으로 본격적인 대량생산 체제가 구축되면서 전개된다. 예를 들면 포드 자동차 회사는 기계의 힘을 빌어서 대량생산에 성공하게 된다. 2차 산업혁명은 석유와 전기 에너지를 활용한 대량생산으로 인류의 생활에 편리함을 제공하게 된다. 3차 산업혁명은 인터넷과 재생에너지를 바탕으로 인류에게 맞춤형 소량생산을 다양하게 제공하는 특징으로 요약될 수 있다. 4차 산업혁명은 3차 산업혁명 시대와는 본질적으로 다른 물리적, 디지털적, 생물학적 공간의 개념이 변화되고 예상하지 못한 영역에서 기술 융합이 이루어지는 시대라고 정의된다(김진하, 2016). 현실적으로 인간의 생활에서 인식될 수 있는 제4차 산업혁명의 변화는 빅데이터를 이용한 인공지능, 다양한 형태와 지능의 로봇, 모바일 장비와 사물인터넷의 초연결성, 인공지능 비서의 활용 등으로 체험될 수 있다(정채관, 2018).

이러한 4차 산업혁명의 특징이 사회 각 분야에서 창출한 변화 현상을 정리하면 다음과 같다. 첫째는 사물인터넷(Internet of things)의 개발과 광범위한 사용이다. 사물인터넷이란 책상, 침대, 교실 등 유 · 무형 사물들이 다양한 방식으로 서로 연결되어 만들어진 인터넷인데, 이러한 사물인터넷이 서로 연결되어서 인간 생활에 편리한 기능을 수행할 수 있는 것이다. 둘째는 초연결(hyper connectivity) 사회가 도래하였다, 디지털 네트워크 환경이 발달함에 따라서 사람과 사람, 사람과 사물, 사물과 사물이 유기적으로 연결되어 소통하고 기능하고 있다. 셋째는 빅데이터(big data)의 출현과 다목적 활용이다. 빅데이터란 디지털 환경에서 생성된 엄청난 규모의 데이터를 뜻한다. 다양한 방식으로 수집된 빅데이터가 분석을 통해서 사람의 행동, 생각, 의식의 패턴까지 결정하는데 사용된다. 넷째는 인공지능(Artificial Intelligence: AI)의 활용이다. 인간처럼 생각할 수 있는 능력을 지닌 기계를 만들어 내려는 시도는 오랫동안 진행해왔으나 최근에는 빅테이터와 딥러닝을 통해서 인공지능이 더욱 고도화되고 있다. 인공지능은 방대한 양의 빅데이터를 분석하면서 그 안에서 발견되는 패턴을 스스로 파악해서 앞으로 일어날 일을 예측하고 의사결정을 내리는 역할을 수행하고 있다. 이러한 4차 산업혁명의 결과 발생한 과학적 장치들의 활용으로 인간 삶의 방식에서는 본질적인 변화가 불가피한 상황이다(김명희, 2018).

그러면 이러한 인간 삶의 변화상을 고려하여, 미래의 영어교육의 목표는 어떻게 설정되어야 할까? 본서에서는 세계영어의 등장과 한국의 영어과 교육과정의 변천과정을 고찰한 내용을 토대로 미래의 영어과 교육과정의 근본적인 방향성을 다음과 같이 제시하고자 한다.

첫째는 세계공용어로서의 영어의 중요성과 활용가능성을 더욱 강조해야 한다.

전세계적으로 의사소통의 공용어로서의 영어 사용이 더욱 확대될 것이다(김영우, 2017; 안성호, 2017; 김명희, 2018). 제4차 산업혁명의 결과 탄생한 초연결사회에서는 세계화가 더욱 광범위해지고 세부적인 영역에까지 진행될 수 있기 때문에 전세계시민이 의사소통해야 하는 필요성이 더욱 두드러지고, 이에 따라서 세계공용어로서 영어의 중요성은 더욱 강조해도 지나치지 않을 것이다.

둘째는 글로벌 의식과 관용성을 함양하기 위해서 문화교육을 강조해야 한다.

세계화 사회 속에서 요구되는 역량은 글로벌 의식과 관용성이라고 할 수 있다. 나와 다른 것, 차이가 나는 것들을 이해하고 바르게 받아들이는 자세 및 태도 교육, 즉 인성교육을 강화하는 것이 필요하다. 앞으로 영어교육은 학습자들의 글로벌 인식과 다문화의식을 함양하는 데 목표를 두어야 한다. 이를 위해서는 자신의 문화와 외국의 문화를 바르게 이해하도록 지도하는 문화교육이 중요하다(김명희, 2018; 이완기, 2018). 이를 위해서는 영어가 언어의 4가지 기능만을 지도하는 차원이 아니라 언어 학습에 수반되는 문화교육을 전달하는 매개체의 역할도 강조되어야 할 것이다.

셋째는 창의적 사고능력을 배양해야 한다.

미래사회에서는 창의성, 사고능력, 인성과 같은 소프트스킬(soft skill)의 중요성이 그 어느 때 보다 강조되고 있다. 변혁적이고 파괴적인 혁신이 가속화되고 있는 4차 산업혁명 시대에서는 사회에서 필요로 하는 핵심역량이 창의력, 사고력이라고 할 수 있다. 따라서 앞으로의 영어교육 목표도 학습자의 창의적인 사고방식을 배울 수 있도록 다양한 형태의 표현 방식을 접하고 표현을 연습할 수 있는 내용으로 구성해야 한다(김명희, 2018; 이완기, 2018).

넷째는 미래 사회의 기술력을 영어교육 분야에서 활용하는 방안을 증대해야 한다.

영어교육 내용을 의사소통의 기반이 되는 영어의 어휘, 문법, 발음, 읽기 등의 영역을 중심으로 구성한다면, AI를 활용한 로봇이 가르치던, 교사가 가르치던 문제가 되지는 않는다고 판단된다(이완기, 2018). 영어교육에 도움이 되는 기술력을 적재적소에 효율적으로 활용할 수 있는 방향으로 영어과 수업내용이 편성되어야 할 것이다.

다섯째는 영어의 다양한 유형을 제시하여 세계영어에 대한 친숙도와 이해도를 향상시켜야 한다.

세계화 시대의 의사소통은 서로 다른 배경을 가진 화자들이 소통하는 것이기 때문에 성공적인 의사소통이 이루어지기 위해서는 언어와 문화의 다양성에 대한 이해를 전제로 해야 한다. 따라서 미래의 영어교육에서는 다양한 영어의 변이형을 제시하는 것이 중요하다.

다양한 영어에 대한 노출 경험이 세계영어에 대한 인식에 긍정적인 영향을 미치기 때문에 영어의 다양한 유형을 접하게 하여 세계영어에 대한 이해도와 구사능력을 향상시켜야 한다(김은영, 김현옥, 2018; 심영숙, 2020; Kim, Lee, and Kang, 2017; Lee and Lee, 2019).

본서의 제2부는 한국 영어교육 정책의 발전과정을 고찰하였다. 제1장 조선의 근대화 과정과 한국 영어교육의 도입기 부분에서는 구한말 근대화 교육의 시작과 더불어 동문학, 육영공원, 관립외국어학교 등 근대식 교육기관이 설립되고, 아울러 이 시기에는 선교사들이 기독교를 전파하려는 목적으로 기독교 계통의 사립학교, 이화학당, 배재학당, 경신학교, 배화여고, YMCA학관 등이 건립되었던 과정과 각각의 교육기관에서 실시하였던 영어교육의 특징을 고찰하였다. 이 시기에 한국에서 최초의 영어교육이 시작되었으므로 본서에서는 이 시기를 한국 영어교육의 도입기라고 규정하였다. 이 시기의 영어교육은 영어의 모국어화자가 직접 영어교육을 담당하고 미국의 교과서, 성경, 찬송가 등이 영어 교재로 활용되어서 영어교육의 질적인 측면에서는 비교적 우수한 자질의 영어교육이 실시되었다고 평가될 수 있다.

제2장에서는 일제강점 시기와 영어교육 침체기를 개관하였는데, 이

시기에는 일어를 통한 영어교육이 시작되는 상황에 이르러서 한국의 영어교육은 이전의 영어교육 도입기에서 한 걸음 후퇴하는 국면을 맞게 된다. 일본에서 해방된 후 미군정 시기의 과도기와 임시교수요목 시기를 거치면서, 해방 이후의 사회 · 정치적인 혼란을 수습하고 대한민국 정부가 수립되면서 제1차 교육과정이 제정되고 한국의 공식적인 교육과정 시기가 열리게 된다.

제3장 한국 영어교육의 발전기에서는 제1차 교육과정에서 제5차 교육과정 시기까지의 각 시기별 교육과정이 제정되는 시대적 배경과 초등학교, 중학교, 고등학교 영어교육 내용을 고찰하였다. 특히 1) 영어과의 교육목표, 2) 영어과의 지도 내용으로 크게 구분하여 교육과정의 변천 모습을 정리하였다. 제1차 교육과정은 한국 최초의 교육법이 공포되고 교육과정이 최초로 제정되었다는 점에서 그 역사적 의의를 찾을 수 있고, 제2차 교육과정은 사회 · 정치적 변혁 시기에 사회적 안정과 경제개발을 위한 합리적 사고를 강조하는 교육과정의 특징을 지니고 있다. 제3차 교육과정은 새마을 운동, 유신과업의 수행 등, 사회적 배경을 등에 업고 경험 중심 교육과정에서 학문 중심의 교육과정으로 전환되었다. 제4차 교육과정은 유신헌법의 폐지, 제5 공화국 출범 등 변혁의 시기에 교육과정의 모든 면에서 개혁이 시도되었다. 제5차 교육과정 시기는 1986년 아시안게임, 1988년 올림픽 경기가 한국에서 개최됨으로써 국제화 시대에 부응하는 영어능력 배양이 강조되는 시기를 맞이하게 된다.

제4장 1990년대 이후 영어교육의 개혁기에서는 1990년대 한국이 OECD회원국이 됨으로써 세계사 속에서 한국의 위상은 이전보다 훨씬 높은 지위를 선점하게 되었고, 경제개발과 해외여행 자유화 등으로

의사소통 능력을 강조하는 영어교육을 실시하는 시기의 영어교육의 특징을 논의하였다. 아울러 제4차 산업혁명의 결과 정보통신 기술력이 고도로 발달되고, 이로 인하여 초래되는 인간 삶의 질적인 변화에 대처하면서 세계영어능력을 함양할 수 있도록 미래의 영어교육을 위한 정책적인 방향을 논의하였다.

제3부
세계어로서의 영어교육 실천 방안

본서의 앞 부분에서 세계화 시대에 핵심 의제로 떠오르고 있는 세계영어에 대한 정의 및 영어의 확산과정 및 모형에 대해서 살펴보고, 우리나라 영어과 교육정책의 흐름과 전망을 통해서 우리나라에서 영어교육이 도입되고 발전되는 과정을 살펴보았다. 위의 논의를 토대로 이번 제3부에서는 세계화 시대의 교육목표에 부응하고, 교육현장에서 구체적으로 실천할 수 있는 영어교육 방안을 모색해보고자 한다.

제1장에서는 21세기의 사회에서 제일 중요한 능력이라고 판단되는 문화간 의사소통 능력을 배양할 수 있는 수업 모형을 제시해보고자 한다. 본서에서 논의되는 수업 모형은 한국과 일본의 대학생들 간에 진행된 원거리화상수업을 실시한 경험을 토대로 수업 모형의 장점과 활용가능성을 고찰해보고자 한다. 제2장에서는 글로벌 사회에서는 글로벌 의식과 타인에 대한 배려심을 배양하기 위해서 문화교육을 중요시해야 한다는 주장이 팽배한데, 이러한 논점에서 문화교육의 중요성을 논의하고, 한국에서 현재 사용되고 있는 영어교과서가 문화적 내용을 다양하게 전달하고 있는지를 교과서 분석의 결과로 논의하고자 한다. 제3장에서는 현재 대학교 수업에서 영어의 외적 범주, 확장 범주 국가들의 영어와 문화를 통합적으로 지도할 수 있는 방법을 소개하여, 세계화 시대에 미래 사회의 주역으로 활동해야 하는 한국의 젊은 영어학습자들의 세계영어 구사력 및 의사소통 능력을 배양할 수 있는 구체적인 교육방법을 소개하고자 한다.

제1장 문화 간 의사소통 능력 향상을 위한 수업 모형

세계화 과정의 결과 다양한 분야에서 국가 간의 교류 및 협력과정이 일상적으로 발생할 뿐만 아니라 필수 불가결한 일이 되었다. 이러한 상호작용은 상호 의존적인 글로벌공동체를 형성시켰다. 글로벌공동체가 가지는 특징을 자세하게 논의할 수는 없으나 대표적인 현상을 요약하자면 다음과 같다. 첫째는 경제적 상호연관성이 두드러지게 나타난다. 예를 들면 2011년 일본 대지진과 쓰나미의 여파가 전 세계 기업에 끼친 영향력을 들 수 있다. 둘째는 노동인구도 세계화 현상에 영향을 받는다. 특히 과학기술 분야의 직업이나 고급 학위를 필요로 하는 직업을 위한 경쟁은 전 세계적인 현상이며 미숙련 노동조차 외부에서 위탁을 받고 있다. 셋째는 교육계 또한 세계화에 영향을 받고 있다. 1980~2010년 사이에 외국의 고등교육기관에서 공부한 학생들의 수는 3배로 증가되었다(Samover, A., et al., 2016: 4). 이러한 추세는 더욱 증가할 것이며 고등교육은 더 세계화될 것이라는 점이 교육계의 많은 종사자들로부터 예상되고 있다. 넷째는 세계화의 결과로 초래되는 사람, 자본, 정보의 빠른 확산과정으로 다양성이 증가되고 있다. 인구의 이동이 빈번하고, 또한 서로 상이한 가치관을 가진 글로벌공동체의 구성원들 사이에 의사소통의 갈등이 빚어질 가능성이 높아지고 있다. 이러한 잠재적 갈등을 예방하고 협력적인 관계를 조성하는 능력을 형성하기 위해서는 효과적인 문화 간 의사소통 기술을 지도해야 할 것이다.

21세기의 정보기술력의 발달과 세계화라는 두 가지 사회적인 특징을 바탕으로 "원거리학습(distance learning)"이 영어교육 분야에서 매우 중요한 역할을 수행하게 되었다. Taylor(2001)는 기술적인 진보와 디지털 과목의 발달은 교육과정 상에 중대한 영향력을 행사할 것이라고 예견했다: "미래에는 교실이 점점 더 확장되어서 글로벌화 될 것이다. 누구나 어느 곳에서나 가상의 공간에 둘러앉아서 함께 학습할 수 있다(p. 234)." 따라서 "원거리학습"은 Taylor에 의해서 예견된 교육적인 환경에서 가장 특징적인 변화 중의 하나라고 할 수 있으며, 우리는 21세기의 특징과 필요성을 포함할 수 있는 새로운 학습 환경을 구축해야 하는 상황에 직면하게 된 것이다.

이번 장에서는 이러한 사회적인 필요성을 직면하고 한국의 대학교육 현장에서 실시된 사례가 있는 일본과 한국 대학생 간의 문화간원거리학습(Cross-Cultural Distance Learning) 모형을 소개하여, 이러한 수업 모형이 한국의 대학교육 상황에서 학습자들의 관심과 흥미를 유발하고, 영어의 다양성을 체험하는 데 매우 효과적이라는 점을 입증하고자 한다.

1.1 문화 간 의사소통 능력의 중요성

과학 기술의 발달로 다양한 의사소통 방식이 개발되었으며, 현재 전 세계인은 이전보다 더 빈번하게 외국인과 소통하며 외국 문화에 접하고 있다. 외국과의 다양한 교류를 통해서 우리는 다국어화, 다문화되고 있으며, 이러한 다양한 문화와의 소통을 위해서 세계공영어인 영어를 매개체로 한 다문화 간 의사소통 능력에 대한 요구가 증대되고 있는 것이 사실이다. 이러한 시대 상황을 고려할 때 다양한 문화에 대한 이해를 기반으로 원활한 문화 간 의사소통 능력이 세계시민으로서 갖추어야 할 중요한 역량으로 강조되고 있다. 따라서 다양한 문화에 대한 이해와 문화 간 의사소통 능력은 영어교육에서 매우 중요한 역할을 담당하게 되었다.

문화 간 의사소통을 이해하기 위해서는 다음과 같은 사항들이 고려되어야 한다.

- 집단을 이루어 살아가는 사회에서 다양성은 가장 중요한 특징이다.
- 소통은 의미와 협상 과정을 통해 사회를 구성하는 도구이다.
- 소통의 의도와 해석이라는 과업을 수행하기 위해 추론이라는 인지심리적 행위를 하고, 불안감과 불명확성을 경험하고 극복하면서 성공적인 소통이 가능하다.
- 소통은 상호중립적인 과정이 아니라 사회적 관계의 지배를 받는 과정이다(Ruiz & Spinola, 2019).

외국어 학습 분야에서 문화 간 의사소통 능력(Intercultural Communication Competence; ICC)에 대한 정의와 구성요소를 제시하는 노력은 많이 있었으며, 그 중에서 대표적인 것은 Michael Byram(1997)의 모델이다. 그가 제시한 ICC모델은 언어 능력, 사회언어학적 능력, 담화 능력, 그리고 문화간 이해 능력으로 구성되며, 문화 간 이해 능력은 다음과 같은 5가지 하위 능력으로 구성된다.

- 태도(savoir être): 타문화에 대한 불신과 자신의 문화에 대한 신념을 내려놓고 호기심과 열린 마음을 보여주는 태도와 가치관
- 지식(savoirs): 상대방 문화권의 사회 집단과 그 집단의 구성원들이 만들어낸 문화적 산물과 관행, 그리고 그들의 상호작용 방식에 대한

지식

- 해석하고 연관짓는 기술(savoir competence): 타문화의 요소를 해석하고 자신의 문화 요소와 관계시키는 능력
- 발견과 상호작용 기술(savoir apprehendre/faire): 타문화에서 발견한 것들을 기초로 지식을 습득하고 지식을 활용하는 능력
- 비판적 문화 인식(savoir s'engager): 자신의 문화권과 타문화권의 명확한 이념, 관행, 산물 등을 근거로 비판적으로 문화를 평가할 수 있는 능력(한호 외, 2020: 73)

이러한 문화 간 의사소통 능력을 배양하기 위해서 영어교육 분야에서 다양한 연구가 진행되고 또한 그 결과물을 수업 현장에 적용하고 있다.

1.2 아시아 영어교육 상황의 특수성

오늘날 영어는 미국과 영국 등 내적 범주 국가들에서 모국어로서만 사용되는 것이 아니고, 나이지리아, 싱가포르 등 여러 나라에서도 제2언어로서 일상적으로 사용된다. 또한 일본, 중국, 한국, 러시아 등과 같은 나라에서 영어는 외국어로서 사용되고 있다. 2019년 기준으로 영어 모국어화자는 약 3억7천 명, 제2언어 화자는 약 9억 명으로 추정되며(https://en.wikipedia.org/wiki/List_of_languages_by_total_number_of_speakers), EFL화자로 분류되는 영어 학습자까지 포함하면 영어의 비모국어화자는 훨씬 더 많다고 볼 수 있다. British Council(2013)은 당시 영어의 비모국어화자를 17억5천만 명으로 추산했는데 2020년까지 약 20억 명에 이를 것이라 예상하였다(심영숙, 2020). 따라서 우

리는 외국어로서의 영어를 학습하는 학습자들이 영어의 모국어화자들과 의사소통을 하기 위해서 학습하는 것뿐만 아니라, 영어의 비모국어화자들과도 의사소통하기 위해서 영어를 학습하는 것을 인지해야만 한다. 이러한 상황에서 이제는 "국제어로서의 영어(English as an International language)", 혹은 "세계영어(World English)" 개념을 영어교육 환경에 어떻게 적용시키느냐를 고민해야 할 시기가 되었다. "세계영어"에 대한 개념(Crystal, 2003; Kachru, 1992; Jenkins, 2009)의 확산과 더불어, 영어 학습에서 영어의 비모국어화자들 간의 상호작용 개념이 도입되고 강조되었다. Nakano(2006: 9)는 아시아 상황에서 영어의 비모국어화자들 간의 상호작용이 지니는 장점을 다음과 같이 강조하였다. 그 첫 번째 장점은 영어의 비모국어화자들 말하는 속도가 영어의 모국어화자(native speakers of English: NS)들의 말하는 속도보다 느려서 이점이 초급 학습자들에게는 의사소통 과정을 이해하는 것을 용이하게 해준다는 점이다. 두 번째 장점은 아시아 국가들이 사용하는 영어는 공통적인 문법적인 현상을 나타낸다는 점이다. 세 번째 장점은 아시아권의 사람들은 가족의 가치, 연장자에 대한 관계, 또한 유교 사상과 같은 공통의 문화적 전통을 공유하고 있다는 점이다. 그래서 아시아 국가권의 사람들은 아시아 문화에서의 화용론적인 함축성을 보다 더 쉽게 이해할 수 있다. Yano(2006: 44-45)는 영어 학습에서 영어의 비모국어화자들 간의 상호작용이 영어교육에서 매우 효과적임을 다음과 같이 강조하였다. 첫째는 영어의 비모국어화자들 간의 상호작용은 일본 학습자들이 모국어화자들에 대해서 가지고 있는 열등의식을 감소하는 데 도움을 준다. 둘째로 영어의 비모국어화자들 간의 상호작용에서 영어를 사용하는 것은 학습자들로 하여금 의미

전달에 집중을 하고 발음에 주는 비중을 줄여주는 역할을 한다. 셋째는 영어 학습자들이 모국어화자들과의 의사소통보다는 편안한 상태로 자신의 생각이나 의견을 발표하게 함으로써 완벽한 상태로 영어를 구사할 수 있을 때까지 침묵을 지키기보다는, 부족한 상태에서라도 자신의 생각이나 의견을 표출하는 데 참여하게 된다. 아시아 국가들의 영어교육 상황에서 영어의 비모국어화자들의 상호작용을 강조하는 학술적인 이론에 근거하여 한국의 영어교육 환경도 영어의 비모국어화자들의 상호작용을 활용할 수 있는 환경으로 전환하고, 아시아 국가들의 영어 학습자들이 영어를 활용하는 기회를 확장시킬 수 있도록 새로운 학습법을 개발하는 것이 필요하다(Sugie & Mitsugi, 2014).

1.3 수업 모형의 특징

본 수업 모형의 특징은 인터넷 기반 멀티미디어를 활용하여 비모국어 영어화자들이 원거리수업을 진행한 것으로 요약될 수 있다. 이번 절에서는 원거리학습에 대한 소개와 이를 수업 모형에서 활용한 방식을 제시하고자 한다. 원거리학습의 역사는 지난 20세기 동안에 통신기술이 발달함에 따라서 원거리학습의 상호작용 가능성이 발달되어 온 과정이라고 간주된다(Kim, 2002: 33). 라디오와 TV가 보급되기 시작한 1960년대에는, 원거리학습은 우편서비스로부터 이동하여 전자매체를 활용하기 시작하였다. 1969년에 영국에서 개방대학을 설립함으로써 전자기술을 사용하기 시작하였다. 인터넷 기술은 학생들 간의 효율적인 상호작용을 포함했을 뿐만 아니라 전 세계를 통하여 즉각적으로 정보를 접근할 수 있도록 해주었다.

또한 원거리학습에서는 기술력이 교육적인 목적을 달성하는 데 매우 핵심적인 역할을 담당한다. Kozma(1994)는 교육 매개체의 본질적인 속성이 교수와 학습에 매우 중요한 영향력을 행사한다는 점을 강조하였다. 정보 기술력의 발달은 학습자들에게 자신과 동료 평가를 위해서 유용하고 이용가능한 방법을 제공함으로써 학습자들의 기술을 향상시키는 데 도움을 줄 수 있다(Kim, 2002: 38-39). 따라서 원거리학습의 발달은 기술력의 발달과 밀접하게 연관되어 있으며, 오늘날의 빠른 정보기술력의 발달은 교육환경에서 원거리학습이 보다 더 탁월한 위치를 점할 수 있는 기반을 형성해주었다.

원거리학습이 발달하게 된 주요한 요인으로 컴퓨터매개 의사소통(computer-mediated communication)을 빼놓을 수 없다. 21세기에 발달한 정보기술력의 영향으로 컴퓨터매개 의사소통 방식이 외국어교육 환경에서 매우 중요한 역할을 수행하게 되었다. 컴퓨터매개 학습은 컴퓨터를 매개로 진행되는 인간 대 인간의 의사소통의 형태라고 정의할 수 있다(Murray, 2000). 컴퓨터매개 학습은 기본적으로 두 가지 방식으로 구별된다: 시간성(동시성, 비동시성)과 매체유형(문자 혹은 음성). 즉 실시간 문자 매체(즉 채팅이나 메시지 전송): 비동시성 문자매체(즉, 전자메일과 게시판), 동시간적 음성 매체(e.g., 인터넷 전화와 음성 혹은 화상 회의), 비동시간적 음성 매체(e.g., 음성메세지와 음성 게시판). 컴퓨터매개 의사소통은 입력을 제공하고(Lai, C. and Zhao, Y., 2006), 또한 영어로 의사소통할 수 있는 보다 재미있는 방법을 학습자들에게 제공해줌으로써 학습자들의 동기를 증가시킬 수 있다(Hanson-Smith, 2000; Meskill and Ranglova, 2000). 또한 컴퓨터매개 의사소통은 영어기술을 향상시키고(Pennington, 2004; Zhang,

2009; Fotos, 2004), 학습자들의 동기를 유발하며(Greenfield, 2003; Hanson-Smith, 2000), 학습자들의 불안감을 감소시키는 역할을 담당한다(Kern, 1995; Sullivan, 1993). Lai and Zhao(2006)는 텍스트 기반 채팅과 같은 활동은 상호작용 과정에서 학습자들의 결과물에 대한 주의력을 집중하게 하는 효과가 있음을 강조하였다. Pasfield-Neofitou (2011)는 영어학습의 다양한 기회를 제공한다는 점에서 컴퓨터매개 의사소통의 장점을 제시하였다. 또한 Hyland and Hyland(2006)는 개별 학습자들에게 문자의 feedback을 줄 수 있다는 점도 장점으로 주장하였다.

Chen(2005)는 얼굴을 마주보고 하는 상호작용 과정보다 컴퓨터매개 의사소통이 학습자들의 불안감을 감소시키는 역할을 한다는 점을 강조하였고, Huh(2011, 2012)는 의사소통과정에서 컴퓨터매개 의사소통이 학습자들에게 편안한 학업분위기를 제공하고, 컴퓨터매개 의사소통을 사용한 수업 활동 과정에서 학습자들은 자기주도적인 학습을 할 수 있다고 주장하였다. Loveless(2002)와 Shneiderman(2002)는 컴퓨터매개 의사소통이 학습자들의 학습 과정을 진작시키고, 학습자들의 창의적인 사고 발달을 지원해줌으로써 학습자들의 창의성을 진작시킨다는 점을 강조하였다.

그러나 컴퓨터매개 의사소통의 부정적인 효과에 대해서도 많은 지적이 있었다. Olaniran(2006)는 기술적인 문제가 컴퓨터매개 의사소통 활동을 어렵게 만들 수도 있다는 점을 지적하였는데, 왜냐하면 의사소통 기술력에 대한 친숙함이 부족한 상태가 학습자들에게 불편함을 유발할 수가 있기 때문이다. Huh(2012)는 또한 컴퓨터매개 의사소통에서 활용되는 수업교재가 학습자들의 요구를 충족시키는 데 부족하다는 점을 지적하였다. 왜냐하면 컴퓨터매개 환경에서는 수업 교재를 선별해서 채택하는 것이 매우 어렵기 때문이다. 그러나 이상과 같은 여러 가지 컴퓨터매개 의사소통의 제한점에도 불구하고 컴퓨터매개 의사소통은 언어학습 환경에서 매우 유용하고 효과적인 도구임이 분명하다.

본 수업 모형으로 교육을 실시하던 2016년도 당시에는 컴퓨터 매개 학습 등 인터넷 기반 교육매체가 교육현장에서 주를 이루었으나, 현재는 스마트 기기를 활용하여 학습자들이 시간과 장소를 가리지 않고 자유롭게 상호 소통할 수 있는 교육환경이 구축되어 있다. 더욱이 인공지능, 로봇학습 등 4차 산업혁명의 결과로 빚어지는 기술력의 활용을 고려한다면, 더욱 용이한 방법으로 외국 대학생과의 온라인 수업이 가능해질 것이라 예상된다.

그러나 여기에서 반드시 고려해야 할 사항은 외국대학교 학생들과의 원거리수업을 성공적으로 진행하기 위해서는 온라인 수업을 위한 기술적인 환경을 구축해야 할 뿐만 아니라, 책임감 있는 자세로 공동수업에 참여할 수 있는 외국대학교 학생들을 발굴하는 것이다. 위와 같은 조건이 충족된다면, 원거리학습 수업 모형은 아시아 학습자들에게 문화 간 의사소통 능력을 향상시키고, 영어구사력을 고양시키는데 적합한 수업 모형이라고 판단된다.

확장 범주에 속하는 한국과 일본의 영어교육 상황에서는 원어민 화자와 직접 의사소통을 할 수 있는 상황보다는 비원어민들 사이의 의사소통 상황에서 영어가 도구로 사용되는 경우가 더 보편적이라고 할 수 있다. 이러한 영어교육의 사회 · 문화적 특성을 고려할 때 한국-일본의 대학생들 간의 의사소통을 영어로 할 수 있는 환경을 구축하고 이러한 상황에서 학습자들의 만족도를 조사하는 것이 앞으로의 세계 영어를 학습하는 새로운 패러다임을 구축하는 데 효과적이라고 판단된다.

이러한 목적에서 국내의 N대학교와 일본의 W대학교와의 원거리수업[23]이 개발되었다. 이러한 수업 모형의 목적은 다음과 같이 요약될 수 있다.

첫째는 대학교 영어교육 현장에 "문화간원거리학습"을 새로운 영어교육 수업 방안으로 도입하는 방법을 소개하는 것이다. 이 수업 모형은 아시아 국가들의 영어교육 상황에서 영어의 비모국어화자(non-native speakers of English; NNS)들 사이의 의사소통 활동을 통하여 영어를 학습하는 방법을 제시했다는 점에서 새로운 수업 모형으로 평가될 수 있다.

두 번째 목적은 문화간원거리학습 모형이 한국의 영어 학습자들의 동기와 흥미를 유발하는데 매우 효과적이라는 점을 입증하는 것이다. 이번 연구에서 연구의 대상이 되는 문화간원거리학습은 한국의 N대학과 일본의 W대학 간의 양교의 협정에 의해서 2005년부터 진행해 온 수업 모형이다. 본 연구는 문화간원거리수업에 참여한 한국과 일본의 대학생들에게 공동의 설문 조사를 통하여 학생들의 만족도를 조사하였다. 설문조사를 통하여 참여한 학생들의 반응을 분석한 결과 이 수업 모형에 대하여 학생들은 대부분이 만족도가 높았고, 또한

23) 한국의 N대학교와 일본의 W대학교는 양교 간의 CCDL(Cross-Cultural Distance Learning)에 대한 공동수업 사업에 협정을 맺고 2005년부터 수업에 참여하였다. 본서에서는 2016년 1학기에 양교 간 시행하였던 수업 자료를 토대로 수업 모형과 학습자들의 반응을 기술하였다.

이 수업 모형이 영어의 의사소통 능력을 향상시키는 데 많은 도움을 주었다는 결과를 얻을 수 있었다.

Chang(2018a) 연구 결과에 기초하여 본 수업의 절차에 대해서 간략히 소개하고자 한다. 2016년도 실시한 수업에 참여한 양교 학생들의 정보는 다음과 같다.

참가자
한국 과목명 : Intercultural Communication (53명)
일본 과목명 : Intermediate High English (36명),
English Conversation (33명) (합계 69명)
한국의 참가자 중 7명 학생을 선발하여 인터뷰 과정에 참여시켰다. 인터뷰에 참가한 학생들에 대한 정보는 다음과 같다.

〈표 1〉 인터뷰에 참가한 한국대학생 정보

Participants	Grade	Gender	English Proficiency
Student 1	3rd	Male	Excellent
Student 2	3rd	Male	Average
Student 3	1st	Female	Average
Student 4	1st	Female	Good
Student 5	1st	Female	Good
Student 6	4th	Female	Average
Student 7	1st	Female	Average

〈표 2〉 수업 모형의 구성 요소

Participants	University students in Korea and Japan
Synchronous Online Activities	Video / voice / text chat-style distant interaction with LiveOn session
Asynchronous Online Activities	BBS session named CourseN@vi.
Chatting Topics	· Introduce yourself to your partners · What do you think of the importance of language learning for intercultural communication? · Future plans in university, after graduation, studying abroad, types of company you want to work for, etc. · Invitation to a sightseeing spot in our country
Communication environment	computers in the computer room using the wired broadband network on campus

이 수업 모형은 온라인 채팅 프로그램(online chatting system), 화상회의 수업(video conferencing lecture), 게시판 활동(bulletin board system)으로 구성되어 있다. 양 국의 학생들은 정해진 시간에 온라인 채팅을 통하여 정해진 주제에 대해서 자유롭게 영어로 대화를 주고받으며, 수업이 끝난 시간 이후에는 게시판 활동을 통하여 본인들의 의견을 자유롭게 개진할 수 있었다. 또한 특정한 주제에 대하여 화상회의를 통하여 얼굴을 마주 보면서 서로의 의견을 자유롭게 피력할 수 있는 장점이 있었다. 이번 자료에서 포함된 2016년 수업에서 채택한 채팅 주제로는, 1) 상대방에서 자신을 소개하기, 2) 문화 간 의사소통을 위해서 언어를 학습해야 하는 중요성을 논의하기, 3) 대학교 졸업 후 자신의 미래의 계획을 설명하기: 해외 유학이나, 취업하고 싶은 분야 등, 4) 우리나라에서 자랑하고 싶은 관광명소 소개하기 등이 포함

되었다.

1.4 수업 모형에 대한 평가

본 수업을 실시한 이후에 학습자들을 대상으로 실시한 설문조사 결과 다음과 같은 결과를 얻었다.

설문 항목〉 온라인 채팅 활동이 학습자들에게 유익했는가?
응답자 중 22.6%가 매우 유익했다, 47.1% 유익했다, 11% 보통이다, 1.9% 유익하지 않았다, 3.7% 전혀 유익하지 않았다라고 답변하여, 수업 모형에 대하여 학습자들의 만족도가 매우 높은 것(69.7% 학생들이 "매우 유익하다, 유익하다"로 답변)으로 평가된다.

설문 항목〉 원거리학습 수업에 다시 참여하고 싶은가?
위의 설문 항목에 대해서는 응답자 중 15% 매우 동의한다, 50.9% 동의한다, 24.5% 보통이다, 5.6% 동의하지 않는다, 3.7% 전혀 동의하지 않는다로 답변하여, 65.9%의 학생이 다시 참여하고 싶은 의견을 제시하여 수업에 대한 만족도가 높은 것(65.9% 학생들이 "매우 동의한다, 동의한다"로 답변)으로 나타났다.

설문 항목〉 본 수업 모형에서 가장 인상적이었던 점은 무엇인가?
위의 설문 항목에 대해서는 응답자 중
45.3%〉 This model increased the opportunities to share the cultural knowledge of foreign countries.

18.9%〉This model made me recognize the importance of English language in the globalized world.
15.1%〉This model increased my motivation to learn and practice English.
13.2%〉This model lowered down the anxiety to learn English.
7.5%〉This model improved my typing skills.
이상의 결과에서 알 수 있듯이 45.3%의 학생들이 다른 나라에 대한 문화적 지식을 공유할 수 있는 기회가 증대되었음을 이 수업에서 가장 인상적인 점으로 설명하였다.

또한 학습자들을 대상으로 인터뷰를 실시한 결과 본 수업 모형에서 가장 인상적이라고 판단하는 답변에 대해서 다음과 같은 반응이 도출되었다.

The benefits of Cross-Cultural Distance Learning Program have two things. First, we can learn **the other country's culture such as cultural courtesy, and differences of behavior.** So, after learning the lectures, we can communicate with foreign people easily. (Student 3)

I could learn more about **the other countries** through real Japanese. When I travelled Japan, I didn't know about their tradition, habits, or people. But I talked with Japanese friends they taught me friendly and easily about Japan. So through that program I could know **more about Japan.** (Student 2)

I think there are **few differences** between two countries. Because when I chatted with them, I found many similarities with them. Although there are some differences between us, generally I didn't find differences not much. (Student 4)

I could not find any cultural differences because we talked about daily story. When we talked about **cultural taboo**, this reminded me of feeling refreshed. Korea doesn't write the people's name to any red pen because of having some bad rumors. On the other hand, Japanese thinks the complete opposite of what we think. (Student 7)

I interested about "Future plan". I could hear about other student's opinion on my plan and they explained their future. It was nice and awesome experience that I heard about **other country's students' future**. They explained their country's jobs and people prefer what kind of jobs. It was little different in Korea. It was interesting theme in that program. (Student 6)

It is true that having **an actual command of English** is most important, but it is not easy to get a chance to practice it. It was the biggest benefit of CCDL that I could read and write **practical English in person.** The method we can flexibly talk to each other with is to **use English language.** Through Japanese friend's answer and question, I can **find meaning of English** I don't know well and acquire it. (Student 1)

First, I could improve **my English skills.** During that time, I prepared for the next theme so I should do writing and search information in English. Also, when Japanese friends asked me what I didn't prepare, I should make my opinion instantly. So I could have handling the-the situation ability. (Student 2)

What I thought for the benefit of this program is that I could communicate with foreign students with English which is unusual experience. By this program, I could use English regularly and be confident. By this, I tried to explain exactly what I want to say and this became **my motivation to study English phrase.** (Student 5)

But most importantly chatting system was really helpful to **improve English.** Without talking, students could learn **the communication skills.** (Student 7)

이상과 같은 설문조사와 인터뷰 결과, 학습자들은 다른 나라 학습자들과의 원거리수업을 통해서 다른 나라의 문화를 접할 수 있는 기회가 높아지고, 글로벌 시대에 영어구사력의 중요성을 인식할 수 있었다는 점을 장점으로 제시하였다. 이러한 결과는 세계영어에 대한 이해도와 적응력을 향상시키고자 하는 한국의 당면한 영어교육의 목표에 적절하게 부합하는 수업 모형이라는 것을 입증하는 좋은 증거라고 판단된다.

아울러 학습자들이 참여했던 온라인 채팅 활동과 게시판 활동에서 표현되었던 내용 중에서 문화 간 이해도가 증대되었다는 증거를 채팅 주제를 중심으로 다음 3가지 항목으로 구분하여 제시할 수 있다.

(1) Food, clothes, and others, (2) Cultural taboos in two country, (3) Establishing global values.

(1) Food, clothes, and others

ex1) J: By the way, what is **favorite food** in Korea?

K: **Galbi.** Do you know?

J: **Galbi?** K: It's so delicious. J: Korea has many delicious food.

ex2) K: Do you know **Hanbok**? J: I don't know. What's **Hanbok**?

K: **Korean traditional clothes.**

J: I am sorry. I have never worn **Hanbok.**

When do you wear Hanbok?

K: We wear on New Year Day.

J: It resembles to **Japanese Yukata**.

Do youk now **Yukata or Kimonos**?

K: **Kimono!**

J: Oh, **Kimono** is usually worn by women.

ex3) In Korea there are many culture. But I think the most important culture is cooperative spirit. Long time ago Korea is an **agriculture country**. Soon ehouse harvest rice all nea r house help that house.

After harvest **rice harvest** house have a little party. It made people cooperative and friendly.

이상의 학생들의 수업 참여 자료를 분석한 결과 학생들은 한국과 일본의 음식(갈비), 의복(한복, 기모노, 유카타, 등), 양국의 농업국가로서의 특징들에 대해서 많은 관심과 흥미를 표현하고 있음을 알 수 있었다.

(2) Cultural taboos in two countries

ex1) K: I think that Japanese and Korean have **same taboo**.

J: What is the **taboo** in Korea?

K: Write name with red color, it has bad meaning.

J: Oh, same in Japan.

K: And **number 4 meaning death**, too.

J: Yes, it's same.

ex2) K: In Korea, **don't cut nails at the night. And luck will run away from you if you shake your legs.**

J: Oh, why?

K: This is because people got hurt when cutting nails because it was too dark at nights in old days.

J: Your explanation is great.

ex3) Korea has its own **unique identity of the manners. Young people is also important to politely say hello to the elderly.** In the US, contacting eye when the person talk to other people, is an important expression he or she is listening well. But in Korea, it is very rude expressions. Seeing straight at the aged eyes is the actions that can be misunderstood in disrespectful and impolite ways.

ex4) Hi, I'm going to talk about **cultural taboo** today! In the Korea **courtesy and greetings** were considered to be an important thing since ancient times. Ancestors of Korea thought that words and deeds with good manners will make faith between each other.

양교의 학생들은 자국의 문화적인 타부 현상에 대해서도 예를 소개하면서 관심을 표현하였다. 예를 들면 숫자 4는 죽음을 표시하기 때문에 피하는 경향이 있고, 밤에 손톱을 깍지 않는다는 점, 또한 어른에 대한 존경과 예의를 갖추는 전통 등에 대한 문화적 정보를 공유하였다.

(3) Establishing global values

① **University life**

ex1) K: Today our topic is what we should do in **our college life?**

J: OK.

K: What do you want to do in the college?

J: I want to **learn education for children who cannot go to school around the world.**

K: Wow!

J: And I want to **improve my English.** How about you?

K: I want to meet new friends.

J: I want to learn various things, education, English, etc.

② **Importance of language learning**

ex1) J: Today's topic is how do you think **the importance of language learning for intercultural communication?**

K: I think English is important.

J: I think so.

K: We live in **the global age.**

J: Global is the keyword of our generation. **English is important because most of people can use English.**

K: Calling to friend when he or she lives abroad and sending things to overseas is not difficult anymore.

J: **Without English, we cannot communicate with others.**

K: English connect us.

ex2) In my personal opinion, **English is the most widely used language, so that can be considered as a global language.** Moreover, since the national competitiveness of English-speaking countries are quite high, it can be convenient when we travel or work at any part of the world if our English is fluent.

ex3) There are many reasons of language education. Firstly, **we can communicate with other people by learning language.** People conversation by using language. Secondly, language is a tool of education. It is essential to knowledge acquisition. Thirdly, we can establish identity through own language. The language of nation represents their culture.

또한 세계화의 중요성에 대해서 공통된 의견을 형성하고 추구하는 측면에서도 양교의 학생들은 많은 공감대를 표시하였다. 영어 학습의 중요성, 세계 여러 나라들과의 의사소통을 할 수 있는 능력의 중요성에 대해서 학습자들이 높은 공감대를 형성하는 모습을 보여서, 본 수업은 세계화 시대의 교육목표에 부합하는 교육적인 효과를 달성하는 수업 모형이라고 판단된다.

Chang(2018a)의 연구 결과 이 수업에 참여한 학생들의 인터뷰 결과에서도 학생들은 본 수업 모형이 문화 간 이해도를 향상시키는데 도움이 되었다는 다음과 같이 긍정적인 답변을 제시하였다.

It is true that having **an actual command of English** is most important, but it is not easy to get a chance to practice it. It was the biggest benefit of CCDL that I could read and write **practical English in person.** The method we can flexibly talk to each other with is to **use English language.** Through Japanese friend's answer and question, I can **find meaning of English** I don't know well and acquire it. (Student 1)

First, I could improve **my English skills.** During that time, I prepared for the next theme so I should do writing and search information in

English. Also, when Japanese friends asked me what I didn't prepare, I should make my opinion instantly. So I could have handling the situation ability. (Student 2)

What I thought for the benefit of this program is that I could communicate with foreign students with English which is unusual experience. By this program, I could use English regularly and be confident. By this, I tried to explain exactly what I want to say and this became **my motivation to study English phrase.** (Student 5)

But most importantly chatting system was really helpful **to improve English.** Without talking, students could learn **the communication skills.** (Student 7)

본 수업 모형은 일본과 한국이라는 아시아권 국가들의 영어의 비모국어화자들이 영어를 사용하여 의사소통하는 방식을 공통적으로 활용하고 있다는 점에서 그 특징을 찾아볼 수 있다. 이러한 아시아권 국가들의 학생들이 영어의 모국어화자와의 의사소통이 아니라 영어의 비모국어화자들 간의 의사소통을 통한 영어 학습 환경에 대해서도 매우 높은 만족도를 나타냈다는 점에서 향후 우리나라의 영어교육 환경을 새롭게 구축하는데 많은 시사점을 제시할 수 있다. 온라인 채팅 프로그램, 화상회의 수업, 게시판 활동으로 구성된 문화간원거리학습 모형을 통하여, 학습자들은 영어의 구사력을 향상시킬 수 있었고, 학습 동기와 흥미를 유발하였으며, 긴장감이 낮은 상태에서 학습의 효과를 높일 수 있었고 상이한 문화를 이해하여 상대방에 대한 이해도를 높일 수 있었다. 따라서 문화간원거리학습이 참여 학습자들에게 영어 학습에 대한 동기와 흥미를 유발시킬 수 있는 매우 효과적인 수업 모형으로 평가된다.

Kachru(1992)가 지적하였듯이 영어를 외국어로서 학습하는 확장 범주에 속하는 국가들에서는 영어의 모국어화자들 간의 의사소통 가능성보다는 영어의 비모국어화자들 간의 의사소통 빈도수가 훨씬 더 높은 것이 사실이다. 따라서 영어를 외국어로서 학습해야 하는 확장 범주 국가들의 교육상황에서는 이러한 시대적인 요구를 수용할 수 있는 새로운 영어 학습 모형을 고안해야 할 필요성이 있고, 이러한 상황과 필요성을 반영해서 탄생한 것이 문화간원거리학습 모형이다.

앞으로는 정보통신 기술력의 획기적인 발달로 교육 환경의 급격한 변화가 예상되며, 영어교육의 환경 변화에 적합한 수업 모형을 개발하는 것이 매우 중요한 과제이다. 그러한 노력의 일환으로 온라인 교육을 통한 외국대학생들과의 문화간원거리수업 모형을 한 예로 제시해보았다. 앞으로 고도로 발달된 정보통신 기술력을 활용하고, 다양한 문화적 배경을 지닌 영어의 비모국어화자들 사이의 의사소통을 통해서 세계어로서의 영어를 학습할 수 있는 수업 모형을 발전시키는데 더욱 많은 노력을 경주해야 할 것이다.

제2장 21세기 언어교육 정책과 한국의 영어교과서

이번 장에서는 세계화 시대에 적합한 언어정책의 특징과 여기에 수반되는 영어교과서의 내용 및 교과서를 통한 문화 교육에 대해서 논의하고자 한다.

2.1 세계화 시대의 영어교육

세계어로서의 영어교육과 영어교과서를 논의하기 전에 Tollefson, J. W. (2013)이 정의한 "세계화(globalization)"에 대한 내용을 소개하고자 한다.

18~19세기는 유럽에서 국가주의는 정치적 정체성을 공유하고 있었다. 공동의 문화를 소유하고 문화의 중심에서 언어가 중요한 역할을 담당하였다. 20세기 후반 20년 동안 즉 1980년대 1990년대 국제적인 차원에서 사회적, 경제적, 정치적 조직에서 근본적인 변화가 야기되었고, 이러한 변화는 국가주의의 역할을 약화시켰다. 변화의 중심에는 글로벌 공용어인 영어의 확산과정이 자리잡고 있었으며, 20세기 논의의 중심이었던 언어공동체에 대한 개념이 약화되었다.

1920년대 경제 공황, 1930년대 극우세력 일당독재가 등장하였고 제2차 세계대전은 전체주의에 대한 전쟁으로 전후 진보적인 정치 · 경제정책을 지지하는 사회 분위기가 팽배하게 되었다. 전후에 식민정치가 종식되고, 제2차 세계대전 이후 20~30년 동안은 중 · 고등 교육의 확산 현상을 거치게 되고 노동하는 아동을 위한 교육의 기회를 강조하였다.

1970년대는 위기 상황이 증대되어서 대다수 인구가 고용이 안 되고 정치적 불평등을 겪게 되면서 이러한 문제에 대해서 정부의 대처가 불가능한 상황이 발생하였다. 결과적으로 정부형태가 약화되고 다국적 기업의 영향력이 강화되고 정부의 통제가 없는 자본주의 경제체제로 전환되었다. 다국적 기업의 확대와 통신기술력의 발달로 영어의 확산 현상이 필연적으로 도래하게 되었다.

세계화의 영향으로 이민이 확대되고, 동시에 고도의 인구가 집중되고, 중 · 고등 교육의 확산 결과 고등 교육의 수준을 요구하는 직업의 수가 늘어나게 되었다. 이러한 현상으로 사회적 구조가 변화되고 가족과 혈연 체제가 붕괴되었다. 글로벌 자본주의 과정은 이주, 도시화, 직업의 변화 현상으로 요약된다. 글로벌 기업은 영어와 기술적인 능력을 요구하고, 글로벌 시대는 다양하고 유동적이고 변화하는 개인의 정체성을 기본으로 세분화된 이념을 포함한다.

세계화 / 글로벌화(Globalization)란 지구촌 한 곳의 사건이나 결정이 다른 곳의 사건이나 사람들에게 막대한 영향력을 행사하는 복잡한 과정이다. 세계화 과정에 의해서 급상승된 지적인 상호작용의 다양한 형태에 참여하는 것이 개인과 집단에 다양한 결과를 초래하였고, 그 영향력의 유형은 일관적이지 않다. 이러한 시대적 요구 때문에 경제적인 이익을 얻기 위해서 영어 능력이 더욱 요구되고 이에 부응하는 영어교육의 수요가 확산되고 기술력의 발달이 영어의 접촉을 더욱 용이하게 한다. 세계화 시대에서 가장 중요한 능력을 꼽는다면 정보통신 기술력과 영어능력을 들 수 있다. 이러한 두 가지 기술이 글로벌 시대의 읽기 · 쓰기 능력으로 정의된다(Tsui, A. B. M. & Tollefson, J. W., 2007: 1). 각 나라는 세계화 시대의 도전을 극복하기 위해서 젊은 학습자들을 대상으로 두 가지 능력을 향상시키는 데 최선을 다하고 있다.

세계화의 과정은 사회의 모든 면에서 서로서로 상호작용하는 과정을 의미하는데, 이러한 과정은 영어의 전 세계적인 확산에 의해서 촉진되고 강화되어져 왔다. 지식과 경제의 통합과정과 나란히 영어가 국제적인 의사소통과 이해과정의 언어가 되었다는 의견에는 더 이상의 반론이 없다고 해도 과언이 아니다. 이런 면에서 미래의 교육 현장에서는 영어의 중요성이 더욱 강조될 것임이 분명한 사실이다.

이런 세계화 시대에 살고 있는 우리들에게 영어교육이 단지 외국어로서의 영어교육만을 의미하는 것은 아니므로, 세계어로서의 영어교육을 목표로 설정해야 한다. 영어교육의 목표는 원어민들의 의사소통을 이해하는 것이 아니라, 문화가 서로 상이한 화자들 간 다른 관점을 중재하고 문화적 배경이 다른 화자들과 상호작용하는 능력을 향상하는 것으로 설정되어야 한다. 영어를 세계공용어로 사용한다면 정체, 경제, 사회, 문화 등의 다양한 분야에서 세계어로 소통할 수 있는 능력을 갖춘 화자를 양성하는 것이 영어교육의 목표가 될 것이다.

현재까지 진행된 선행연구의 결과를 살펴보면, 우리나라 영어교과서는 다양한 영어변이형을 제시해주지 못하는 경향이 있다(심영숙, 2015). 한국의 영어교과서가 세계화 시대에 적합한 교육 목표에 부합하는 본질적인 역할을 수행하기 위해서는 서로 다른 언어문화적인 배경을 가진 사람들이 의사소통하는 상황에서 그들이 사용하는 다양한 영어변이형을 보여줌으로써 영어 학습자의 문화 간 의사소통 능력을 함양시켜야 한다.

2.2 언어교육정책과 영어교과서

한국은 1986년 아시안게임, 1988년 올림픽게임을 거치면서 1980년대에 국제사회에 노출이 많이 되고 또한 1990년대에 국제화 열풍이 강하게 불면서 영어가 더욱 중요하게 되었다. 새로운 기술력이 발달함에 따라서 세계화 현상은 정치적 · 경제적 · 사회적 · 문화적인 모든 영역에 국내적으로나 국가적으로 중요한 변화를 초래하게 되었다. Brown and Lauder(1997)이 지적했듯이 교육체계도 사회의 경제적 · 정체적 구조의 일부분으로 인식되고 구성되고 있다. 세계화에 의해서 초래된 도전에 어떻게 대응해야 하는 것인가의 문제가 한국을 포함해서 많은 국가들의 중요한 교육적인 의제가 되고 있다. 한국이 직면하고 있는 많은 도전 가운데 하나는 학생들을 글로벌 사회의 인재로 성장시킬 수 있는 기술을 어떻게 가르치느냐의 문제이다: 외국어 능력, 수학적인 논리력, 과학적인 사고, 그리고 컴퓨터 능력 등. 이러한 능력 가운데서 가장 중요한 것은 영어능력이다. 왜냐하면 영어는 발달한 정보통신 기술력을 통하여 전 세계인이 물리적인 거리감이 없이 의사소통을 할 때 세계공용어(Ligua Franca)로서 의사소통에서 중요한 매개체의 역할을 하기 때문이다. 영어능력이 개인적으로나 국가적으로 21세기의 생존 기술이 된 것은 사실이다(Graddol, 2001; Gray, 2002).

한국에서는 최근에 세계의 문화를 한국에 전파하고 또한 다른 문화를 존중하는 방식을 교육시키는 데 많은 노력을 기울이고 있다. 현재 우리나라의 교육에서는 한국 학생들을 세계의 도전에 대응해서 국제적으로 다양한 분야에서 주도적인 역할을 할 수 있는 인력으로 양성시키는 것이 당면 과제이다. 이러한 목적을 달성하기 위해서 한국은 영어구사력에 능숙한 학생을 배출하도록 교육시키는 동시에 학생들이 한국의 국가적 자긍심을 중요하게 인식하도록 교육시키는 것도 강조하고 있다. 왜냐하면 한국 학생들이 영어로 한국의 전통과 민족적인 동질성을 세계에 소개하는 능력을 반드시 구비해야만 하기 때문이다. 한국 정부는 1997년 초등학교 3학년부터 영어를 필수과목으로 지정하고 이러한 세계화 전략(globalization policy)에 의해서 구현된 목적을 달성하기 위한 영어교과서의 내용도 수정하였다. 따라서 교육정책의 개혁으로 채택된 교과서가 국가의 세계화 전략(예를 들면 한국의 세계화 참여, 한국의 국가적 정체성 및 자긍심 고취하기 등)에 얼마나 부응하는가를 평가하는 것은 영어교육 목표를 실천하는데 매우 중요한 과제이다.

교과서는 국가적 정체성에 대한 국제화의 영향력을 연구하는 시발점이다. 왜냐하면 국제화 정책의 중요한 요소가 영어교과서의 내용에 분명하게 반영되기 때문이다. 교육 현장에서 영어교과서는 다양한 역할을 수행하지만, 세계화 시대에서는 국가적인 자긍심과 민족적인 정체성을 고양하고, 다양한 인종 집단의 이해관계를 조정하며 국민들의 국제화 시각을 향상시키는 것이 주요한 역할로 부각된다.

이러한 시대적 상황에서 영어교과서와 관련된 주요한 문제는 첫째, 민족적인 정체성과 글로벌 감각을 향상시키는 방향에서 영어교과서가 어떤 역할을 하는가?

둘째는 각 나라의 국민들이 세상에 대한 지식을 전달해줄 뿐만 아니라 영어 기술을 발달시켜주는 영어교과서를 통해서 세계화 감각을 어떻게 향상시킬 수 있는가?로 요약될 수 있다.

국가의 언어정책의 목적은 학생들이 다양한 경험을 통해서 언어와 문화를 이해할 수 있는 능력을 향상시키는 것이라고 정의할 수 있고, 이러한 문화적 다양성이 어떻게 교과서에 반영되고 교실 수업에서 학습될 수 있는가와 같은 언어교육정책과 영어교과서의 역할에 대한 본질적인 문제가 제기되고 있는 상황이다.

세계화 시대에 부응하는 언어교육을 실시하기 위해서 2000년 대 이후에 교육 분야에서 언어정책과 문화에 대한 연구가 활발하게 진행되었는데, 현재까지 세계화 시대와 관련된 언어정책과 영어교과서에 대한 연구 내용을 살펴보면 다음과 같다.

Yim Sungwon (2007)은 세계화 시대에 적합한 인재를 양성한다는 목표를 달성하기 위해서 한국정부가 실시한 교육정책의 적합성을 영어교과서 분석을 통해서 입증하였다. 1995년에 개정된 교육과정을 기초로 집필되고 2001년부터 각 학교에서 사용되고 있는 중학교 영어교과서를 선택하여 각 교과서의 주제별 구성, 문화적 내용을 분석하였다. 분석 결과 한국은 국가적인 목적과 국제적인 책임 의식을 모두 포용할 수 있는 언어능력을 배양하여 한국이 세계 속에서 더욱 강하고 발전적이고 영향력을 행사하는 국가로 성장시키는 것을 국제화 전략의 목적으로 설정하였다는 것을 입증하였다. 또한 이러한 교육 목표를 달성하기 위해서 편찬된 영어교과서는 영어능력을 향상시키면서 다양한 세계 문화를 한국에 소개하고 동시에 한국적 가치관과 전통을 세계에 소개하여 국가적 자긍심을 향상시키는 교육목표를 달성하는 데 매우 긍정적인 역할을 하는 것으로 평가하였다.

Hashimoto, K. (2007)은 일본이 21세기 들어서 지난 10년 동안 경제적인 거품이 붕괴되면서 겪은 경제적 침체로부터 초래된 안정성, 가정의 안정감, 국가의 지도력에 대한 신뢰감, 미래에 대한 신뢰감의 상실이 영어교육에 어떠한 영향을 미쳤는가를 연구하였다. 연구 결과 일본은 잃어버린 10년을 회복하기 위해서 새로운 일본의 정체성을 강조하는 방향으로 영어교육 정책을 실시하였다고 평가하였다.

David, M. K. & Govindasamy, S. (2007)은 다중언어, 다민족 국가인 말레이지아에서 영어교육이 민족적 정체성을 형성하기 위해서 어떠한 역할을 수행하는가를 영어교과서 분석을 통해서 입증하였다. 분석 결과 영어교과서는 말레이시아의 민족적 자긍심을 향상시키고 동시에 말레이시아의 다양한 국제화 관점을 포용하는 역할을 수행하는 것으로 평가하였다.

Tsui, A.B.M. and Tollefson, J.W. (2007)은 세계화 시대의 언어정책과 국가의 문화적 정체성의 중요성을 역설하였다. 세계화 시대는 기술력의 발달과 영어능력으로 특징되며, 이 두 가지 능력이 세계화 시대의 읽고 · 쓰는 능력으로 평가될 만큼 중요하다고 평가하고, 아시아 국가들이 세계화 시대의 도전에 대응하는 방법 및 언어정책이 수행하는 역할의 중요성을 강조하였다.

Tollefson, J. W. (2013)은 교육 분야에서 언어정책의 중요성에 논의하면서 현재는 다중언어주의가 대세이고 언어정책이 사회 정치적인 갈등을 통제하는 중요한 역할을 담당하며 언어정책과 이데올로기는 서로 중요한 연결고리를 갖게 된다는 점을 강조하였다.

Ping, Q. (2014)는 중국의 초등학교 영어교과서에 반영된 영어정책을 분석하였다. 다양한 중국의 문화가 표현되는 언어자료를 분석하고, 이러한 문화적인 표시가 중국-글로벌 사이의 힘의 연결 관계에서 어떻게 구현되는지의 여부, 그리고 교과서에서 나타난 이데올로기가 학습자 자신들의 문화와 외국 문화를 인식하는데 어떤 영향을 미치는 지에 대해서 연구하였다. 연구 결과 현재 영어교과서가 학생들이 자국 문화에 대해서는 우호적인 인식을 갖도록 구성되었으며 외국 문화에 대해서는 너무 특정 문화에 대해서 편향적인 시각을 갖도록 편성되었다는 점을 지적하였다.

Horii, S. Y. (2014)는 일본 정부의 영어교육 정책이 일본 학습자들이 다양한 경험을 함으로써 언어와 문화를 이해하는 능력을 향상시키는 것으로 정의되는데, 과연 이러한 교육 정책이 어떻게 교육 현장에 적용되고 교과서를 통해서 다중언어적이고 다문화적인 시각이 교실 수업 활동에 반영되는 지의 여부를 분석하였다.

또한 영어교과서에 반영된 문화교육에 대한 선행연구를 살펴보면 다음과 같다.

Su, Y-C. (2016)은 대만의 고등학교 영어교과서에 나타난 문화 간 이해를 위한 영어의 위상을 분석하였는데, 결과적으로 영국과 미국 문화에 집중된 현상을 발견하였다. 가장 많은 비중은 미국적인 내용이 차지하고 그 다음은 영국 문화, 그 다음은 서구사회의 지배적인 유럽 국가들에 대한 문화적 내용을 교과서가 포함하고 있다는 점을 문제점으로 지적하였다.

Canale, G. (2016)은 외국어 교재에서 외국 문화에 대한 내용을 어떻게 표현하고 있는가를 연구하여, 교실수업에서 실제적으로 활용할 수 있는 외국어교과서 활용 방안에 대한 제안을 제시하였다.

Porto, M., Houghton, S. A., and Byram, M. (2018)의 연구는 문화 간 시민의식에 대해서 교사와 교육관계자들의 주의를 집중시키는 주제를 발표하고, 이러한 연구 결과를 외국어 교실수업에서 활용하는 방안을 제시하였다.

Davidson, R., and Liu, Y. (2020)은 일본의 초등학교 영어교과서에 나타난 문화적인 내용과 글로벌 시민의식에 대한 개념을 연구하였는데, 결과적으로 일본의 영어교과서가 문화적으로 단순한 내용을 제시하고, 글로벌 시민의식을 이해하는 데 실질적인 도움을 주지 못한다는 점을 지적하였다. 따라서 미래의 영어과 교육과정은 보조적인 교육자료나 문화적 교환 활동, 교사와 학생들 사이의 문화적인 주제에 대한 토론 내용 등을 포함해야 한다고 제안하였다.

Sun, W. and Kwon, J. (2020)의 연구는 이민자 학생들을 위한 중국과 한국의 모국어 교과서에서 반영된 문화적 내용이 단일언어적, 단일문화적인 내용이 지배적이어서 이민자들의 교육에는 적합하지 않음을 지적하였다. 앞으로 역동적으로 변화하는 세계에 적응하기 위해서는 이민자들을 위한 모국어 교과서가 보다 더 다중언어적이고 다중문화적으로 변화되어야 함을 지적하였다.

Xiong, T. and Peng, Y. (2021)은 제2언어로서의 중국어 교재에 반영된 문화지도 내용을 분석하였는데, 중국에서 출판된 교재와 미국에서 출판된 교재의 내용을 비교하여, 미국에서 출판된 교재가 문화적 가치를 이해하는 데 더 많은 비중을 할애하고 있음을 주장하였다.

Risager, K. (2021)은 교과서가 문화 간 학습과 시민의식을 교육시키는 도구가 되어야 함을 주장하고, 국가적인 문제, 다 문화 간 문제, 글로벌 시민의식에 대한 문제, 문화적인 문제를 교과서 내용이 어떻게 다루고 있는가를 분석하고, 외국어 교과서는 초급 수준부터 현실적인 세상에 대한 다양한 주제를 다루어야 한다는 점을 강조하였다.

Liu, Y.L. and May, S. (2021)은 중국에서 사용되는 대학생들을 위한 영어교과서가 영국과 미국의 문화를 지배적으로 많이 반영하고 있음을 지적하였다. 미국과 영국의 문화적 내용이 지배적으로 제시되며, 외적 범주나 확장 범주들의 문화적인 내용이 상대적으로 빈약하게 제시되고, 또한 중국의 자국 문화에 대한 내용은 거의 반영되고 있지 않아서, 이러한 문제가 세계화 시대의 다중언어적, 다중문화적 상황에서는 적합하지 않음을 문제점으로 지적하였다.

이희진(2018)은 고등학교 5종 교과서의 읽기 및 문화 부분에 대한 자료의 문화적 내용을 분석하였는데 영미문화에만 치우치지 않고 다른 외국 문화를 비교적 균형있게 다루고 있다고 제시하였다.

권정혜와 임정완(2018)은 고등학교 공통영어 교과서 11종의 문화 고정란을 국가별로 분석하였는데 영미 국가 28.4%, 유럽 국가 26.7%, 한국 외 아시아 국가 20.3%, 아프리카 4.7%, 기타 지역 6.5%의 분포를 보였다고 주장하였다. 저자들은 다양한 지역의 문화가 반영된 것은 긍정적인 면으로 평가되었으나, 아프리카와 기타 지역의 비중이 상대적으로 낮은 점은 개선되어야 한다고 주장하였다.

심영숙(2015a)은 2009년 개정 영어과 교육과정에 기반해서 집필된 중학교 영어교과서를 분석한 결과, 대화 참여자의 문화적 배경이 한국인-내적 범주 국가 사람들을 포함하는 경우가 약 98%이고, 한국인-외적 범주/확장 범주 국가 사람들의 경우는 2%에 불과하다는 결과를 제시하였다.

또한 심영숙(2020)은 세계영어 문화교육은 단순한 문화적 다양성을 제시하는데 그쳐서는 안 되고 문화 간 의사소통 능력을 고양하는데 기여해야 한다고 주장하였다. 또한 문화에 대한 비판적 성찰도 문화교육에서 반드시 고려해야 한다고 주장하였는데, 다양한 문화에 대한 고정적 · 피상적인 인식의 대상으로 다루며, 상이한 문화를 비판 없이 수용하는 태도를 지양하고, 비판적으로 문화를 수용하는 내용으로 문화교육이 전환되어야 한다는 점을 주장하였다.

2.3 영어교과서 주제 선정의 적절성

영어교과서가 세계화 시대에 필요한 교육내용을 적절하게 반영하기 위해서는 각 교과서의 주제 구성도 중요한 요인으로 평가된다. 국가에서 중요하게 교육시켜야 하는 주제가 교과서에 반영되기 때문에 교과서를 연구하는 과정에서 영어교과서의 주제가 분석 대상에서 중요한 위치를 차지한다.

이번 절에서는 Chang(2018b)의 연구 결과를 토대로 교과서 분석의 기준을 다음과 같이 설정하였고, 현행 중학교 영어교과서의 주제를 분석한 결과를 논의하고자 한다.

- 주제구성이 각 학년 별 교과서에 따라서 다르게 구성되는가? 아니면 동일한 비율로 구성되는가?
- 학년이 높아질수록 사회적인 주제가 더 많이 제시되는가?
- 각 교과서에 "문화학습(culture learning)" 부분이 있는데, 이 부분에서 다루고 있는 문화적 교육 내용은 무엇인가?
- 외국문화에 대한 문화적 다양성과 역사적 사실에 대하여 어떠한 내용을 포함하고 있는가?

위에서 제시한 분석 기준에 근거하여 한국의 영어교과서의 주제가 세계화 시대의 한국의 영어교육 목표에 부합하도록 적절하게 선정되었는지를 평가하였다.

Chang(2018b)의 연구결과[24] 중학교 영어교과서에서 가장 빈도수가 높게 소개된 주제는 다음과 같다.

예술, 문학(창의성과 상상력에 관련) : 11.4%

태도, 공공질서, 협동, 봉사활동, 책임의식 등 : 10.3%

동물, 식물, 계절, 기후(자연현상에 관련) : 8%

한국 문화를 세계에 소개하기 : 6.8%

〈표 3〉 중학교 영어교과서의 주제별 분석(Chang, 2018b)

Category	Topic	No	%
Personal Life	①personal life	5	5.7
	②family life & food, clothing and shelter	5	5.7
	③school life & friendship	5	5.7
	④social life & personal relationship	2	2.2
	⑤good use of leisure(hobbies, travel, sports, etc.)	7	8
	⑥animals, plants, seasons, weather(related natural phenomenon)	8	9.1
Cultural Exchange	⑦communication styles in English culture		
	⑧daily life of English speaking people	3	3.4
	⑨observation of cultural and linguistic differences	5	5.7
	⑩introduction of Korean culture to the world	6	6.8
Personal Welfare	⑪manners, public order, cooperation, voluntary work, responsibility, etc.	9	10.3
	⑫art, literature(related with creativity, imagination)	10	11.4
	⑬career, job, work(related with one's welfare)	5	5.7

24) Chang(2018b)은 본 연구에서 중학교 1학년 교과서(2017년도 출판), 2학년, 3학년 교과서(2015년도 출판)를 각 3종을 선택하여, 총 87개 단원의 읽기 본문과 문화 부분의 내용을 분석하였다.

Social Matters	⑭environmental matters(related with environment preservation)	4	4.5
	⑮population problem, teenager problems, multicultural society(related with society changes)	1	1.1
	⑯human rights, democratic citizenship, global etiquette, the equality of the sexes(related with democratic awareness, world citizen awareness)	5	5.7
	⑰patriotism, peace, security, unification		
	⑱liberal arts(politics, science, math, economy, history, geography, etc.)	6	6.8
	⑲academic knowledge related with humanity, social science, natural science, art)	1	1.1
		87	100

또한 개별 주제를 4가지 범주로 구분하여 각 범주에 해당하는 빈도수를 정리하면 다음 〈그림 1〉과 같다. 그림 1이 설명하듯이 각 범주별 빈도수 순서는 개인 생활(36.7%), 개인의 복지(27.5%), 사회적 문제(19.5%), 문화적 교류(16%)으로 정리된다.

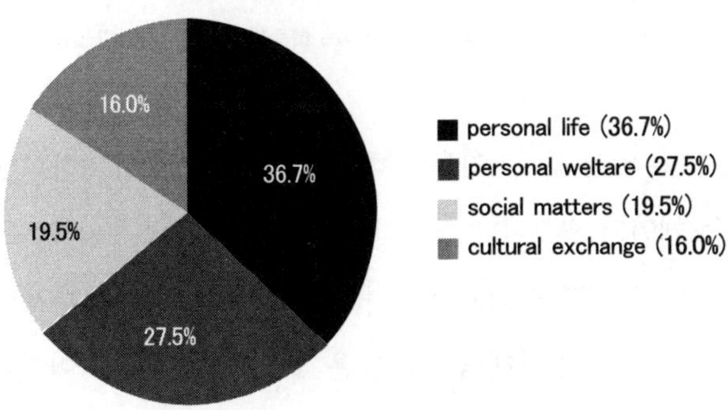

〈그림 1〉 중학교 영어교과서의 주제 범주 별 빈도 분포도(chang, 2018b)

위의 도표에서 분석된 결과를 각 학년 별 교과서에서 나타난 빈도

수를 정리하면 분포상 학년 별 차이점이 다음과 같이 분석된다.

중학교 1학년 : 개인 생활(50%) 〉 개인 복지(25%) 〉 문화적 교류 (12.5%) 〉 사회적 문제(12.5%)

중학교 2학년 : 개인 생활(40.6%) 〉개인 복지(37.5%) 〉 문화적 교류 (12.5%) 〉 사회적 문제(9.3%)

중학교 3학년: 사회적 문제(35.4%) 〉 문화적 교류(22.5%) 〉 개인 생활 (22.5%) 〉 개인 복지(19.3%)

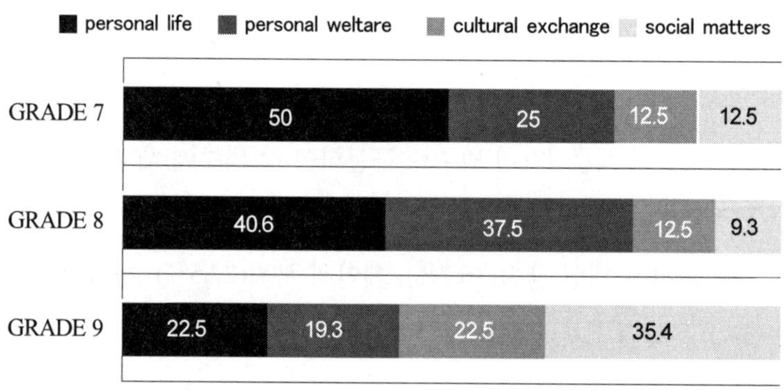

〈그림 2〉 중학교 영어교과서의 학년 별 주제별 범주에 따른 빈도수 분포도(Chang, 2018b)

〈그림 2〉를 통해서 알 수 있듯이 한국의 중학교 1학년, 2학년 교과서의 주제는 개인의 생활이나 개인의 복지에 관련된 주제의 빈도수가 높은 반면, 중학교 3학년 교과서에 반영된 주제는 사회적 문제나 문화적 정보 교환 비율이 상대적으로 높은 것으로 나타났다. 이러한 분포도는 저학년의 학생들보다는 고학년의 학생들이 사회적 문제나 문화적 정보에 관심을 많이 보인다는 학습자의 성장과 인식에 따른 변화를 교육정책에 반영한 것으로 평가된다.

이번 절에서 논의한 연구 결과를 살펴보면, 현행 중학교 영어교과서는 주제 선정에 있어서 예술, 문학(창의성과 상상력에 관련)에 관한 주제, 태도, 공공질서, 협동, 봉사활동, 책임의식에 관한 주제, 동물, 식물, 계절, 기후(자연현상에 관련)에 관련된 주제, 한국 문화를 세계에 소개하기에 관한 주제의 빈도수가 높은 것으로 나타났다. 이러한 결과는 한국의 영어교과서에서 창의적인 주제와 공동체 의식, 자연환경에 관한 주제, 그리고 한국문화 소개하기 등을 강조하는 세계화 목표에 부합하는 주제가 선정되었음이 입증되었다고 할 수 있다.

또한 중학교 1학년, 2학년 교과서의 주제는 개인의 생활이나 개인의 복지에 관련된 주제의 빈도수가 높은 반면, 중학교 3학년 교과서에 반영된 주제는 사회적 문제나 문화적 교류 비율이 상대적으로 높은 것으로 나타났다. 이는 고학년으로 진행할수록 사회적인 인식에 대한 관심이 높아지는 경향을 반영하는 결과라고 판단되어서, 한국의 영어교과서가 세계화 시대가 요구하는 영어교육의 목표에 적절하게 부합되고 있음을 입증할 수 있다.

2.4 영어교과서를 통한 문화교육

세계화 시대의 의사소통은 서로 다른 문화적 배경을 가진 화자들의 의사소통이기 때문에 성공적인 의사소통이 되기 위해서는 다양한 문화에 대한 이해를 전제로 해야 한다. 따라서 21세기 사회의 영어교육에서는 다양한 영어의 변이형의 제시와 함께 다양한 문화를 교육시키는 것이 매우 중요하다.

Chang(2021b; 2022)은 중학교 영어교과서에서 제시하고 있는 세계 각국의 문화적 정보와 한국의 문화적 자긍심을 세계에 소개하는 내용을 분석하여, 한국 학생들에게는 세계의 영어 · 문화의 다양성을 소개하고, 동시에 한국의 문화적 자긍심을 세계에 전파하는 영어교육의 중요한 목표를 영어교과서가 실현하고 있는가를 연구 분석하였다. 연구 대상은 2015년도 개정 교육과정에 근거하여 출판된 중학교 5종 교과서를 각 학년 별로 선정하여 총 15개의 영어교과서를 대상으로 선정하였다(중학교 1학년; 2017년 인정, 중학교 2학년; 2018년 인정, 중학교 3년: 2019년 인정). 각 교과서 한 권당 8개의 단원으로 구성되어서 총 120개의 단원(8단원 * 15권)에서 본문의 내용과 문화적 단락에서 소개된 세계 나라의 지명과 문화적 정보를 분석하고, 아울러 우리나라의 문화적 전통을 세계시민들에게 홍보하는 내용을 분석하였다.

이러한 분석의 결과가 〈표 4〉에서 설명되고 있다.

〈표 4〉 한국의 영어교과서에 반영된 국가들의 다양성(Chang, 2021b; 2022)

Category	Name of country (Number of Culture references)	Number of Culture references	Ratio (%)
Korea	Korea(46)	46	18.3
Inner Circle Countries	Australia(6), Canada(5), Ireland(2), New Zealand(6), U.K.(10), U.S.A(31)	60	23.9
Europe	Belgium(1), Bulgaria(2), Denmark(3), Finland(1), France(16), Germany(6), Greece(1), Italy(9), Netherlands(3), Norway(1), Poland(1), Romania(1), Russia(4), Spain(8), Sweden(2), Switzerland(1)	60	23.9
Middle East	Israel(3), Saudi Arabia(1), Turkey(2)	6	2.3

Africa	Egypt(5), Kenya(1), Nigeria(1), South Africa(2)	9	3.5
South America	Argentina(1), Brazil(3), Chile(1), Colombia(1), Mexico(3), Peru(1)	10	3.9
Asia	Bangladesh(1), Cambodia(2), China(19), India(7), Indonesia(1), Japan(10), Malaysia(2), Nepal(1), Pakistan(1), Philippines(3), Taiwan(1), Thailand(6), Vietnam(6)	60	23.9
Total		251(49 countries)	100

〈표 4〉의 내용을 요약하여 지역별로 분류하면 〈그림 3〉과 같다.

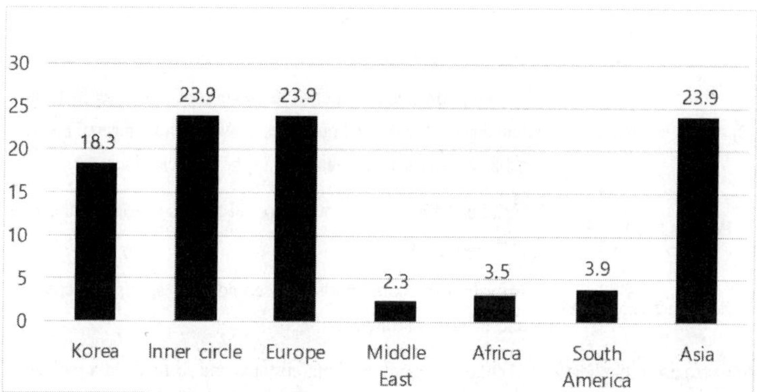

〈그림 3〉 한국의 영어교과서에 반영된 다양한 국가들의 분포도 (Chang, 2021b; 2022)

〈표 4〉과 〈그림 3〉에서 알 수 있듯이, 현재 한국에서 사용되고 있는 중학교 영어교과서에서 전 세계 국가 중 총 49개 국가들의 이름이 최소한 1회 이상 소개되었으며, 이들 국가들을 다음과 같은 범주로 분

류하였다: ①한국, ②내적범주 국가(6개국: 영국, 미국, 캐나다, 호주, 뉴질랜드, 아일랜드), ③유럽(16개국), ④중동(3개국), ⑤아프리카(4개국), ⑥남아메리카(6개국), ⑦아시아(13개국). 결론적으로 중학교 영어교과서에서는 6개 대륙 49개 국가들의 문화적 정보가 소개되고 있으며, 이는 한국의 영어교과서가 전 세계의 다양한 문화적 정보를 포함하고 있음을 입증하고 있다.

영어교과서에 반영된 문화적 정보의 내용을 분석하기 위해서 〈표 5〉와 같은 문화의 하위 범주에 대하여 정의를 하였다.

〈표 5〉 문화의 하위 범주에 대한 정의(Chang, 2021b; 2022)

Category	Definitions of Sub-categories
1) Natural attractions (NA)	Geographical information, such as country name or city in a particular country
2) Achievements (Ach)	Information about material achievements, such as historical buildings and industrial outcomes as well as non-material national achievements, such as literature, artistic and scientific works
3) Persons (Per)	Cultural information about historical figures or role models in a particular nation
4) Social activities (SA)	Information about sports, household chores, leisure activities and literacy learning, etc.
5) Customs and holidays (CH)	Cultural information about customs and festivals in a particular nation
6) Material products (MP)	Information about material products in a particular national culture, such as food, clothes and money, etc.
7) Value systems (VP)	Explanations of the values and beliefs behind certain activities

(출처 : Ping, Q, 2014)

〈표 5〉는 문화적인 내용을 분석하는 하위 범주를 1) 자연적 경관, 2) 문화적 업적, 3) 인물, 4) 사회적 활동, 5) 관습과 축제, 6) 물질적 산물, 7) 가치체계로 분류한 기준을 설명하고 있다. 〈표 5〉에서 제시된 문화적 하위 범주의 개념에 기초해서, 현행 영어교과서에 반영된 세계 여러 나라들의 이름과 각 국가별로 소개된 문화적 정보를 결합해서, 교과서의 내용을 분석한 결과를 정리한 내용이 〈표 6〉에서 제시되어 있다.

〈표 6〉 한국의 영어교과서에 반영된 다양한 국가별 문화적 내용 분석 (Chang, 2021b; 2022)

Group	Nations	Number of categories							Total
		1	2	3	4	5	6	7	
Korea	Korea	14	2	5	10	5	9	1	**46**
Inner Circle Countries	Australia	1			2		2	1	6
	Canada				3		1	1	5
	Ireland	1						1	2
	New Zealand	1			1	1	1	2	6
	U K	1	1	2	4		1	1	10
	U S A	2	2	6	11	5	2	3	31
	Total	**6**	**3**	**8**	**21**	**6**	**7**	**9**	**60**
Europe	Belgium						1		1
	Bulgaria				1	1			2
	Denmark				1	1		1	3
	Finland				1				1
	France	1	3	2	3	1	3	3	16
	Germany		1	1	3		1		6
	Greece							1	1
	Italy	1		1	3	2	1	1	9
	Netherlands		1		1			1	3
	Norway							1	1
	Poland					1			1

	Romania							1	1
	Russia			1		3			4
	Spain	1			3	1	1	2	8
	Sweden			1		1			2
	Switzerland						1		1
	Total	**3**	**5**	**6**	**16**	**11**	**8**	**11**	**60**
Middle East	Israel					3			3
	Saudi Arabia		1						1
	Turkey					1	1		2
	Total		**1**			**4**	**1**		**6**
Africa	Egypt	3				1		1	5
	Kenya				1				1
	Nigeria							1	1
	South Africa					1		1	2
	Total	**3**			**1**	**2**		**3**	**9**
South America	Argentina				1				1
	Brazil							3	3
	Chile	1							1
	Colombia				1				1
	Mexico					1	2		3
	Peru	1							1
	Total	**2**			**2**	**1**	**2**	**3**	**10**
	Bangladesh				1				1
	Cambodia	2							2
	China	2	1		3	3	5	5	19
	India		1	1	2	3			7
	Indonesia						1		1
	Japan	1			4	1	2	2	10
	Malaysia						1	1	2
	Nepal					1			1
	Pakistan			1					1
	Philippines						1	2	3
	Taiwan						1		1
	Thailand				1	2	1	2	6

Asia	Vietnam					4	2		6
	Total	**5**	**2**	**2**	**11**	**14**	**14**	**12**	**60**
Total	**49 nations**	**33**	**13**	**21**	**61**	**43**	**41**	**39**	**251**

〈표 4〉, 〈그림 3〉, 〈표 6〉에서 제시된 바와 같이 현행 중학교 영어교과서에서 소개된 문화적 정보 중에서 가장 높은 빈도수를 차지하는 국가들은 내적범주 국가들(23.9%), 유럽 국가들(23.9%), 아시아 국가들(23.9%), 한국(18.3%), 남아메리카 국가들(3.9%), 아프리카 국가들(3.5%), 그리고 중동 국가들(3.5%)이다. 한국이 단독 국가로 분류되었다는 점을 고려하면 다른 여러 나라들로 구성된 다른 범주들 보다 18.3%라는 비율은 매우 높은 빈도수를 나타내는 것으로 분석되며, 이러한 결과는 한국이 세계 속에서 한국의 전통과 가치를 소개함으로써 문화적 자긍심을 높인다는 세계화 시대의 문화교육 정책에 일맥상통하는 것으로 평가된다.

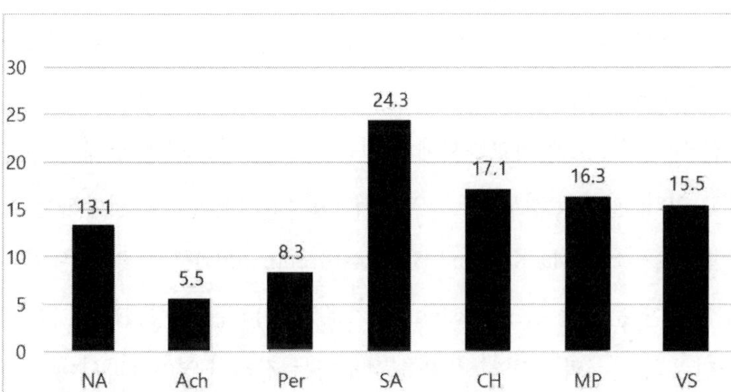

〈그림 4〉 한국의 영어교과서에 반영된 문화정보의 하위 범주 별 분포도
(Chang, 2021b; 2022)

〈그림 4〉에서도 알 수 있듯이, 현행 영어교과서에서는 문화적 내용 중에서 사회적 활동(SA:Social activities)에 해당되는 내용이 24.3%로 가장 높은 빈도수를 나타내고, 관습과 축제(Ch: Customs and holidays)이 17.1%, 물질적인 산물(MP: Material products)이 16.3%, 가치 체계(VS: Value systems)가 15.5%, 자연적 경관(NA: Natural Attractions)이 13.1%, 인물(Per: Persons)이 8.3%, 문화적 업적(Ach: Achievements)이 5.5%의 순서로 분석되었다.

2.5 한국 문화 소개를 통한 민족 정체성 고양

한국의 학습자들을 세계화 시대에 적합한 인재로 육성하기 위해서는 다양한 세계 각국의 문화를 이해하고 수용하는 능력과 아울러, 한국의 문화적 정체성을 전 세계에 소개하여 문화적 자긍심을 홍보할 수 있는 능력을 배양하는 것도 중요하다. 이번 절에서는 현행 영어교과서에 담겨 있는 한국적 정서와 전통을 소개하는 내용이 무엇인지를 분석하고자 한다.

전 세계적으로 영어교과서에서 자국 문화를 강조하는 추세가 증가하고 있다. 칠레의 경우 미국, 영국식 문화의 지배과정을 저항하는 자국 문화를 소개(MacKay and Bokhorst-Heng, 2008)하고, 일본은 일본의 독특한 문화를 강조(Hashimoto, 2007: 49)하는 경향이 있다. 한국은 한국의 관심과 문화적 가치를 강조하는 정책이 영어교과서에 반영되어 있다(Yim, 2007). 중국의 경우 2001년부터 영어과목이 초등학교 3학년 과정부터 필수과목으로 지정되어서(Ping,Q., 2014) 영어교육을 통한 세계화 교육이 강조되고 있는 현실이다.

〈표 7〉 현행 중학교 영어교과서에 반영된 한국의 문화에 대한 주제 (Chang, 2021b; 2022)

Themes	Contents
We love Korea	I am planning to go to a K-pop concert next Sunday. What do you think about K-pop music? , A few month ago, I saw a Korean food truck. I like Korean food very much.
Korean Culture : Gonu; a Korean Folk Game	Gonu is a folk game for people of all ages. People enjoy the game because it is easy and fun. What do you think about the mask? I think it is great.
Wonderful Korea : My Love, the city of Ahn Jung-geun	To many Korean-Chinese, Harbin is the city of Ahn Jung-geun. It has two special halls for this hero. The old one is the Joseon Art Museum, and the new one is in Harbin Station.
Korean Wave Around the World	We love the hot beat of K-pop. We love the soft moves of traditional Korean dances, too. We want to put them together and create rhythmic waves. My first stop will be Insa-dong. I've heard that there are many fun activities to do there and lots of street food to enjoy.
The Way to Korea : Taste of Korea	Special Food for Special days; Seollal(tteokguk), Chuseok(Songpyeon), birthday(miyeokguk), samgyetang
Love for My Country	My Wish If God asks me what my wish is, I would say clearly, "It is Korea's independence". If he asks me my second wish is, I would say, 'It is the independence of my country". If he asks me what my third wish is, I would say loudly, " It is the complete independence of my country". That is my answer.

〈표 8〉은 한국 문화에 대한 하위 범주에 대한 정의와 구체적인 예들을 정리하고 있다.

〈표 8〉 한국의 문화에 대한 하위 범주 별 내용(Chang, 2021b; 2022)

Category	Definitions of Sub-categories (Examples of Korean cultural representations)
Natural attractions (NA)	Geographical information, such as country name or city in a particular country (Yeongwol camping site, Seonam village, Dong River, Jejudo Island, Busan, Suncheon, Daewallyeog pass, Gyeongbokgung, Swonjaedo Island, Sinuido Island. Hongdo Island, Cheongsando Island, Ulleungdo Island, Deokjeokdo Island)
Achievements (Ach)	Information about material achievements, such as historical buildings and industrial outcomes as well as non-material national achievements, such as literature, artistic and scientific works (The National Museum, The creation of Hangeul)
Persons (Per)	Cultural information about historical figures or role models in a particular nation (Kim Gu, Patriot Lee Bong-chang, patriot Yun Bong-gil, Kim Hong-do)
Social activities (SA)	Information about sports, household chores, leisure activities and literacy learning, etc. (Gonu, a game of yut, chajeonnori, jegichagi, haenyeo, taekwondo, cheonghakdong, environment protection movement, retire life)
Customs and holidays (CH)	Cultural information about customs and festivals in a particular nation (Seollal, traditional masking, Chuseok, Mud festival)
Material products (MP)	Information about material products in a particular national culture, such as food, clothes and money, etc. (Snack, fusion Korean food, cheer stick, fan, deladon, miyeokguk, samgyetang, dissert, currency unit)
Value systems (VS)	Explanations of the values and beliefs behind certain activities (Representative animals, how to make a name)

〈표 7, 8〉는 현행 중학교 영어교과서가 한국의 문화적 전통과 가치체계를 전 세계에 홍보하기 위해서 다양한 내용과 주제를 포함하고 있다는 점을 입증해준다; K-pop, 고누, 안중근 의사, 한류 열풍, 한식의 세계화 등. 또한 각 문화적 내용을 하위범주로 구분해서 분류해보면, 한국의 자연적 경관(동강, 제주도, 대관령, 경복궁, 울릉도 등), 문화적 업적(한글 창제, 국립박물관, 거북선 등), 인물(김구, 안중근, 윤봉길, 김홍도 등), 사회적 활동(고누, 제기차기, 해녀, 태권도, 차전놀이 등), 관습과 축제(설날, 가면, 추석, 진흙 축제 등), 물질적 산물(한국음식, 미역국, 삼계탕, 응원봉 등), 가치 체계(이름 짓는 법, 대표적인 동물, 식물 등)에 대한 다양한 정보가 포함되어 있음을 알 수 있다.

결론적으로 한국의 영어교육 정책은 21세기 세계화 사회의 주역으로 한국의 젊은 학생들을 성장시키기 위해서 문화적인 이해 능력을 향상시키는 방향으로 교과서를 집필하는 것을 강조하였다고 평가된다. 이러한 목적을 달성하기 위해서 다양한 국가들의 문화적 소재를 영어교과서가 포함하고 있을 뿐만 아니라, 동시에 한국의 우수한 문화를 홍보함으로써, 세계 속에서 한국인의 자긍심을 함양하는데 목적을 둠으로써 21세기 세계화 시대에 적합한 문화 정책을 영어교과서를 통해서 적절하게 구현하고 있다고 평가할 수 있다.

한국의 영어교육은 한국 학습자들에게 영어를 통한 의사소통 능력을 함양하는 것이 주요 목표이지만 교육 내용은 한국문화에 대한 한국 민족의 자긍심을 심어주는 이미지도 많이 포함되어 있다. 한국의 세계화 전략은 한국 학생들에게 영어로 세계의 비전을 구사하게 해주고 국제적인 인식과 책임감을 배양함으로써 국제적인 공동체에 중심적인 역할을 수행하도록 준비시키는 데 그 목적이 있다. 한국은 이러한 세계화를 위한 도전 속에서 새로운 한국적 자긍심을 발달시킬 수 있는 "세계어로서의 영어"를 교육시키는 것을 강조하고 있다. 즉, 국가적인 목적과 국제적인 책임의식을 모두 포용할 수 있는 언어능력을 배양하여 한국이 세계 속에서 더욱 강하고 발전적이고 영향력을 행사하는 국가로 성장시키는 것이 세계화 전략의 목적이라고 기술될 수 있다.

제3장 영어와 문화의 통합적 지도를 통한 세계영어 교육

이번 장에서는 세계영어와 문화를 실제적으로 교실수업 상황에서 통합적으로 지도하는 방법에 대해서 논의하고자 한다. 세계화 시대에 전 세계 여러 나라 및 언어공동체 간에 의사소통을 할 수 있는 능력이 필연적으로 대두되는 상황에서 다양한 형태의 세계영어(WE)에 대한 이해와 수용의 필요성이 대두되는 상황이다. 특히 국내외적으로 여러 나라의 시민들과 영어로 소통을 해야 하는 기회가 많아짐에 따라서 영어교육의 패러다임의 전환이 요구되고 있는 실정이다. 이러한 상황에서 세계화 시대에 성공적인 인재를 양성하는 교육 목표를 달성하기 위해서는 영어의 의사소통 능력과 다양한 국가에 대한 글로벌 문화에 대한 이해와 지식이 요구된다. 이번 장에서는 세계어로서의 영어와 다양한 문화를 실제적으로 교실수업에서 적용하는 방식을 국내의 N 대학교의 전공과목의 수업 내용을 중심을 소개하고자 한다.

또한 한국 대학생들의 세계영어에 대한 언어 태도 및 인식을 조사한 결과(송경숙, 2011; 2015), 조사에 참여한 한국 대학생들의 대부분은 글로벌 시대에 다양한 영어의 변이형이 존재한다는 점을 인식하고, 한국에서 영어교육의 모델이 영국이나 미국의 표준영어만을 대상으로 해서는 안 되고, 영어교육의 모델 범위를 넓혀야 한다고 답변하였다.

이러한 맥락에서 한국의 4년제 N대학에서 전공과목으로 1학년에 〈문화 간 커뮤니케이션〉 및 2학년 〈글로벌시대의 영어교육〉 과목이 개설되어서 운영되고 있는 사례를 소개하고 이를 통해서 다양한 문화와 세계영어 유형을 지도할 수 있는 통합적 지도 방법을 논의하고자 한다.

〈표 9〉 세계영어 관련 교과목 개설의 연계성

<table>
<tr><th>학년 -학기</th><th colspan="2">1학년 1학기</th><th colspan="2">2학년 2학기</th></tr>
<tr><td>교과목 명칭</td><td colspan="2">문화 간 커뮤니케이션</td><td colspan="2">글로벌시대의 영어교육</td></tr>
<tr><td>세계영어 범주</td><td>내적 범주</td><td>외적 범주</td><td>외적 범주</td><td>확장 범주</td></tr>
<tr><td>해당 국가</td><td>영국, 미국,
하와이, 캐나다,
호주, 뉴질랜드</td><td>말레이시아
싱가포르
필리핀</td><td>인도, 홍콩
싱가포르
필리핀</td><td>중국
일본
한국</td></tr>
<tr><td>학습 내용</td><td colspan="4">각 국의 역사적 배경, 영어의 특징, 사회문화적 다양성 등을 학습하고 다양한 멀티미디어 매체(인터넷, 유튜브 등)를 활용하여 소그룹 별 발표 활동을 중심으로 수업을 진행함</td></tr>
</table>

내적 / 외적/ 확장 범주 국가들의 영어와 문화를 이해하기 위하여 1학년 - 2학년 교과목 내용을 연계성 있게 개설하였다.

〈문화 간 커뮤니케이션 : 1학년 〉: 내적 범주 및 외적 범주 국가들의 영어 및 문화 이해

1) 교과목 목표; 세계화 시대의 다양한 문화와 영어의 특징을 이해한다. 특히 내적 범주 국가인 미국, 영국, 호주, 캐나다의 영어와 문화에 대한 이해뿐만 아니라, 외적 범주에 속하는 말레이시아, 싱가포르, 필리핀의 영어와 문화에 대한 지식을 학습한다.

2) 수업계획서

주	수업 내용
1	수업 오리엔테이션
2	English and Culture in America
3	Introduction to Australia
4	Introduction to New Zealand
5	English and Culture in Australia and New Zealand
6	Introduction to Canada
7	English and Culture in Canada
8	중간고사
9	Introduction to Malaysia / English and Culture in Malaysia
10	Introduction to Singapore / English and Culture in Singapore
11	Introduction to Philippines / English and Culture in Philippines
12	Introduction to Hong Kong / English and Culture in Hong Kong
13	Introduction to American Culture
14	언어와 문화 / 한국 문화와 미국 문화의 차이점
15	기말고사

3) 수업진행 방법 : 다양한 멀티미디어 기자재를 활용하여 소그룹 별 발표활동을 주로 장려한다. 각 국의 역사, 여행지, 관광명소, 관광계획, 음식, 영화 등의 다양한 주제로 내적 범주, 외적 범주에 속한 영어 사용 국가들의 언어 문화적 다양성을 이해한다.

〈글로벌 시대의 영어교육 : 2학년 〉: 외적 범주 및 확장 범주 국가들의 영어 및 역사/문화 이해

1) 교과목 목표; 글로벌 시대의 다양한 영어를 제2언어와 외국어로 사용하고 있는 국가들의 영어와 역사적 발전 과정 및 문화적 특징을 이

해한다. 특히 외적 범주 국가인 인도, 홍콩, 싱가포르, 필리핀의 역사와 영어교육의 배경을 이해한다. 또한 확장 범주에 속한 중국, 일본, 한국의 역사와 문화 그리고 영어교육에 대한 사회적 특징을 탐구한다.

2) 수업계획서

주	수업 내용
1	수업 오리엔테이션
2	영어이야기
3	영국의 역사
4	영어의 확산과정과 확산모형 / 글로벌 영어의 특징
5	영어교육의 사회문화적 상황 / 영어교사의 자질
6	인도의 사회 · 문화적 배경 및 영어교육 상황
7	홍콩의 사회 · 문화적 배경 및 영어교육 상황
8	중간고사
9	싱가포르의 사회 · 문화적 배경 및 영어교육 상황
10	필리핀의 사회 · 문화적 배경 및 영어교육 상황
11	중국의 사회 · 문화적 배경 및 영어교육 상황
12	일본의 사회 · 문화적 배경 및 영어교육 상황
13	한국의 사회 · 문화적 배경 및 영어교육 상황
14	한국 영어의 특징
15	기말고사

3) 수업진행 방법 : 다양한 멀티미디어 기자재를 활용하여 소그룹 별 발표활동을 주로 장려한다.

각 국의 역사적 배경, 영어의 특징 및 영어교육 상황 등의 다양한 주제로 외적 범주, 확장 범주에 속한 영어사용 국가들의 영어의 특징 및 문화적 다양성을 이해한다.

이러한 수업을 운영함에 있어서 인터넷, 유튜브 등 다양한 인터넷 멀티미디어 기자재를 활용하여 학생들이 영어권 국가들을 직접 여행하고 체험하는 것 같은 효과를 거둘 수 있다. 영어와 문화의 통합적 지도방법을 통해서 한국의 대학생들이 영미권 문화를 이해하는 데만 초점을 맞추지 말고, 영어를 제2언어, 혹은 외국어로 활용하고 있는 다양한 국가들의 영어와 문화를 접하게 함으로써, 세계영어에 대한 안목을 길러주는 것이 영어교육의 올바른 목표가 될 것이다.

전 세계적으로 확산되어서 세계공용어로서 활용되고 있는 영어의 사회언어학적 상황과 다양한 영어 형태의 특징을 이해하는 것은 세계화 시대에서 다양한 사회문화적 배경을 갖고 있는 영어화자들과의 의사소통 능력을 향상시키는 데 매우 필수적인 요소이다.

향후 이러한 연구가 영어교육 관련 과목 개발 및 운영과정 뿐만 아니라 영어교육 정책을 결정하는데 효과적으로 활용될 수 있도록 지속적인 연구를 수행해야 할 것이다.

영어는 앵글로색슨 족이 영국 땅에 정착하면서 사용된 이래로 어언 1500여년이 넘는 오랜 시간 동안의 변천과정을 거쳐서 오늘의 모습으로 발전하게 되었다. 장구한 시간의 흐름 속에서 영어의 강인한 생명력과 다른 문화를 받아들이는 너른 포용력을 바탕으로 영어는 현재 지구상에 존재하는 그 어떤 언어보다도 많은 어휘를 소유하고, 또한 실용적인 문법 특성을 지니게 되어서, 세계공용어로서 위상을 차지하는데 절대적인 우위를 점하게 되었다. 아울러 19세기 영국의 산업혁명 결과 전 세계에 식민지를 건설하게 된 영국의 위력과, 미국이 세계 최대의 경제대국으로 성장하는 역사적인 배경을 토대로, 영어는 발전의 장구한 역사와 5대양 6대주에 확산되는 지리적인 특성으로 21세기 세계어로서의 자리를 공고하게 다지게 되었다.

1990년대 이후, 정보통신 기술력의 발달로 국가 간의 물리적인 거리감이 좁혀지고, 전 세계 사람과 자본, 인력의 이동이 자유로와진 결과 이제 세계는 지구촌, 글로벌화, 세계화라는 명칭으로 지칭되면서 인간 삶의 많은 부분에서 본질적인 변화가 발생하게 되었다. 세계화는 사회생활의 다양한 영역에서 서로 국제적으로나 지역적으로 상호작용하는 현대 사회의 상징이 되어왔으며(MacKay & Bokhorst-Heng, 2008), 앞으로는 4차 산업혁명으로 정의되는 미래 사회의 기술력의 발전으로 이러한 변화의 추세는 더욱 가속화될 것이 분명하다.

세계화 과정에서 영어가 수행한 역할은 절대적이라고 평가할 수 있다. 왜냐하면 세계화는 영어의 전 세계적인 확산으로 촉진되어져 왔기 때문이다(Pennycook, 2006; Sonntag, 2003). 영어의 세계화는 경제적인 의존성의 국제적인 관계성 뿐만 아니라, 다양한 문화적 형태로 연결되는 영어와 다른 언어 사이의 빈번한 접촉에 의해서도 특징된다 (Pennycook, 1994). 영어가 국가적 · 경제적 · 정치적 능력을 강화시키는 수단이기 때문에 그 중요성이 더욱 강조되고, 영어교육의 방법과 문화적 지도내용이 영어교육 정책수립 과정을 통하여 교육과정과 영어교과서의 문화적 교육 내용 속에 반영되어야 한다.

이러한 세계화 시대에서 한국의 영어교육은 단지 외국어로서의 영어교육을 목표로 설정해서는 안되고, 세계어로서의 영어교육을 목표로 설정해야 한다.

세계어로서의 영어교육 목표는 원어민들간의 의사소통만을 위한 것이 아니고, 문화가 서로 상이한 화자들 사이의 상이한 관점을 중재하고 문화적 배경이 다른 화자들과 상호작용하는 능력을 향상시키는 것으로 설정되어야 한다.

다방면에 있어서의 교류가 중요한 세계화 시점에서 다원화되고 다문화적인 사람들과의 교류에서는 서로의 문화를 이해하고 인정함을 통해서 열린 의사소통의 태도를 유지하는 것이 중요하다. 따라서 앞으로 한국의 영어교육은 다원론적인 문화의 이해, 세계영어에 대한 인식을 고양시키는 방향으로 영어교육의 목표가 설정되고, 한국적인 교육상황을 고려하여 실행방안을 모색하는데 최선의 노력을 경주해야 할 것이다.

참고문헌

강후동 · 박지현. (2019). 초등영어교육에서의 세계시민교육 효과 연구. *English Language Teaching, 31(4),* 155-177.

교육과정 · 교과서연구회. (1990). 한국 교과교육과정의 변천: 중학교 · 고등학교. 서울: 대한 교과서.

교육과정 · 교과서연구회. (1994). 학교 교육 과정 편성 · 운영의 실제. 서울: 동아출판사.

교육과학기술부. (2011). 초 · 중등학교 교육과정 총론 영어과 교육과정: 교육인적자원부 고시 제 2011-361호. 서울: 과학기술부.

교육과학기술부. (2008). 초중등학교 교육과정 개정 고시.

교육과학기술부. (2011). 영어과 교육과정. 교육과학기술부 고시 제 2011-361호[별책 14].

교육부. (1992). 제6차 교육과정: 중학교 교육과정. 서울: 교육부.

교육부. (1992). 제6차 교육과정: 고등학교 교육과정. 서울: 교육부.

교육부. (1994). 중학교 영어과 교육과정 해설. 서울: 대한교과서.

교육부. (1995). 국민학교 교육과정 총론. 서울: 대한교과서.

교육부. (1996). 초등학교 교육과정 해설(IV): 영어. 서울: 대한교과서.

교육부. (1997). 외국어과 교육과정 해설(II). 서울: 대한 교과서 주식회사.

교육과학기술부. (2008). 외국어과 교육과정(I). 교육과학기술부 고시 제 2008-160호.

교육과학기술부. (2011a). 영어과 교육과정. 교육과학기술부 고시 제 2011-361호.

교육과학기술부. (2011b). 인재대국으로 가는 길: 스마트교육 추진전략. (대통령 보고 문건).

교육과학기술부. (2015). 영어과교육과정. 교육부 고시 제 2015-74호 [별책14]. 서울: 교육과학기술부.

국가교육과정정보센터(NCIC: National Curriculum Information Center).

교육과정 자료실.

곽덕영. (1973). *개화기의 영어교육에 관한 연구*. 석사학위논문, 고려대학교 교육대학원.

권오량. (1995). 한국의 영어 교수 방법과 교수 방법론 연구의 변천. *영어교육, 50 (2),* 107-131.

권오량. (2013). 한국의 외국어과 교육과정의 변천사 및 발전방향, *서울대학교 교육종합연구원간행 교육연구와 실천*, *79,* 25-57.

권오량 · 김정렬. (2011). *한국영어교육사*. 서울: 한국문화사.

권정혜 · 임정완. (2018). 2015 개정 교육과정에 따른 고등학교 공통영어 교과서 문화 내용 분석. *대한언어학회, 26(3),* 117-137.

김명배. (2006). *개화기의 영어이야기*. 서울: 국제영어대학원대학교 출판부.

김명숙. (2005). 세계영어 분류를 위한 새로운 모델 "영어 피라미드". *영어학연구*, *19,* 21-35.

김명희. (2018). 4차 산업혁명과 미래 영어 교과서. *"4차 산업혁명과 미래 영어교육"*, (pp. 164-180).

김영서. (2009). *한국의 영어교육사*. 서울: 한국문화사.

김영우. (2017). 4차 산업혁명과 미래 영어 교과서. *2017년 제2회 한국교육과정 평가원 영어교육 세미나 자료집, 1-7.*

김은영 · 김현옥. (2018). 성인 영어학습자의 세계영어에 관한 인식과 영어 말하기 불안. *Korean Journal of English Language and Linguistics, 18(1),* 99-118.

김정렬. (2017). 4차 산업시대의 리터러시와 언어교육. *현대영미어문학회 학술대회 발표논문집, 37-42.*

김진석. (2015). *문화 간 의사소통 능력과 다문화교육*. 서울: 한국문화사.

김진하. (2016). 제4차 산업혁명시대, 미래사회 변화에 대한 전략적 대응 방안 모색. *KISTEP Int., 15, 45-58.*

김태환 · 김태한. (1978). *영어교수법의 이론과 실천*. 서울: 한신문화사.

대한교육연합회. (1969). 교육과정. 서울.

문룡. (1976). 구한말의 영어교육고. *영어교육*, *12 (8),* 1-12.

박경자 · 이재근 · 장복명. (2013). *영어과 교육과정 입문*. 서울: 경문사.

설문규 · 손창익. (2012). 초등학교에서 스마트 교육에 대한 교사들의 활용 인식 조사. *한국정보교육학회 논문지, 16(3),* 309-318.

송경숙. (2011). 국제어 글로벌 언어로서의 영어: 언어태도 및 교육적 함축을 중심으로. *새한영어영문학, 53(1),* 201- 221.

송경숙. (2015). 표준 영어 및 표준 한국어에 대한 한국 대학생들의 언어태도 및 인식: 언어교육 및 사회언어학적 접근. *언어과학, 22(1),* 71-93.

송경숙. (2017). *글로벌 영어와 문화의 사회언어학적 이해*. 서울: 신아사

심영숙. (2014). 한국, 중국, 일본의 세계영어 연구 경향 분석. *사회언어학. 22(3),* 89-113.

심영숙. (2015a). 중학교 영어교과서의 ELF 관련 요소 분석. *사회언어학, 23(3),* 143-172.

심영숙. (2015b). 세계영어에 대한 중등 영어교사 인식 연구. *응용언어학, 31(1),* 149-172.

심영숙. (2020). 2015 개정 교육과정에 따른 중학교 영어교과서 분석: ELF 특징을 중심으로. *Secondary English Education, 13(2),* 3-28.

안성호. (2017). 4차 산업혁명과 영어교육. *2017년 제1회 한국교육과정 평가원 영어교육 세미나 자료집*.

안수진. (2021). 한국인 영어학습자의 세계영어에 대한 인식. *인문과학연구논총, 41(4),* 75-114.

유봉호. (1992). *한국 교육과정사 연구*. 서울: 교학 연구사.

윤가영 · 이효진 · 박인우. (2017). 스마트교육의 속성과 구현 실태에 관한 연구, *한국교육학연구, 23(1),* 183-204.

이경섭. (1997). *한국 현대교육과정사 연구 (상).* 서울: 교학 연구사.

이상기 · 정현성 · 김윤규. (2016). 아시아 상황의 영어 공통어 자질 연구: 어휘 문법 오류 수정 전략. *중등영어교육, 9(2),* 89-114.

이완기. (2015). 영어과 교육과정 변천과 영어교육 과제. *한국영어교육학회, 70(5)*, 35-52.

이완기. (2018). 4차 산업혁명과 미래 영어과 교육과정. "*4차 산업혁명과 미래 영어교육*" (pp. 101-120).

이재근. (2010). 초등영어 3, 4학년 영어교육에서 시수 확대에 따른 차시 모형 개발. *외국어교육 제11집*. 한국교원대학교 외국어연구소.

이종배. (1978). 구한말 영어교육과 교수법. *영어교육*, *15(2)*, 1-29.

이희진. (2018). *2015 개정 영어과 교육과정의 고등학교 영어교과서 문화적 내용 분석*. 서강대학교 교육대학원, 석사학위논문.

이화여자고등학교. (1975). *이화90년사*. 천풍인쇄주식회사.

장복명. (1985). *제2언어로서의 영어교육에 대한 역사적 고찰*. 고려대학교 석사학위 논문(미출간).

장복명. (1995). *제6차 교육과정과 영어교과서 연구*. 고려대학교 박사학위 논문(미출간).

장복명. (1998). 중학교 영어교재 개발. "*영어교육입문*" (pp. 570-601). 서울: 박영사.

장복명. (2001). 한국과 일본의 영어과 교육과정에 대한 연구. *현대영어교육*, *2 (1)*, 83-101.

장복명. (2013). *어린이영어교육*. 서울: 박영사.

장복명 · 한은희. (2016). *Global English의 이해와 활용*. 한국: 신아사.

정채관. (2018). 4차 산업혁명과 중등 영어과 교육과정. "*4차 산업혁명과 미래 영어교육*" (pp. 59-99).

정채관 외. (2018). *4차 산업혁명과 미래 영어교육*. 서울: 한국문화사.

제6차 교육과정 외국어과 개발 연구위원회. (1992). *제6차 교육과정 중학교 영어과 개정시안*. 한국교원대학교.

조성식. (1975). *영어발달사*. 평화출판사.

한국교육개발원 교육과정개발연구위원회. (1997). *제7차 교육과정 개발 연구*. 한국교육개발원.

한국교육개발원. (1997). *제7차 영어과 교육과정 개발 연구*. 서울: 한국교육개발원.

한국교육과정평가원. (2001). *제7차 교육과정에 따른 성취기준과 평가기*

준 개발 연구. 서울: 한국교육개발원.

한호 · 박정식. (2020). *문화 이해를 통한 영어교육*. 서울: 한국문화사.

함종규. (1983). *한국교육과정 변천사 연구(전편)*. 서울: 숙명여자대학교 출판부.

허지운. (2014). 세계영어의 영한통역을 위한 효과적 교수법 모색. *번역학 연구*, *15(1)*, 331-364.

허지운. (2018). 국내 대학생 및 직장인의 세계영어 및 세계영어의 통역에 관한 태도 연구. *번역학 연구*, *19(1)*, 305-338.

황혜원 · 이길영. (2015). 국제공용어로서의 영어: 교사의 인식과 어휘 및 문법 자질에 대한 반응 연구. *영어교과교육*, *14(3)*, 263-283.

홍종선. (1993). 영어교육 발달사 비교. *영어교육연구*, *13*, 105-141.

Ahn, H. (2014). Teachers' attitudes toward Korean English in South Korea. *World Englishes, 33(2),* 195-222.

Anderson, B. *1983. Imagined Communities*. London: Verso.

Andreasson, A.M. (1994). Norm as a pedagogicla paradigm. *World English, 13(3),* 395-409.

Bacon-Shone, J., & Bolton, K. (1998). Charting multilingualism: Language ensues and language surveys in Hong Kong. In M. Pennington (Ed.), *Language in Hong Kong at century's end* (pp. 43-90). Hong Kong: Hong Kong Univ. Press.

Bailey, R. (1991). *Images of English.* Cambridge: Cambridge University Press.

Block, D., & Cameron, C. (Eds.), (2002). *Globalization and Language Teaching.* London: Routledge.

Bolton, K. (2000). The sociolinguistics of Hong Kong and the space for Hong Kong English. *World Englishes, 19(3),* 265-85.

Bolton, K. (Ed.), (2002). *Hong Kong English: Autonomy and Creativity.* Hong Kong: Hong Kong University Press.

Bolton, K. (2003). *Chinese Englishes: A Sociolinguistic History.*

Cambridge: Cambridge University Press.

Bolton, K., & Bautista, M. (2004). Philippine English: tensions and transitions. *World Englishes, 23,* 1-5.

Braine, G. (Ed.), (1999). *Non-Native Educators in English Language Teaching.* Mahwah, New Jersey: Lawrence Erlbaum Associates.

Brown, J.D. (1995). *The Elements of Language Curriculum.* Boston: Heinle and Heinle Publishers.

Brown, K., & Peterson, J. (1997). Exploring conceptual frameworks: framing a world Englishes paradigm in L. Smith and M. Forman (Eds.).

Brumfit, C. (1995). *The role of English in a changing Europe: where do we go from here?.* Best of ELTECS, the British Council.

Brutt-Griffler, J. (2002). *World English: A Study of Its Development.* Clevedon. UK: Multilingual Matters.

Brutt-Griffler, J., & Samimy, K. (2001). Transcending the nativeness paradigm. *World Englishes, 20(1),* 99-106.

Bryson, B. (1990). *Mother Tongue: The English Language.* London: Hamish Hamilton.

Burnett, L. (1962). *The Treasure of Our Tongue.* London: Secker and Warburg.

Butler, S. (1997). *World Englishes in the Asian context: why a dictionary is important* in L. Smith and M. Forman (Eds.).

Byram. M. (1997). *Teaching and assessing intercultural communicative competence.* Clevedon, UK: Multilingual Matters.

Byram, M. (2009). The Intercultural speaker and the pedagogy of foreign language education. In D.K. Deardorff (Ed.), *The Sage Handbook of Intercultural Competence* (pp. 321-332). London: Sage.

Byram, M. (2014). Twenty-five years on: From cultural studies to intercultural citizenship. *Language, Culture and Curriculum, 27,* 209-225.

Canale, G. (2016). (Re)Searching culture in foreign language textbooks, or the politics of hide and seek. *Language, Culture and Curriculum, 29(2),* 226-243.

Canale, G. (2021). The language textbook: representation, interaction & learning: conclusions. *Language, Culture and Curriculum, 34(2),* 199-206.

Chan, Y. (2000). The English-language media in Hong Kong. *World Englishes, 19,* 323-335.

Chang, B. M. (2002). The Development of English Educational Materials based on the 7th National Curriculum of Korea. *Journal of Pan-Pacific Association of Applied Linguistics, 6(1),* 15-29.

Chang, B. M. (2004). A Critical analysis of communicative strategies among non-native English speakers. *The Journal of Modern English Education, 5(2),* 173-195.

Chang, B. M. (2005). World English acquisition through CCDL project. *The Journal of Modern English Education, 6(2),* 182-204.

Chang, B. M. (2006). Exploring a new model for cross-cultural distance learning. *Journal of Pan-Pacific Association of Applied Linguistics, 10(2),* 125-142.

Chang, B. M. (2007). Creating an innovative model for distance learning in EFL context. *The Journal of Modern English Education, 8(1),* 3-23.

Chang, B. M. (2008). English acquisition through NNS-NNS Interaction in EFL Context. *English Language & Literature Teaching, 13(2),* 1-23.

Chang, B. M. (2009). Korea's education policy innovations to lead the nation into the globalized world. *Journal of Pan-Pacific Association of Applied Linguistics, 13(1),* 83-97.

Chang, B. M. (2010). Cultural identity in Korean English. *Journal of Pan-*

Pacific Association of Applied Linguistics, 14(1), 131-145.

Chang, B. M. (2011). The roles of English language education in Asian context. *Journal of Pan-Pacific Association of Applied Linguistics, 15(1),* 191-206.

Chang, B. M. (2012). The effect of international distance learning on university-level English education in Korea. *Journal of the Korean Education Society, 11(2),* 1-22.

Chang, B. M. (2014). A new lesson model for English language learning in Asian context. *Studies in Foreign Language Studies, 28(2),* 109-133.

Chang, B. M. (2015a). Evaluation of cross-cultural distance learning in the Korean ELT context. *Journal of Pan-Pacific Association of Applied Linguistics, 19(1),* 1-22.

Chang, B. M. (2015b). Reflection on the international distance learning. *Journal of Digital Contents Society, 16(5),* 681-689.

Chang, B. M. (2016). Cross-cultural distance learning project for promoting English language proficiency and cultural awareness of university students in Korea. *International Journal of Computer Science and Information Technology for Education, 1,* 13-20.

Chang, B. M. (2018a). The effects of CCDL model on the linguistic and affective domain of EFL learners in Korea. *International Journal of Mobile and Blended Learning, 10(3),* 76-88.

Chang, B. M. (2018b). Korea's language policy responses to Globalization. *Journal of Pan-Pacific Association of Applied Linguistics, 22(2),* 71-85.

Chang, B. M. (2020). Cultural policy of English language education in South Korea. *International Journal of Advanced Culture and Technology, 8(2),* 109-115.

Chang, B.M., & K. Owada (2021a). Language education policy and English textbooks of Korea and Japan. *International Journal of Advanced Culture and Technology, 9(2),* 56-63.

Chang, B.M. (2021b). Cultural diversity and national identity in English language textbooks of Korea. *International Journal of Advanced Culture and Technology, 9(4),* 248-253.

Chang, B.M. (2022). English Language Textbooks for improving the cultural competence of EFL learners in Korea. *International Journal of Advanced and Applied Sciences, 9(5),* 81-85.

Chappelle, C.A. (2016). *Teaching culture in introductory foreign language textbooks.* Palgrave Macmillan.

Chen, Y. H. (2005). Computer-mediated communication: The use of CMC to develop EFL learners' communicative competence, *Asian EFL Journal, 7(1),* 167-182.

Chung, B., & Bong, M.H. (2019). A Study on the relation between intelligibility and attitudes. *English Teaching, 74(2),* 103-123.

Claiborne, R. (1983). The Life and Times of the English Language. The *History of Our Marvellous Tongue*. London: Bloomsbury.

Clark, J.L. (1987). *Curriculum Renewal in School Foreign Language Learning.* Oxford: Oxford University Press.

Clyne, M. (1987). Cultural differences in the organization of academic texts. *Journal of Pragmatics, 11,* 211-247.

Cogo, A. (2007). *Intercultural communication in English as a lingua franca: a case study.* doctoral thesis submitted at King's College London.

Cogo, A., & Dewey, M. (2006). Efficiency in ELF communication: from pragmatic motives to lexico-grammatical innovation in A. Mauranen and M. Mets Ketel (Eds.), 59-93.

Coppieters, R. (1987). Competence differences between native and near-native speakers. *Language, 63,* 544-573.

Coulmas, G. (1987). Why speak English? in K. Knapp, E. Werner and A. Knapp-Potthoff (Eds.), *Analyzing Intercultural Communication.* Berlin: Mouton de Gruyter.

Crowley, T. (1989). The Politics of Discourse: The Standard Language Question in British Cultural Debates. London: Macmillan.

Crowley, T. (2003). *Standard English and the Politics of Language, 2nd edition.* Hound-mills, Basingstoke: Palgrave Macmillan.

Crystal, D. (1997). *English as a Global Language.* Cambridge: Cambridge University Press.

Crystal, D. (2003). *English as a Global Language(2nd Edition).* Cambridge: Cambridge University Press.

Crystal, D. (2006). *Language and the Internet, 2nd edition.* Cambridge: Cambridge University Press.

David, M.K., & Govindasamy, S. (2007). The construction of national identity and globalization in multilingual Malysia. In Tsui, A.B.M and Tollefson, J.W. (Eds.), *Language policy, culture and identity in Asian contexts.* Mahwah, New Jersey: Lawrence Erlbaum Associates Publishers.

Davidson R., & Liu, Y. (2020). Reaching the world outside: cultural representation and perceptions of global citizenship in Japanese elementary school English textbooks. *Language, Culture and Curriculum, 33(1),* 32-49.

Deterding, D., & Kirkpatrick, A. (2006). Emerging South-East Asian Englishes and intelligibility. *World Englishes, 25(3-4),* 391-409.

Deterding, D., Wong, J., & Kirkpatrick, A. (2006). The pronunciation of Hong Kong English. *English World-Wide, 29(2),* 148-75.

Dicker, S. (2000). Official English and bilingual education: the controversy over language pluralism in US society in J.K. Hall and W. Eggington (Eds.).

Elmes, S. (2001). *The Routes of English 4.* London: BBC.

Ervin, G.L. (1991). *International perspectives on foreign language teaching.* Illinois: National Textbook Company.

Evans, S. (2000). Hong Kong's new English language policy in education. *World Englishes, 19(2),* 185-204.

Fairclough, N. (1989). *Language and power.* London: Longman.

Ferguson, G. (2006). *Language planning and education.* Edinburgh: Edinburgh University Press.

Firth, A., & Wagner, J. (1997). On discourse, communication and (some) fundamental concepts in SLA research. *Modern Language Journal, 81,* 285-300.

Firth, A., & Wagner, J. (2007). Second/foreign language learning as a social accomplishment: elaborations on a reconceptualized SLA. *Modern Language Journal, 91,* 798-817.

Fotos, S. (2004).Writing as Talking: E-mail exchange for promoting proficiency and motivation in the foreign language classroom. In Fotos, S., & Brown, C. *New perspective on CALL for second language classrooms.* London: Lawrence Erlbaum Associates.

Fotos, S., & Brown, C. (2004). *New perspective on CALL for second language classrooms.* London: Lawrence Erlbaum Associates.

Galloway, N., & Rose, H. (2015). *Introducing global Englishes.* New York: Routledge.

Gargesh, R. (2006). South Asian Englishes in B.B Kachru, Y. Kachru and C. Nelson (Eds.).

George, J. (1867). The Mission of Great Britain to the World, or Some of the Lessons Which She Is Now Teaching. Toronto: Dudley and Burns.

Gnutzmann, C., & Intemann, F. (Eds.), (2005). *The Globalisation of English and the English language classroom.* Tingen: Gunter Narr.

Gordon, E., & Sudbury, A. (2002). *The history of southern hemisphere Englishes* in R. Watts and P. Trudgill (Eds.).

Graddol, D. (1997). *The Future of English?* London: British Council.

Graddol, D. (1999). The decline of the native speaker. *AILA Review, 13,* The English Company (UK) Ltd.

Graddol, D. (2001). English in the future. In A. Burns & C. Coffin (Eds.), *Analyzing English in a global context* (pp. 26-37). London: Routledge.

Graddol, D. (2006). *English Next: Why Global English May Mean the End of English as a Foreign Language.* London: British Council, available at: www.britishcouncil.org/learning-research.

Gramley, S. (2001). *The vocabulary of world English.* London: Arnold.

Graves, K. (2000). *Designing Language Courses.* Boston: Heile and Heile Publishers.

Gray, J. (2002). The global course book in English language teaching. In D. Block & D. Camerson (Eds.), *Globalization and language teaching* (pp. 151-167). New York: Routledge.

Greenfield, R. (2003). Collaborative e-mail exchange for teaching secondary ESL: A case study in Hong Kong. *Language Learning & Technology, 7(1),* 46-70. Retrieved from. http://llt.msu.edu/vol7num1/greenfield/.

Grenoble, L., & Whaley, L. (Eds.), (1998). *Endangered Languages.* Cambridge: Cambridge University Press.

Gubbins, P., & Holt, M. (Eds.), (2002). *Beyond Boundaries: Language and Identity in Contemporary Europe.* Clevedon, UK: Multilingual Matters.

Gupta, A. (2006). Singapore colloquial English (Singlish). Language varieties. Retrieved Feb. 19, 2006. From http: //www.une.edu.au/langnet/singlish.htm.

Hinton, L. (1999). Trading tongues: loss of heritage languages in the United

States. *English Today, 15(2),* 21-30.

Hanson-Smith, E. (2000). *Technologically enhanced learning environments.* Alexandria, VA: TESOL.

Hashimoto, K. (2007). Japan's language policy and the "lost decade". In Tsui, A.B.M and Tollefson, J.W. (Eds.), *Language policy, culture and identity in Asian contexts*. Mahwah, New Jersey: Lawrence Erlbaum Associates Publishers.

Ho, W. K., & Wong, R. (2003). *English language teaching in East Asia today.* Singapore: Times Academic Press.

Holborow, M. (1999). *The politics of English.* London: Sage Publications.

Holliday, A. (2004). "Non-natives" and "Natives", *IATEFL 2004: Liverpool Conference Selections.* Canterbury: IATEFL.

Holliday, A. (2005). *The struggle to teach English as an international language.* Oxford: Oxford University Press.

Holm, J. (2000). *An introduction to pidgins and creoles.* Cambridge: Cambridge University Press.

Honey, J. (1997). *Language is power.* London: Faber & Faber.

Horii, S.Y. (2014). Creating a multilingual/multicultural space in Japanese EFL In Curdt-Christiansen & Weninger (eds.), *Language Ideology and Education: the politics of textbooks in language education.* London: Routledge.

House, J. (2003). English as a lingua franca: a threat to multilingualism?. *Journal of Sociolinguistics, 7(4),* 556-578.

Hu, X. Q. (2004). Why China English should stand alongside British, American, and the other "world Englishes". *English Today, 20(2),* 26-33.

Hu, X. Q. (2005). China English, at home and in the world. *English Today, 21(3),* 27-38.

Hughes, A., & Trudgill, P. (1996). *English accents and dialects, 2nd edition.* London: Arnold.

Huh, K. (2007). Critical issue: creativity and CALL. In J. Egbert & E. Hanson-Smith (Eds.), *CALL Environment: Research, practice, and critical issues* (2nd. ed., pp. 210-223). Alexandria, VA:TESOL.

Huh, K. (2011). CMC in English classrooms: Beyond language learning. *Studies in English language & literature, 37(2),* 319-346.

Huh, K. (2012). CMC in English language learning: Gains and Losses. *English language & literature teaching, 18 (3),* 93-120.

Hyland, K., & Hyland, F. (2006). Feedback on second language students' writing. *Language Teaching, 39(02),* 83–01. doi:10.1017/S0261444806003399.

James, A. (2000). *English as a European lingua franca: current realities and existing dichotomies* in J. Cenoz and U. Jessner (Eds.).

Jenkins, J. (2009). *World Englishes: A resource book for student, 2nd edition.* London: Routledge.

Jenkins, J. (2015). Repositioning English and multilingualism in English as a lingua franca. *English in practice, 2(3),* 49-85.

Jenkins, J. (2018). ELF and WE: Competing or complementing paradigms? In E.L. Low & A. Pakir (Eds.), *World Englishes: Rethinking paradigms* (pp. 12-28). New York: Routledge.

Jenks, C., & Lee, J.W. (2020). Translanguaging and world Englishes. *World Englishes, 39(2),* 218-221.

Jenkins, S. (1995). The triumph of English. *The Times,* 25 February.

Jespersen, O. (1938/1982). *Growth and Structure of the English Language.* Oxford: Basil Blackwell.

Jin, J. (2005). Which is better in China, a local or a native English-speaking teacher? *English Today, 21(3),* 39-46.

Joseph, J. (2004). *Language and Identity.* Houndmills, Basingstoke: Palgrave Macmillan.

Kachru, B. B. (1992a). Models for non-native Englihses. In B. Kachru (Ed.), *The other tongue : English across cultures* (pp. 48-74). Urbana, IL: Univ. of Illinois Press.

Kachru, B. B. (1992b). Teaching world Englihses. In B. Kachru (Ed.), *The other tongue : English across cultures* (pp. 355-365). Urbana, IL: Univ. of Illinois Press.

Kachru, B. B. (1992c). *The other tongue : English across cultures.* Urbana, IL: Univ. of Illinois Press.

Kachru, B. B. (2005). *Asian Englishes: beyond the canon.* Hong Kong: University of Hong Kong Press.

Kachru, B.B., Kachru, Y., & Nelson, C. (Eds.), (2006). *The Handbook of World Englishes.* Oxford: Blackwell.

Kachru, Y. (2005). Teaching and learning of World Englishes in E. Hinkel (Ed.), *Handbook of Research in Second Language and Teaching.* Mahwah, NJ: Lawrence Erlbaum.

Kaur, J. (2008). *The co-construction of understanding in English as a lingua franca.* Doctoral Thesis submitted at the University of Lancaster.

Kern, R. (1995). Restructuring classroom interaction with networked computers: Effects on quantity and characteristics of language production. *Modern Language Journal, 79,* 457-476.

Kern, R., & Warchauer, M. (2000). Theory and practice of networked-language teaching. In M. Warchauer & R. Kern (Eds), *Network-based language teaching: Concepts and Practice* (pp. 1-19). Cambridge, England: Cambridge University Press.

Kerswill, P. (2007). *Standard and non-standard English* in D. Britain (Ed.).

Kim, D. H. (2002). The relationship between teachers' approaches to teaching, students' perceptions of course experience, and students' approaches to studying in electronic distance learning environments.

Unpublished Ph. D. Dissertation, The University of Georgia.

Kim, M., Lee, H., & Kang, N. (2017). Korean college students' perceptions of World Englishes. *The Journal of Linguistic Science, 80,* 17-50.

Kirkpatrick, A. (2007a). *World Englishes: implications for international communication and English language teaching.* Cambridge: Cambridge University Press.

Kirkpatrick, A. (2007b). Setting attainable and appropriate English language targets in multilingual settings: a case for Hong Kong. *International Journal of Applied Linguistics, 17(3),* 376-391.

Kirkpatrick, A., & Xu, Z. (2002). Chinese pragmatic norms and "china English". *World Englishes, 21(2),* 269-280.

Kozma, R. B. (1994). Will media influence learning? Reframing the debate. *Educational Technology Research and Development, 4(2),* 7-19.

Kramsch. C. (1993). *Context and culture in language teaching.* Oxford: Oxford University Press.

Kramsch, C (2014). Teaching foreign languages in an era of globalization. *The Modern Language Journal, 98(1),* 296-311.

Krashen, S.D. (1981). *Second language acquisition and second language learning.* Oxford: Pergamon Press.

Lai, C., & Zhao, Y. (2006). Noticing and text-based chat. *Language Learning & Technology, 10(3),* 102-120.

Lam, A. (2002). English in education in China: policy changes and learner's experiences. *World Englishes, 21,* 245-256.

Lee, J. S., & Lee, K. (2019). Perceptions of English as an international language by Korean English-major and non-English-major students. *Journal of Multilingual and Multicultural Development, 40(1),* 76-89.

Lee, L. (2005). Using web-based instruction to promote active learning: Learners' perspectives. *CALICO Journal, 23,* 139-156.

Lee, L. (2008). Focus-on-form through collaborative scaffolding in expert-to-novice online interaction. *Language Learning & Technology, 12(3),* 53-72. Retrieved from http://llt.msu.edu/vol12num3/ default.html.

Leith, D. (1996). English: colonial to postcolonial in D. Graddol, D. Leith and J. Swann (Eds.), *English History, Diversity and Change*. London: Routledge.

Leung, C., Harris, R., & Rampton, B. 1997. The idealized native speaker: reified ethnicities, and classroom realities. *TESOL Quarterly, 31(3),* 543-560.

Li, D. (2002). Hong Kong parents' preference for English-medium education: passive victims of imperialism or active agents of pragmatism? in A. Kirkpatrick (Ed.), *Englishes in Asia: Communication, Identity, Power and Education.* Melbourne: Language Australia.

Li, W. (1993). China English and Chinese English. *Foreign Language Teaching and Research Journal, 4.*

Liu, Y., & May, S. (2021). Dominance of Anglo-American cultural representations in university English textbooks in China: a corpus linguistics analysis. *Language, Culture and Curriculum, 2021.*

Loveless, A. (2002). Literature review in creativity, new technologies and learning. Report 4: A report for NESTA Future lab.Retrievedfrom http://www.nestafuturelab.org/research/reviews/cr01.htm.

Lowenberg, P. (2000). Non-native varieties and the sociopolitics of English proficiency assessment in J. K. Hall and W. Eggington (Eds.).

Lowenberg, P. (2002). Assessing English proficiency in the Expanding Circle. *World Englishes, 21(3),* 431-435.

Martin, M. (1999). Language and institutions: Roots of bilingualism in the Philippine. In M. Bautisa, & G. Tan (Ed.), *The Filipino bilingual: A multidisciplinary perspective* (pp. 132-136). Manila: Linguistic

Society of the Philippines.

Matsuda. A. (2017). *Preparing teachers to teach English as an international language.* Bristol, UK: Multilingual Matters.

McArthur, A. (1987). The English languages? *English Today, 11,* 9-13.

McArthur, A. (2002). *The Oxford Guide to World English.* Oxford: Oxford University Press.

McArthur, A. (2003). World English, Euro English, Nordic English? *English Today, 19(1),* 54-58.

McConachy, T. (2018). Critically engaging with cultural representations in foreign language textbooks. *Intercultural Education, 29(1),* 77-88.

McCrum, R., MacNeil, R., & Cran, W. (1992). *The Story of English,* (2nd edition). London: Faber & Faber.

McKay, S. (2002). *Teaching English as an International Language.* Oxford: Oxford University Press.

Makay, S. M., & Bokhorst-Heng, W.D (2008). *International English in its sociolinguistic contexts.* New York and London: Routledge.

Matsuda, A. (2000). The use of English among Japanese returnees. *English Today, 16(4),* 49-55.

Matsuda, A. (2017). *Preparing teachers ot teach English as an international language.* Bristol, UK: Multilingial Matters.

Mauranen, A. (2003). The corpus of English as a lingua franca in academic settings. *TESOL Quarterly, 37(3),* 513-527.

Melchers, G., & Shaw, P. (2003). *World Englishes.* London: Arnold.

Meskill, C., & Ranslova, K. (2000). Sociocollaborative language learning in Bulgaria. In *Network-based language teaching: Concepts and practice* (pp. 20-40). New York: Cambridge University Press. doi:10.1017/ CBO9781139524735.004.

Mesthrie, R. (2002). *Building a new English dialect* in R. Watts and P. Trudgill (Eds.).

Mesthrie, R. (2008). English circling the globe. *English Today, 24(1),* 28-32.

Mesthrie, R., & Bhatt, R. (2008). *World Englishes: The study of new linguistic varieties.* Cambridge: Cambridge University Press.

Modiano, M. (1999a). Standard Englishes and educational practices for the world's lingua franca. *English Today, 15(4)*, 3-13.

Modiano, M. (1999b). International English in the global village. *English Today, 15(2),* 22-34.

Modiano, M. (2000). Rethinking ELT. *English Today, 16(2),* 30-34.

Moore, M. G. (1989). Three types of interaction. *The American Journal of Distance Education, 3(2),* 10-15.

Murray, D. (2000). Protean communication: The language of computer-mediated communication. *TESOL Quarterly, 34(3),* 397–22. doi:10.2307/3587737.

Nakano, M, et. al. (2006). Networked English Language Education at Waseda University: Toward creating Asian-Pacific Intelligence (2)-CCDL and Cyber Seminars. In Proceedings of the 10th Conference of Pan-Pacific Association of Applied Linguistics (pp. 173-184).

Nakano, M. (2006). General framework: CCDL. In *CCDL Teachers' Manual. 1,* 7-16. Tokyo: CCDL Research Center, Waseda University.

Nayar, P. B. (1998). *Variants and varieties of English: dialectology or linguistic politics?* In H. Lindquist et al.

Nelson, C. (1982). Intelligibility and non-native varieties of English in B. B. Kachru (Ed.), *The Other Tongue: English across Cultures.* Urbana, IL: University of Illinois Press.

Olaniran, B. A. (2006). Applying synchronous computer-mediated communication into course design: Some considerations and practical guides. *Campus wide Information systems, 23(3),* 210-220.

Parker, A. (1999). Interaction in distance education: The critical conversation.

Educational Technology Review, 12, 13-17.

Pakir, A. (1991). The range and depth of English-knowing bilinguals. *World Englishes, 10(2),* 167-179.

Pakir, A. (1995). Expanding triangles of English expression in Singapore in Teng S. C. and Ho M. L. (Eds.), *The English Language in Singapore: Implications for Teaching.* Singapore: SAAL.

Pakir, A. (1997). *Standard and codification for World Englishes* in L. Smith and M. Forman (Eds.).

Pakir, A. (2002). The matter of English, the matter with English: maintaining language standards in teaching of English in the 21st century in Low E. L. and Teng S. C. (Eds.), *The Teaching and Use of Standard English.* Singapore: SAAL.

Pasfield-Neofitous, S. (2011). Online domains of language use: Second language learners' experiences of virtual community and foreignness. *Language Learning & Technology, 15(2)*, 92-108. Retrieved from the World Wide Web: http://llt.msu.edu/issues/june2011/pasfieldneofitou.pdf.

Pennycook, A. (1994). *The Cultural Politics of English as an International Language.* London: Longman.

Pennycook, A. (1998). *English and the Discourse of Colonialism.* London: Routledge.

Pennycook, A. (2006). The myth of English as an international language in S. Makoni and A, Pennycook (Eds.), *Disinventing and Reconstruction Languages.* Clevedon, UK: Multilingual Matters.

Pennycook, A. (2007). *Global Englishes and transculural flows.* London: Routhdge.

Pennington, M. C. (2004). Electronic media in second language writing: An overview of tools and research findings. In S. Fotos & C. M. Brown (Eds.), *New perspectives on CALL for second language classrooms* (pp. 69-92). Mahwah, NJ: Lawrence Erlbaum.

Phillipson, R. (1992). *Linguistics Imperialism.* Oxford: Oxford University Press.

Phillipson, R. (1996). Linguistic imperialism: African perspectives. *ELT Journal, 50(2),* 160-167.

Phillipson, R. (2003a). *English-only Europe? Challeging Language Policy.* London: Routledge.

Phillipson, R. (2003b). "World English" or "World Englishes"? : on negating polyphony and multicanonicity of Englishes: two perspectives. Perspective 2: Robert Phillipson. *World Englishes, 22(3),* 324-326.

Pinker, S. (1994). *The Language Instinct.* London: Penguin.

Ping Q. (2014). Ideologies in primary English textbooks in China. In X.L.Curdt-Christiansen & C. Weninger (Eds.), *Language, ideologies and education: the politics of textbooks in language education.* London: Routedge, 163-180.

Porto, M., Houghton, S., & Byram, M. (2018). Intercultural citizenship in the foreign language classroom. *Language Teaching Research, 22(5),* 484-498.

Prodromou, L. (1997). From corpus to octopus. *IATEFL Newsletter, no.137,* 18-21.

Rolleston, C. (1911). *The age of folly: A study of imperial needs, duties, and warning.* London: John Milne.

Quirk, R. (1990). Language varieties and standard language. *English Today, 21,* 3-10.

Rampton, B. (1990). Displacing the "native speaker": expertise, affiliation and inheritance. ELT Journal, 44(2): 97-101.

Risager, K. (2018). *Representations of the World in language textbooks.* Bristol: Multilingual Matters.

Risager, K. (2021). Language textbooks: window to the world, *Language,*

Culture and Curriculum, 34(2), 119-132.

Rolleston, C. (1911). *The Age of Folly: A study of imperial needs, duties, and warning.* London: John Milne.

Rubdy, R., & Saraceni, M. (Eds.), (2006). *English in the World; Global Rules. Global Roles,* London: Continuum.

Ruiz, M. R., & Spinola, N.O.A. (2019). Improving the intercultural communicative competence of English language students. *Journal of Intercultural Communiction 49.* Available at http//immi.se/intercultural/nr49/tuiz.html.

Samover, A., Porter, R.E., McDaniel, E. R., & Roy, C.S. (2016). *Communication Between Cultures(8th edition).* Cengage Learning Ltd.

Schneider, E. (2003). The dynamics of New Englihses: from identity construction to dialect birth, *Language, 79(2),* 233-281.

Shneiderman, B. (2002). *Designing the user interface: Strategies for effective human-computer interaction.* Boston, MA: Addison-Wesley.

Schneider, E. (2007). *Postcolonial Englishes: Varieties around the World.* Cambridge: Cambridge University Press.

Sebba, M. (2007). *Caribbean creoles and black English* in D. Britain (Ed.).

Seidhofer, B. (1999). Double standards: teacher education in the expanding circle. *World Englishes, 18(2),* 233-245.

Seidhofer, B. (2001). Closing a conceptual gap: the case for a description of English as a lingua franca. *International Journal of Applied Linguistics, 11(2),* 133-158.

Seidhofer, B. (2004). Research perspectives on teaching English as a lingua franca. *Annual Review of Applied Linguistics, 24,* 209-39.

Seidhofer, B., Breiteneder, A., & Pitzl, M.-L. (2006). English as a lingua franca in Europe: challenges for applied linguistics. *Annual Review of Applied Linguistics, 26,* 3-34.

Shim. Y-S. (2020). Trend Analysis of World Englishes Research Published in Korean Domestic Journals. *Korean Journal of Applied Linguistics. 36(3).* 99-125.

Shneiderman, B. (2002). *Designing the user interface: strategies for effective human-computer interaction.* Boston, MA: Addison-Wesley.

Sifakis, N.C. (2019). ELF awareness in English language teaching: principles and process. *Applied Linguistics, 40(2),* 288-306.

Smith, L.E. (2009). Dimensions of understanding in cross-cultural communication. In K. Murata & J. Jenkins (Eds.), *Global Englishes in Asian contexts: current and future debates.* Hampshire: Palgrave Macmillan, 17-25.

Song, H. (2013). Deconstruction of cultural dominance in Korean EFL textbooks, *Intercultural Education, 24(4),* 382-390.

Sonntag, S.K. (2003). *The local politics of global English.* Oxford: Lexington Books.

Strevens, P. (1992). English as an International language: direction in the 1990s' in B.B. Kachru (Ed.).

Sugie, S., & Mitsugi, M. (2014). Practice and Evaluation of Blended Learning with Cross-Cultural Distance Learning in a Foreign Language Class: Using Mix Methods Data Analysis, *Journal of Pan-Pacific Association of Applied Linguistics,18(2),* 1-19.

Sullivan, N. (1993). Teaching writing on a computer network. *TESOL Journal, 3(1),* 34-35.

Su, Y-C. (2016). The international status of English for international understanding in Taiwan's high school EFL textbooks. *Asia Pacific Journal of Education, 36(3),* 390-408.

Sun, W., & Rong, X.L. (2018). Globalization, national identity, and multiculturalism and multilingualism: Language policy and practice in education in Asian countries. In A. Bonnet, & P. Siemund (Eds.), *Foreign languages in multilingual classroom* (pp. 99-123). Amsterdam: Jon Benjamins.

Sun, W., & Kwon, J (2020). Representation of monoculturalism in Chinese and Korean heritage language textbooks for immigrant children. *Language, Culture and Curriculum, 33(4),* 402-416.

Takahashi, R. (2014). An analysis of ELF-oriented features in ELT coursebooks. *English Today, 30(1),* 28-34.

Tay, M. (1991). *Southeast Asia and Hongkong* in J. Cheshire (Ed.).

Taylor, L. (2006). The changing landscape of English: implication for language assessment. *ELT Journal, 60(1),* 51-56.

Taylor, M. C. (2001). *The Moment of Complexity.* Emerging Network Culture. Chicago: University of Chicago Press.

Tollefson, J.W. (2nd Edition) (2013). Introduction: Critical issues in educational language policy. In J.W. Tollefson (Ed.), *Language policies in education: Critical issues.* Mahwah, New Jersey: Lawrence Erlbaum Associates Publishers, 3-10.

Tollefson, J.W., & Miguel, P-M. (2018). *The Oxford handbook of language policy and planning.* Oxford U.P.

Tripathi, P. (1998). Redefining kachru's "Outer Circle" of English, *English Today,* 14(4), 55-58.

Trudgill, P. (1998). *World Englishes: convergence or divergence?* in H. Lindquist et al. (Eds.).

Trudgill, P. (2002). *Sociolinguistic variation and change.* Edinburgh: Edinburgh University Press.

Trudgill, P., & Hannah, J. (2002). *International English(4th edition).* London: Arnold.

Trudgill, P., & Hannah, J. (2008). *International English(5th edition).* London: Arnold.

Tsui, A., & Bunton, D. (2000). The discourse and attitudes of English language teachers in Hong Kong. *World Englishes, 19(3),* 287- 303.

Tsui, A.B.M., & J.W. Tollefson (2007). *Language policy, culture, and identity in Asian contexts.* Mahwah, New Jersey: Lawrence Erlbaum Associates Publishers.

Vinall, K., & Shin, J. (2018). The construction of the tourist gaze in English textbooks in South Korea: Exploring the tensions between internationalism and nationalism. *Language, Culture and Curriculum, 32(2),* 1-18.

Warschauer, M., Kern, R. (2000). On-line learning in second language classroom: An ethnographic study, In M. Warschauer & R. Kern (Eds.), *Network-based language teaching: Concepts and practice* (pp. 41-58). Cambridge: Cambridge University Press.

Weninger, C. (2020). Multimodality in critical language textbook analysis. *Language, Culture and Curriculum, 32(4),* 133-146.

Widdowson, H.G. (1993). *The ownership of English.* IATEFL Annual Conference Report: Plenaries 1993.

Widdowson, H.G. (1997). EIL, ESL, EFL: global issues and local interest. *World Englishes, 16(1),* 135-146.

Widdowson, H.G. (1994a). Pragmatics and the pedagogic competence of language teachers in Sebbage T. and S. Sebbage (Eds.), *Proceedings of the 4th International NELLE Conference.* Hamburg: NELLE.

Widdowson, H.G. (1994b). The Ownership of English. *TESOL Quarterly, 28(2),* 377-389.

Williams, A. (2007). *Non-standard English and education* in D. Britain (Ed.).

Xiong, T., & Peng, Y. (2021). Representing culture in Chinese as a second language textbooks: a critical social semiotic approach. *Language, Culture and Curriculum, 34(2),* 163-182.

Yanhong, L., L.J. Zhang, & S. May. (2021). Dominance of Anglo-American cultural representations in university English textbooks in China: a corpus linguistics analysis. *Language, Culture and Curriculum, https://doi.org/10.1080/07908318.2021.1941077.*

Yano, Y. (2001). World Englishes in 2000 and beyond. *World Englishes, 20(2),* 119-31.

Yano, Y. (2006).The Effect of NNS-NNS interaction in University-level ELT in Japan. In *CCDL Teachers' Manual, vol. 1,* 39-46. Tokyo: CCDL Research Center, Waseda University.

Yim. S.W. (2007). Globalization and language policy in South Korea. In A.B.M. Tsui and J.W. Tolleson (Eds.), *Language policy, culture, and Identity in Asian Contexts.* Mahwah, New Jersey: Lawrence Erlbaum Associates Publishers, 37-53.

Yuen, K-M. (2011). The representation of foreign cultures in English textbooks. *ELT Journal, 65(4),* 458-466.

Yun, W., & Jia, F. (2003). Using English in China. *English Today, 19(4),* 42- 47.

Zhang, D. (2009). Essay writing in a Mandarin Chinese WebCT discussion board. *Foreign Language Annals, 42(4),* 721-741.

장복명

고려대학교 영어교육과 졸업(B.A.)
고려대학교 대학원 영어영문학과 석사(M.A.) 및 박사(Ph.D.)
고려대학교, 동덕여자대학교, 순천향대학교, 아주대학교 강사 역임
범태평양응용언어학회(Pan-Pacific Association of Applied Linguistics) 회장 역임
남서울대학교 대외협력부장, 국제문화교류원장, 외국어교육원장, 국제교육원장 역임
현재 남서울대학교 영어과 교수

〈저서〉
Global English의 이해와 활용(공저). (2016). 신아사.
어린이영어교육. (2013). 박영사.
영어과 교육과정 입문(공저). (2013). 경문사.
언어교수학(개정판, 공저). (2011). 박영사.
영어교재론(공저). (2002). 박영사.

세계어로서의 영어교육

–한국 영어교육사적 관점에서–

1판 1쇄 발행 _ 2022년 8월 30일

저　　자 · 장 복 명
발 행 인 · 정 현 걸
발　　행 · 신 아 사
인　　쇄 · 대명프린팅
주　　소 · 서울특별시 은평구 통일로 59길 4 (2층)
전　　화 · (02) 382–6411　팩스 · (02) 382–6401
홈페이지 · www. shinasa. co. kr
E-mail · shinasa@daum.net
출판등록 · 1956년 1월 5일 (제 9–52호)

ISBN: 979-11-92428-27-7(93740)

정가 15,000원